Horst Siebert

Vernetztes Lernen

Systemisch-konstruktivistische Methoden
der Bildungsarbeit

Grundlagen der Weiterbildung

Herausgegeben von
RA Jörg E. Feuchthofen
Prof. Dr. Michael Jagenlauf MA
Prof. Dr. Arnim Kaiser

Die Reihe Grundlagen der Weiterbildung bietet Raum für
- Theorien, die das berufliche Handeln anregen und vertiefen.
- praktische Grundlagen und Tools.
- Ausarbeitungen, die konkurrierende Theorien, Praxen, Modelle und Ansätze gedanklich und empirisch weiterführen.

Wichtiger Hinweis des Verlages: Der Verlag hat sich bemüht, die Copyright-Inhaber aller verwendeten Zitate, Texte, Bilder, Abbildungen und Illustrationen zu ermitteln. Leider gelang dies nicht in allen Fällen. Sollten wir jemanden übergangen haben, so bitten wir die Copyright-Inhaber, sich mit uns in Verbindung zu setzen.

Inhalt und Form des vorliegenden Bandes liegen in der Verantwortung der Autoren.

Bibliografische Information Der Deutschen Bibliothek
Die Deutsche Bibliothek verzeichnet diese Publikation in der Deutschen Nationalbibliografie; detaillierte bibliografische Daten sind im Internet über *http://dnb.ddb.de* abrufbar.

Printed in Germany

ISBN-10: 3-937 210-89-X
ISBN-13: 978-3-937 210-89-6

Verlag:	ZIEL – Zentrum für interdisziplinäres erfahrungsorientiertes Lernen GmbH Neuburger Straße 77, 86167 Augsburg, www.ziel-verlag.de
	2. überarbeitete Auflage 2007
Grafik und Layoutgestaltung:	Petra Hammerschmidt, *alex media GbR* Zeuggasse 7, 86150 Augsburg
Druck und buchbinderische Verarbeitung:	Kessler Druck + Medien Michael-Schäffer-Straße 1 86399 Bobingen

© Alle Rechte vorbehalten. Kein Teil dieses Buches darf in irgendeiner Form (Druck, Fotokopie oder einem anderen Verfahren) ohne schriftliche Genehmigung des Verlags reproduziert oder unter Verwendung elektronischer Systeme verarbeitet, vervielfältigt oder verbreitet werden.

Inhaltsverzeichnis

Vorwort	6
Teil I: Theorie	9
1. Ein neues Paradigma gewinnt Profil	11
1.1 Das systemisch-konstruktivistische Denken in der Pädagogik	11
1.2 Die Systemtheorie in der Erwachsenenbildung	16
1.3 Konstruktivistische Theorie oder konstruktivistische Praxis?	19
1.4 Braucht die Bildungspraxis eine Neuorientierung?	22
1.5 Konstruktivismus in Stichworten	28
2. Vernetzungen	29
2.1 Systemisches Denken und vernetztes Lernen	29
2.2 Lernen in Netzwerken	49
2.3 Vernetztes Lernen – eine Typologie	52
2.4 Didaktik vernetzten Lernens	57
2.5 Frauen lernen anders – Männer auch	63
2.6 Vernetzte Kommunikation	68
2.7 Lernende „ans Netz"	74

Teil II: Praxis 79

1. Instruktionsmethoden 81
  1.1 Der imperfekte Vortrag 85
  1.2 Cognitive Apprenticeship 87

2. Konstruktionsmethoden 89
  2.1 Chreodenanalyse 91
  2.2 Kognitive Landkarten 92
  2.3 Situierte Kognition 94
  2.4 Metaphernanalyse 98
  2.5 Erzählkunst 103
  2.6 Erlebnispädagogik 106
  2.7 Seitenwechsel 109
  2.8 Sensibilisierung der Wahrnehmung 112
  2.9 Interkulturelle Fremdheitserfahrungen 120
  2.10 Projektmethode 123

3. Vernetzte neue Lehr-Lern-Kulturen 125
  3.1 Neurobiologische Grundlagen der neuen Lernkulturen 125
  3.2 Neue Lernarrangements 129
  3.3 Empirische Befunde 132
  3.4 Beispiele aus der Bildungspraxis 135

4. Wissensmanagement in lernenden Organisationen 141
  4.1 Lernende Organisationen 141
  4.2 Wissensmanagement 145

Teil III: Selbstreflexion 153

1. Systemisch-konstruktivistisches Denken als pädagogische Kompetenz 155
   1.1 Die Konstruktion des Selbst 155
   1.2 Das Verhältnis zwischen Kursleitern und Teilnehmern 159
   1.3 Kompetenz Vernetzung 165

2. Bilanz und Perspektiven 169

Literaturverzeichnis 173

Stichwortverzeichnis 183

Der Autor 186

Vorwort

> *O glücklich, wer noch hoffen kann*
> *Aus diesem Meer des Irrtums aufzutauchen!*
> *Was man nicht weiß, das eben brauchte man,*
> *Und was man weiß, kann man nicht brauchen.*
> *J. W. v. GOETHE: Faust I, Vers 1064 ff.*

Glaubt man der Leserforschung, so überblättert die Mehrheit der LeserInnen Vorworte und Einleitungen und kommt gleich zur Sache. So gesehen gehören Sie zu einer exklusiven Minderheit, und wir sind gewissermaßen „unter uns". Ich vermute, dass wir uns darin einig sind, dass der „*radikale*" Konstruktivismus eher „out" ist und dass sich aus dem systemisch-konstruktivistischen Paradigma keine völlig neue Pädagogik ableiten lässt. Systemtheorie und Konstruktivismus widerlegen keine anderen Theorien – z. B. die kritische Theorie, die Psychoanalyse, den symbolischen Interaktionismus. Sie bereichern das Spektrum der Beobachtungen und Unterscheidungen. Kriterium für eine pädagogische Beschäftigung mit systemisch-konstruktivistischen Ansätzen ist die theoretische und praktische Ergiebigkeit. Die Frage lautet: Ändert sich etwas in der Bildungspraxis aufgrund dieses Paradigmas?

Eine global vernetzte Welt, in der wenig eindeutig und vieles mehrdeutig und unübersichtlich ist, erfordert ein vernetztes Lernen, ein systemisch-konstruktivistisches Denken, ein urteilsvorsichtiges Denken in Zusammenhängen. Ein solches Lernen ist nicht nur lebenslange Notwendigkeit, sondern Grundlage einer klugen Lebensführung.

Die Metapher des *Netzwerks* lässt sich auch auf die Vielfalt der erziehungswissenschaftlichen Theorieansätze übertragen: Das konstruktivistische Netz verträgt sich mit einigen anderen Netzen mehr (z. B. der humanistischen Bildungstheorie), mit anderen weniger (z. B. der normativen Pädagogik). Nicht alle pädagogischen Schlussfolgerungen aus der konstruktivistischen Erkenntnistheorie sind neu – auch Konstruktivisten haben nicht den pädagogischen Stein der Weisen gefunden. Andererseits wäre es schade, wenn der Eindruck entstände, es würde lediglich eine neue Nomenklatur erfunden und inhaltlich bliebe alles beim Alten.

Vorwort

Vernetzung ist auch das Ordnungsprinzip dieses Buches. Lernen wird als interdisziplinäres Konstrukt entfaltet. Neurowissenschaften und Sozialwissenschaften, Kunst, Philosophie und Pädagogik, Konstruktivismus und Bildungstheorie werden verknüpft, ohne die Differenzen zu verwischen. Es wird versucht, Zusammenhänge zwischen Lerntheorie, Bildungspraxis und pädagogischer Selbstreflexion herzustellen.

Hannover, Januar 2003
Horst Siebert

Vorwort zur 2. überarbeiteten Auflage

Die Popularität der Netzwerkmetapher ist in den vergangenen Jahren weiter gewachsen. In den Sozialwissenschaften wird immer häufiger von „Netzwerkgesellschaften" gesprochen. Bildungspolitisch wird gefordert, die Vernetzung von Schule und Arbeitswelt, auch von Schule und Hochchule zu intensivieren. In der Erwachsenenbildung werden neue Lehr-/Lernkulturen als Vernetzung von formalen Lernangeboten und informellen Lernphasen konzipiert.

Auch didaktisch-methodisch liegt die Vernetzung „im Trend". Neurowissenschaftler definieren Lernen sogar als Verknüpfung neuronaler Netze. Insbesondere das biografische Lernen Erwachsener lässt sich als Vernetzung früherer Erfahrungen und Erinnerungen mit neuem Wissen und neuen Herausforderungen beschreiben. Erwachsene lernen nur das, was biografisch „anschlussfähig ist", was sich also mit vorhandenen Assoziationsarealen vernetzen lässt.

Last but not least lässt sich das Verhältnis von Lehrenden und Lernenden als Vernetzung autopoietischer Systeme als „vernetzte, lose Koppelung" begreifen.

Vernetzung ist eine Überlebensnotwendigkeit. Soziale und personelle Kompetenz heißt: sich in soziale Netze integrieren, von anderen lernen, aber auch eigene Erfahrungen in diese Netze einbringen. Vernetzung und Dialogfähigkeit sind also untrennbar verbunden. Netze sind – im Unterschied zu einem Gitter – beweglich, flexibel. Die Knoten werden ständig neu geknüpft, aber auch gelockert. Netze sind systemische Gebilde: wird ein Knoten aufgelöst, verändert sich die gesamte Architektur.

Auch Lesen ist Vernetzung. Sie werden das Lesen, was Sie verknüpfen können und was in Ihre kognitive Struktur passt.

Hannover, Januar 2007
Horst Siebert

Teil I: Theorie

1. Ein neues Paradigma gewinnt Profil   11
1.1 Das systemisch-konstruktivistische Denken in der Pädagogik   11
1.2 Die Systemtheorie in der Erwachsenenbildung   16
1.3 Konstruktivistische Theorie oder konstruktivistische Praxis?   19
1.4 Braucht die Bildungspraxis eine Neuorientierung?   22
1.5 Konstruktivismus in Stichworten   28

2. Vernetzungen   29
2.1 Systemisches Denken und vernetztes Lernen   29
2.2 Lernen in Netzwerken   49
2.3 Vernetztes Lernen – eine Typologie   52
2.4 Didaktik vernetzten Lernens   57
2.5 Frauen lernen anders – Männer auch   63
2.6 Vernetzte Kommunikation   68
2.7 Lernende „ans Netz"   74

1. Ein neues Paradigma gewinnt Profil

1.1 Das systemisch-konstruktivistische Denken in der Pädagogik

> **Anekdote: Der Ballonfahrer**
>
> Ein Ballonfahrer hat sich verirrt. Er sieht unter sich auf dem Feld einen Bauern und ruft ihm zu: „Hallo, wo bin ich?"
>
> Der Bauer ruft zurück: „In einem Ballon."

Das systemisch-konstruktivistische Paradigma hat sich seit Ende der 1990er-Jahre in der pädagogischen Diskussion – und insbesondere in der Erwachsenenbildung – etabliert. Alle neueren Hand- und Wörterbücher berücksichtigen den Konstruktivismus als praktisch folgenreiche Theorie (vgl. TIPPELT 1999, WERNING u. a. 2002, KRON 1999, WEINERT/MANDL 1997, ARNOLD/NOLDA/NUISSL 2001). Die Zeiten, in denen PädagogInnen den Konstruktivismus mit einem ironischen oder polemischen Nebensatz „erledigen" konnten, sind passee.

Allerdings hat sich auch der konstruktivistische Diskurs in den vergangenen Jahren differenziert und erweitert. „Radikale" Übertreibungen sind bereinigt worden, „moderate" Betrachtungsweisen scheinen sich durchzusetzen. Außerdem wird die neurobiologisch-individualistische Sicht zunehmend durch sozialkonstruktivistische und kulturkonstruktivistische Perspektiven ergänzt (vgl. SCHMIDT/ZURSTIEGE 2000).

Innerhalb der Erwachsenenbildung ist die konstruktivistische „Fraktion" eine Minderheit geblieben, aber konstruktivistische Begriffe und Argumente sind weit verbreitet, auch ohne dass ausdrücklich auf diese skeptizistische Erkenntnistheorie Bezug genommen wird. Vor allem die Kritik an normativen, technologischen, behavioristischen, rein fachlichen Vermittlungskonzepten ist in hohem Maße konsensfähig.

Der Konstruktivismus ist ein hypothetischer Realismus: Wir handeln aufgrund von Hypothesen über die Wirklichkeit. Wenn unsere Handlung erfolglos ist, ist unsere Annahme widerlegt, ohne dass wir positiv sagen können, was wahr ist. ERNST v. GLASERSFELD (1997) vergleicht unsere Situation mit der eines Seefahrers:

> Ein Seefahrer manövriert mit seinem Schiff in dunkler Nacht durch eine Meeresenge. Die Klippen zu beiden Seiten bleiben ihm verborgen. Er erfährt lediglich, ob er ohne Schaden die Enge passiert.

Systemisches und konstruktivistisches Denken unterscheiden sich, allerdings mit erheblichen „Schnittmengen", sodass es gerechtfertigt erscheint, von einem einheitlichen Paradigma zu sprechen.

Systemische Theorien – z. B. die Systemtheorie NIKLAS LUHMANNs, die Theorie der Wissensgesellschaft von HELMUT WILLKE und R. KNORR-CETINA, aber auch die Chaostheorie von HERMANN HAKEN – sind eher soziologisch und haben gesellschaftliche Systeme zum Gegenstand. So hat sich der systemische „Blick" in der betrieblichen Organisationsentwicklung und in der Schulentwicklung (inkl. Entwicklung von Einrichtungen der Erwachsenenbildung) als ergiebig erwiesen.

Eine systemische Kernthese lautet: Je komplexer die sozialen Systeme, desto mehr müssen Eigendynamik und Wechselwirkungen berücksichtigt werden und desto weniger sind monokausale Erklärungen und Steuerungen Erfolg versprechend.

> **„Verum ipsum factum est"**
>
> Anfang des 18. Jahrhunderts veröffentlichte der Neapolitaner GIAMBATTISTA VICO eine erkenntnistheoretische Abhandlung. Eine seiner Thesen lautet: „Verum ipsum factum est" – auch das Wahre selbst ist etwas Gemachtes (vgl. v. GLASERSFELD 1997, S. 74 ff.). Wahrheit ist nichts Objektives, sondern eine menschliche Erkenntnis, präjudiziert durch das menschliche Erkenntnisvermögen. Und: Wir erkennen nur das, was wir selber hergestellt haben.
>
> In ähnlichem Sinn stellt HUMBERTO MATURANA (1987) fest: „Alles Gesagte ist von jemandem gesagt". Das heißt, es gibt keine außerirdischen Instanzen, auf die wir uns berufen können. Alle Erkenntnis ist menschlich und damit relativ. Viele Wahrheiten sind soziale Vereinbarungen. Wenn wir sagen: Es ist 15:45 Uhr, so gilt dies für unseren Längengrad, nicht aber für Tokio oder San Francisco.
>
> PAUL WATZLAWICK hat zahlreiche Beispiele gesammelt, die darauf verweisen, dass unsere Wirklichkeit aus sozialen, kulturellen und mithin vorläufigen Unterscheidungen besteht: gesund/krank, intelligent/dumm, gerecht/ungerecht, schön/hässlich ...
>
> Diese Unterscheidungen sind praktisch folgenreich, oft aber kontraproduktiv – Menschen werden nicht nur als psychisch krank klassifiziert, sie werden dadurch auch „krank gemacht":

> „Gesellschaftliche Konstruktionen führen zu Wirklichkeiten, die das Gegenteil des erhofften Idealzustands sind: Die Medizin beginnt zur Krankheit beizutragen ... Kommunikationstraining macht Menschen zu geistig Taubstummen; immer raschere Verkehrsmittel lassen uns immer weniger Zeit ... Justiz und Gefängnisse scheinen uns zusätzliche Verbrecher zu bescheren ..." (WATZLAWICK 1985, S. 160).

Der *Konstruktivismus* – bei aller Vielfalt der Positionen – ist eine psychologisch-neurobiologisch-anthropologische Erkenntnistheorie, die den Menschen als denkendes, fühlendes, lernendes „System" betrachtet. Auch für dieses „bio-psychische System" sind Eigendynamik und Nicht-Determinierbarkeit des Erkennens und Handelns charakteristisch.

Insofern unterscheiden sich zwar die „Gegenstände" der Systemtheorie und der Erkenntnistheorie, aber es gibt gemeinsame Schlüsselbegriffe und Prinzipien, z. B. *Selbstorganisation, Autopoiese, strukturelle Koppelungen, Zirkularität, Beobachtungs- und Kontextabhängigkeit.*

So spricht DIETER LENZEN von einer systemtheoretisch-konstruktivistischen Konzeption der Erziehungswissenschaft, die sich von einer Pädagogik als normative Prinzipienwissenschaft unterscheidet. „Die Erweiterung der LUHMANN'schen Systemtheorie besteht im Wesentlichen in der Annahme, soziale Systeme seien autopoietische, d. h. in sich geschlossene Systeme. Diese Grundkonstruktion kann auch auf Bewusstseinssysteme übertragen werden ... Wenn wir lernen, entwerfen wir Wirklichkeit. Unser Bewusstseinssystem stabilisiert sich angesichts einer vielschichtigen Wirklichkeit dadurch, dass es selber Komplexität durch Ausdifferenzierung herausbildet" (LENZEN 1999, S. 154 f.).

Diese Systemtheorie verzichtet auf den Begriff des Subjekts und des subjektiven intentionalen Handelns (zugunsten von Strukturen, Operationen, Mechanismen). Das vernünftig handelnde Subjekt ist aber die anthropologische Voraussetzung des (neuhumanistischen) Bildungsbegriffs. So stellt sich die (noch strittige) Frage, ob der systemisch-konstruktivistische Ansatz mit einer emanzipatorischen Bildungsidee zu vereinbaren ist (vgl. FAULSTICH 1999, S. 58 ff., SIEBERT 2002).

Eine Pädagogik „auf der Höhe der Zeit" muss sich mit systemisch-konstruktivistischen Positionen auseinander setzen. Denn der Konstruktivismus ist nicht nur eine Wahrnehmungs- und Erkenntnistheorie, sondern auch eine Lerntheorie. Lernen ist nicht (nur) der Erwerb von Kenntnissen, Fertigkeiten, Fähigkeiten, sondern (auch) die biografisch verankerte Konstruktion lebensdienlicher Wirklichkeiten. Da diese Konstruktion von Lebenswelten aber vor allem durch den Aufbau von „Wissensnetzen" erfolgt (unsere Welt ist das, was wir von ihr wissen), bleibt die Frage der Aneignung von handlungsrelevantem Wissen auch für die konstruktivistische Pädagogik zentral. „Lernen ist also kein Vorgang, der mit dem Füllen eines Behälters oder dem Speichern von Daten verglichen werden kann. Vielmehr finden Lernvorgänge statt, um einen Einklang zwischen den Konstruktionen des Individuums und der es umgebenden Umwelt herzustellen." Dabei geht es, „um die Konstruktion eines *viablen* Modells der Umwelt. Mit dem Begriff der Viabilität (wörtl. Gangbarkeit) wird dabei ausgedrückt, dass Konstrukte dann stabilisiert werden, wenn sie sich als passend erweisen ... Erst wenn sie zwischen verschiedenen Lernenden kommuniziert werden, wird auch dem Kriterium der *intersubjektiven Übereinstimmung* (Viabilität zweiter Ordnung) Bedeutung beigemessen" (ARNOLD/PÄTZOLD 2001, S. 48).

Komplexitätstheorie

FRITJOF CAPRA beschreibt in seinem neuen Buch *„Verborgene Zusammenhänge"* (2002) die Komplexitätstheorie als neues Paradigma. Die Komplexitätswissenschaft ist eine inter- und auch transdisziplinäre *„Lebenswissenschaft"*. Zentrale Merkmale sind *Autopoiese* und *Emergenz* des Lebendigen sowie *zirkuläre Vernetzungen.*

Diese nichtlinearen komplexen Netzwerke veranschaulicht CAPRA am Beispiel der Süße. „Süß" ist keine Eigenschaft von Früchten und Lebensmitteln, sondern ein lebensnotwendiger interdependenter Prozess. Der menschliche Körper benötigt Glukose und empfindet deshalb etwas Süßes als angenehm und erstrebenswert. „Wenn sich Kohlenstoff-, Sauerstoff- und Wasserstoffatome auf eine bestimmte Weise zu Zu-cker verbinden, weist die sich ergebende Verbindung einen süßen Geschmack auf. Die Süße liegt weder im C noch im O noch im H – sie liegt in dem Muster, das aus ihrer Interaktion hervorgeht. Sie ist eine emergente Eigenschaft. Außerdem ist Süße, streng genommen, keine Eigenschaft der chemischen Bindungen. Sie ist eine Sinneserfahrung, die entsteht, wenn die Zuckermoleküle mit der Chemie unserer Geschmacksknospen interagieren, was wiederum eine Reihe von Neuronen veranlasst, bestimmte Impulse abzugeben. Das Erleben von Süße geht aus der neuronalen Tätigkeit hervor" (CAPRA 2002, S. 65).

Dieses Muster ist im Lauf der menschlichen Evolution entstanden und beginnt heute – bei einem Überangebot an Süßigkeiten – kontraproduktiv zu werden. Unser neuronales Geschmackssystem muss also „umlernen". „Somit bezieht sich die schlichte Feststellung, die charakteristische Eigenschaft von Zucker sei seine Süße, eigentlich auf eine Reihe emergenter Phänomene auf unterschiedlichen Komplexitätsebenen" (ebd. S. 65 f.).

Das systemisch-konstruktivistische Denken in der Pädagogik

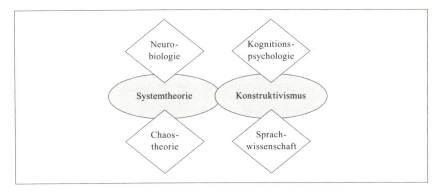

Abb. 1: Paradigma der Selbstorganisation – beteiligte Disziplinen

Es wäre übertrieben, von einem Paradigmenwechsel der Pädagogik zu sprechen. Aber immerhin erweitert und ergänzt der Konstruktivismus das Spektrum der pädagogischen Perspektiven.

„Esse est percipi"

Der irische Philosoph GEORGE BERKELEY hat in seinem Traktat „Of the principles of human knowledge" (1710) die These aufgestellt: „Esse est percipi", d. h. es existiert nur das, was wahrgenommen wird, und zwar individuell wie gesamtgesellschaftlich.

Wahrnehmungspsychologisch ist unsere Aufmerksamkeit selektiv und konstruktiv. Es ist oft erstaunlich, was wir in einer Situation alles nicht wahrnehmen. Erst wenn wir auf etwas aufmerksam gemacht werden, ist es uns oft völlig unverständlich, warum wir diesen Gegenstand oder dieses Merkmal übersehen konnten. Anschließend wird uns gerade dieses Detail unübersehbar ins Auge fallen. Wir nehmen vor allem das wahr, was uns wichtig ist oder wofür wir im Lauf des Lebens einen „geschulten Blick" erworben haben (einem Malermeister wird bei jedem Besuch in einer fremden Wohnung sofort auffallen, ob fachmännisch tapeziert wurde).

Auch gesellschaftlich gilt: In einer Gesellschaft ist vor allem das exis-tent, was öffentlich kommuniziert wird. Die Informations- und Kommunikationsmedien reproduzieren nicht die Realität, sondern sie schaffen Wirklichkeiten, indem sie Themen „auf die Tagesordnung" setzen („agenda setting"). Die Umweltkrise z. B. ist erst durch die öffentliche Kommunikation zu einem relevanten „Faktum" geworden.

> Deshalb ist die Pluralität von Gesellschaftstheorien wünschenswert, weil diese unterschiedlichen Zeitdiagnosen das Spektrum der Wahrnehmungen erweitern. So ist die Gefahr geringer, dass bestimmte Wirklichkeiten – z. B. Ungerechtigkeit – aus dem Blickfeld verschwinden.

1.2 Die Systemtheorie in der Erwachsenenbildung

Nach NIKLAS LUHMANN unterscheidet sich ein gesellschaftliches System durch spezifische Funktionen, Strukturen, Medien und Operationen von benachbarten Systemen. Ob ein gesellschaftlicher Bereich – hier: die Erwachsenenbildung – ein solches „operational geschlossenes" System ist, hängt davon ab, ob eine systemeigene *Leitdifferenz* zu beobachten ist. Angesichts der „Entgrenzung" der Erwachsenenbildung, d.h. ihres Einsickerns in das ökonomische System, das Gesundheitssystem, den Freizeitsektor usw., ist die Frage nach den andragogischen Leitdifferenzen – auch in Abgrenzung zum öffentlichen Schulsystem einerseits und zum System Wissenschaft andererseits – umstritten.

JOSEF OLBRICH, der als einer der Ersten die Erwachsenenbildung systemtheoretisch interpretiert hat, bezeichnet *Sinnstiftung* als zentrale Funktion dieses Bildungsbereichs. Sinn ist keine „metaphysische Kategorie", nichts Vorhandenes, sondern eine lebenslange Lernaufgabe, die Wissen und Reflexion erfordert. Erwachsenenbildung vermag *„wie keine andere gesellschaftliche Institution Verfahren zum Umgang mit der Sinnfrage im Spannungsfeld von Erklärung und Deutung, von Wissenschafts- und Subjektbezug zu entwickeln. Darin liegt ihre genuine Leistung. Aspekte der Sinnfrage und der Sinnstiftung durch erwachsenenbildnerisches Lernen meinen nicht Objektivität und allgemeine Geltung, nicht Wirklichkeit schlechthin, auch nicht feststehende Normen und regulative Ideale, sondern verweisen auf Sinn als schöpferischen Akt durch Lernen"* (OLBRICH 1999, S. 172). Durch die – gesellschaftliche und biografische – Konstruktion von Sinn verbindet OLBRICH die Systemtheorie LUHMANN'scher Prägung mit dem erkenntnistheoretischen Konstruktivismus.

Aktuell und von NIKLAS LUHMANN selber noch „genehmigt" ist JOCHEN KADEs Vorschlag einer *„Leitdifferenz Vermittelbarkeit"*. Vermittlung ist in einer komplexen interkulturellen und wissenschaftsbasierten Gesellschaft ein dringendes Problem und eine Aufgabe, die professionelle Kompetenz erfordert. Vermittlung *„setzt Wissen als allgemeines gesellschaftliches Vermittlungsmedium voraus ..., hat aber auf das Medium Wissen keinen exklusiven Bezug. Das Wissenschaftssystem setzt ebenso Wissen als sein Medium voraus, aber dessen (primärer) Bezug auf Wissen ist die Produktion von (neuem) Wissen ... Die Spezifik des pädagogischen Systems* *ist demgegenüber ... das Vermitteln von Wissen. Diese Unterscheidung ist die von ›vermittelbar/nicht-vermittelbar‹. Der Code markiert Grenzen innerhalb des in der Gesellschaft unterschiedslos zirkulierenden Wissensstroms"* (KADE 1997, S. 38 f.). In der Erwachsenenbildung ist das Vermitteln von Wissen „pädagogisch strukturiert" und reflexiv geworden (ebd. S. 40 f.) Eine solche Vermittlung von Wissen findet selbstverständlich nicht nur in den etablierten Einrichtungen der Erwachsenenbildung statt, sodass Kade von einer „grenzenlosen Expansion des Pädagogischen" spricht.

Diese Vermittlung von Wissen ist etwas anderes als eine lineare Popularisierung wissenschaftlicher Kenntnisse. So koppelt KADE den Vermittlungsbegriff an den *Aneignungsbegriff* (der auf die Autopoiese des Lernens verweist und deshalb an das konstruktivistische Paradigma „anschlussfähig" ist). KADE bezeichnet Aneignung als die „systemspezifische Operation" des lebenslangen Lernens (im Unterschied z. B. zu einer Aneignung durch Arbeit oder Konsum). Der Aneignungsbegriff ermöglicht KADE einen Verzicht auf den – für ihn ungeeigneten – Bildungsbegriff.

Pädagogische und psychische Systeme sind jeweils selbstreferenzielle, getrennte Systeme, die aber lose gekoppelt sind, zwischen denen eine Resonanz möglich ist und die sich deshalb auch gegenseitig perturbieren und irritieren können. Lernende Systeme können aber nicht von außen gesteuert und „organisiert" werden. Es wird „den Individuen damit zugemutet, die Anschlussfähigkeit des vermittelten Wissens an ihre Biografie außerhalb der Interaktion selber zu organisieren" (ebd. S. 59).

In diesem Sinn spricht KADE von einer „Selbstorganisationszumutung". „Ob die Adressaten eines allgegenwärtigen pädagogischen Systems von der ihnen durch die Ausdifferenzierung von autopoietischen Systemen zugemuteten Autonomie nicht überfordert sind, ist eine zeitdiagnostisch bedeutsame Frage, die empirisch offen zu halten wäre" (ebd. S. 60).

Ähnlich wie JOCHEN KADE spricht WILHELM MADER von der *„zerbrochenen Einheit des Lehrens und Lernens"*. Während KADE Vermittlung und Aneignung unterscheidet, weist MADER auf die Differenz von Stofflogik und Verwendungslogik hin, die „unterschiedlichen Regeln folgen". Wenn man Lehren und Lernen als verschiedene selbstreferenzielle Systeme begreift, wird die traditionelle Didaktik fraglich. MADER fragt: *„Kann man überhaupt sinnvoll darüber nachdenken, dass Lehren ein Handlungssystem und Lernen ein anderes Handlungssystem und die Stofflogik ein drittes Handlungssystem repräsentieren, die aber weder objektiv noch kommunikativ in Übereinstimmung sind noch gebracht werden brauchen? ... Dann können ... das System Lehren und das System Lernen in bloßer struktureller Koppelung interagieren, ohne miteinander zu kommunizieren, und trotzdem könnte es geschehen, dass beide Systeme ihren jeweiligen ko-evolutiven Nutzen aus dieser Koppelung ziehen"* (MADER 1997, S. 68 f.).

Auch ORTFRIED SCHÄFFTER, ein weiterer Autor der Erwachsenenbildung, argumentiert systemtheoretisch-konstruktivistisch. SCHÄFFTER hatte bereits 1986 eine direkte Steuerung des Lernens durch institutionalisierte Lehre problematisiert. Er weist auf die Pluralität der Deutungsmuster und Sinnkontexte in unserer Gesellschaft hin, auf die Vielfalt der Wirklichkeitskonstruktionen, die die Bevorzugung *einer* Beobachterposition erschwert.

ORTFRIED SCHÄFFTER zieht aus dieser systemtheoretischen Analyse Konsequenzen für das Lehrverhalten. Ähnlich wie HANS TIETGENS betont er die Notwendigkeit eines *Relationsbewusstseins,* um die unterschiedlichen Sichtweisen und lebensweltlichen Kontexte der Teilnehmenden in Beziehung setzen zu können. Relationsbewusstsein erfordert „die Fähigkeit zur wechselseitigen Perspektivenübernahme" und die Bereitschaft, die eigene Weltsicht zu relativieren. Die „Einsicht in die Differenz von Deutungen" (SCHÄFFTER 1998, S. 105) ist somit Bestandteil der pädagogischen Kompetenz der Lehrenden und zugleich Lernziel der Teilnehmer. Lehren und Lernen setzen „Differenzerfahrungen" voraus.

„Erst die Verbindung von Kontextwissen und Relationsbewusstsein setzt im Zuge der Institutionalisierung erwachsenenpädagogischer Deutungen den Systemcharakter von Weiterbildungsorganisation mit ihren synergetischen Effekten frei … In der Praxis der Weiterbildung hat sich eine derartige Systemschließung erst ansatzweise herausgebildet, da sie (noch?) nicht Bestandteil eines gesellschaftlichen Funktionssystems ist" (ebd. S. 106).

SCHÄFFTER fragt nach einer systemtheoretischen Definition des *Lernens.* Jede wissenschaftliche „Denkschule" entwickelt einen eigenen Lernbegriff. Aus Sicht der Systemtheorie ist Lernen „kein anthropologisches Elementarfaktum", sondern eine „Beobachterkategorie". Lernen ist also relativ, d. h. abhängig von dem wissenschaftlichen Beobachterstandpunkt. Die Suche nach einer abschließenden Definition – so SCHÄFFTER – beruht auf einem „naiven Realismus" (ebd. S. 132).

Aus systemisch-konstruktivistischer Sicht ist es problematisch, „Theorien des Lernens unvermittelt zu Theorien des Lehrens" umzuformulieren. „Die Unterstellung, dass das ›Lernen‹ der erwachsenen Teilnehmer/---innen unmittelbar über ›Lehrtätigkeit‹ steuerbar sei, erweist sich praktisch und theoretisch als eine berufstypische ›Selbstvereinfachung‹ von pädagogisch Tätigen, die hierdurch angesichts einer bedrohlichen Unüberschaubarkeit von Wirkungszusammenhängen überhaupt handlungsfähig bleiben" (ebd. S. 135).

Konstruktivistische Theorie oder konstruktivistische Praxis?

Pädagogen müssen sich an die ernüchternde Erkenntnis gewöhnen, dass Teilnehmer nicht das lernen, was gelehrt wird, dass aber das Lehren trotzdem nicht wirkungslos, überflüssig oder nebensächlich wird. Aus Lern- und Erkenntnistheorien lassen sich keine Lehrtheorien oder „Praxeologien" ableiten, aber Lehrende sollten lern- und erkenntnistheoretisch „aufgeklärt" sein. So wirken sich ontologische und epistemologische Weltsichten mittelbar und unmittelbar auf die Lehre und die Lehrmaterialien aus.

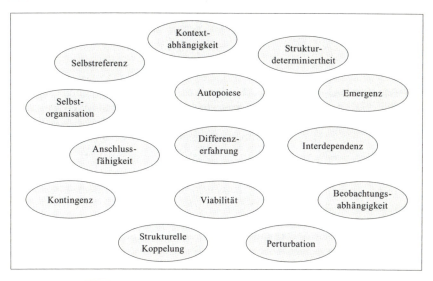

Abb. 2: *Schlüsselbegriffe systemisch-konstruktivistischer Pädagogik*

1.3 Konstruktivistische Theorie oder konstruktivistische Praxis?

> *„My Lord, facts are like cows. If you look them in the face hard enough, they generally run away."*
> (DOROTHY SAYERS)

Ist der Konstruktivismus eine Grundlagentheorie, die die erziehungswissenschaftliche Theoriediskussion bereichert, oder verändert sie auch die pädagogische Praxis? Beschreibt und erklärt der Konstruktivismus die „Faktizität" menschlichen Erkennens oder enthält er auch „regulative Ideen" für didaktisch-methodisches Handeln?

Kann man einen konstruktivistisch „aufgeklärten" Pädagogen an seinem alltäglichen Unterricht erkennen, lassen sich konstruktivistisch inspirierte Handlungen beobachten? Liefert der Konstruktivismus Anregungen für eine neue Reformpädagogik, vielleicht sogar für eine neue Antipädagogik?

Exemplarisch seien zwei unterschiedliche Auffassungen skizziert. SIEGFRIED SCHMIDT, der die konstruktivistische Diskussion im deutschsprachigen Raum maßgeblich geprägt hat, betont den Zusammenhang von „beobachten" und „handeln". „Theorie" heißt wörtlich Beobachtung. Die konstruktivistische Theorie beobachtet pädagogische Wirklichkeit anders als z. b. eine sozialtechnologische Theorie. Beobachtungen aber bestehen aus Unterscheidungen auf der Grundlage von Leitdifferenzen, z. b. von binären Codes wie fleißig/faul oder intelligent/dumm. Diese Unterscheidungen leiten – bewusst oder unbewusst – unser pädagogisches Handeln. Beobachten ist also per se ein Handeln, zumal jede Unterscheidung „blinde Flecken" hervorruft. Auf diese Weise wird Komplexität in der alltäglichen Unterrichtssituation reduziert, das Spektrum der möglichen Handlungen und Lehr-Lern-Methoden wird eingeschränkt. Um das Repertoire pädagogischer Praktiken zu vergrößern, ist also eine Reflexion und Erweiterung der Beobachtungsperspektiven erforderlich. So schlussfolgert SCHMIDT:

„Um blinde Flecken zu beobachten, muss man Beobachter beim Beobachten beobachten, also Beobachtung zweiter Ordnung betreiben. Eben dies sollte eine Hauptaufgabe aller Lehrenden sein: Beobachte, wie die Lerner beobachten, das heißt, wie sie ihre Wirklichkeit konstruieren und Probleme lösen! Und befähige Lerner, ihr eigenes Unterscheidungsmanagement beobachten zu können, das heißt, kognitiv selbstständig und eigenverantwortlich werden zu können. An welchem ›Unterrichtsstoff‹ diese Selbstorganisation des Lerners und des Lernens erfolgt, ist dabei zweitrangig. Wenn diese Strategie befolgt wird, wird sich auch der Unterricht ändern" (SCHMIDT 2001, S. 30).

Vereinfacht gesagt: der konstruktivistische „Blick" beeinflusst die pädagogische „Haltung" der Lehrenden und damit auch die didaktisch-methodischen „Aktivitäten".

Eine andere Position nimmt der Didaktiker EWALD TERHART ein. Seine Kritik setzt an der Vernachlässigung der Fachdidaktik, des Unterrichtsstoffs an, wobei er die erkenntnistheoretischen Grundlagen des Konstruktivismus weitgehend akzeptiert.

Charakteristisch für den konstruktivistischen Lernbegriff ist, dass „die Außendetermination völlig zurückgetreten (ist) zugunsten der Determination durch innere Strukturiertheit" (TERHART 1999, S. 635). Damit aber stellt sich die Frage nach dem Stellenwert der Sachlogik der Lerninhalte. Die Sachansprüche der Unterrichtsfächer und die Beobachterperspektiven der Lernenden – so TERHART – müssen ausbalanciert werden. Schulunterricht hat die Schüler an den wissenschaftlich und kulturell erreichten Erkenntnisstand der Fächer heranzuführen, das bisher gesammelte fachliche Wissen einer Gesellschaft muss der jungen Generation vermittelt werden.

Es kann in der Schule nicht ständig das Rad neu erfunden werden. „Sicherlich kommt es im Laufe des individuellen Entwicklungs- und Lernprozesses zum Aufbau, Neuaufbau und zur Konstruktion von individueller Erfahrung und Wissen. Dieser Konstruktionsprozess ist jedoch zunächst ein Nachkonstruieren dessen, was an akkumulierter Erfahrung bereits vorliegt" (ebd. S. 641).

TERHARTs Betonung der Strukturen und des Anspruchsniveaus der Unterrichtsfächer ist berechtigt, auch um nicht den Eindruck zu erwecken, einer konstruktivistischen Pädagogik ginge es nur um Meinungs- und Erfahrungsaustausch und nicht auch um systematisches wissenschaftliches Wissen und eine „Anstrengung des Begriffs". Allerdings argumentiert TERHART vor allem schulpädagogisch, denn die fachdidaktischen Logiken sind in der außerschulischen Bildungsarbeit von zweitrangiger Bedeutung. Lerninhalte der beruflichen und allgemeinen Erwachsenenbildung sind vor allem überfachliche Kompetenzen sowie integrative, vernetzte Themen und Lebensprobleme, die nicht den Strukturen der traditionellen Wissenschaftsdisziplinen und Unterrichtsfächer folgen. Außerdem ist nicht zu vergessen, dass auch die fachwissenschaftlichen Erkenntnisse beobachtungs- und methodenabhängig konstruiert sind.

> Diese Einsicht gilt – seit der Erfindung der Quantenmechanik durch W. HEISENBERG, N. BOHR und E. SCHRÖDINGER – auch für die modernen Naturwissenschaften. Auch physikalisches und chemisches Wissen ist relativ; Erkenntnisgegenstand und erkennendes Subjekt sind untrennbar verknüpft. Die philosophische Bedeutung der Quantenmechanik „rührt daher, dass dem Beobachter von Quantensystemen eine Rolle zugewiesen wird, die er in der klassischen Physik nicht hat: Durch die Wahl des Messapparates entscheidet er zugleich über die Wirklichkeit, die sich ihm zeigt, ohne dass er zusätzlich verborgene Parameter auch nur annehmen könnte, deren Erfassung nach den Regeln der klassischen Mechanik erst eine vollständige und objektive Repräsentation von Wirklichkeit darstellen würde. Wirklichkeit ist nur in strenger Korrespondenz zum Handeln des Messenden zu bestimmen" (PEUKERT 2000, S. 513).

EWALD TERHART behauptet, dass die konstruktivistische Pädagogik in unterrichtsmethodischer Hinsicht wenig Originelles anzubieten hat, dass sie bildungspraktisch auf bekannte reformpädagogische Vorschläge zurückgreift. Selbstständiges Lernen, ganzheitliches Lernen, entdeckendes Lernen, biografische und erfahrungsorientierte Zugänge, Reflexion von Deutungsmustern – alle diese methodischen Verfahren sind – zumal in der Erwachsenenbildung – keineswegs neu. Erweist sich der Konstruktivismus also letztlich als Mogelpackung, als Luftballon, der platzt, wenn es bildungspraktisch konkret wird?

„Im Grunde entsteht eine aller Inhaltlichkeit weitgehend entkernte Prozess-Didaktik, die in ihren konkreten Vorstellungen zur Gestaltung des Lehr-Lern-Prozesses im Wesentlichen einer Synthese von Ideen J. DEWEYS, J. PIAGETs und M. WAGENSCHEINS entsprungen sein könnte" (TERHART 1999, S. 645).

Im Folgenden soll versucht werden, diese These TERHARTs zu relativieren und das bildungspraktische Potenzial des epistemologischen Konstruktivismus „auszuschöpfen".

1.4 Braucht die Bildungspraxis eine Neuorientierung?

Schule und Erwachsenenbildung haben eine lange Tradition. Der derzeitige Zustand des Bildungssystems ist das Ergebnis vielfältiger Erfahrungen, Reformen und alltäglicher Experimente. „Irgendwie" scheint sich dieses System trotz der viel kritisierten Schwächen bewährt zu haben, sonst würde es nicht mehr in dieser Form existieren.

Andererseits: Vielleicht hat dieses System gerade deshalb überdauert, weil es flexibel, innovativ, offen für neue Herausforderungen war und ist, weil Stabilität und Wandel ein „Fließgleichgewicht" herstellen. Ein komplexes System wandelt sich durch Eigendynamik und nicht durch ministerielle Verordnungen oder erziehungswissenschaftliche Forschungsergebnisse. Doch auch selbstreferenzielle Systeme sind mit der Umwelt strukturell gekoppelt und sind offen für „Perturbationen" und „Irritationen" von außen.

> Die PISA-Studie ist nur eine dieser Irritationen – allerdings eine der spektakulärsten und – trotz methodischer Einschränkungen – auch eine ernst zu nehmende. Befragt und getestet wurden im Auftrag der OECD 15-jährige Schüler und Schülerinnen aus 32 Ländern mit vergleichbaren Schulsystemen hinsichtlich der Lesekompetenz, der mathematischen Grundbildung und der naturwissenschaftlichen Fähigkeiten. Ermittelt werden sollten nicht primär die erlernten Schulkenntnisse, sondern lebensdienliche Fähigkeiten des logischen Denkens, des Verstehens und Anwendens von Wissen in Alltagssituationen. In dem zusammenfassenden Ranking werden die deutschen Schüler auf Platz 21 eingestuft.
>
> „Spitzenreiter" sind die Finnen hinsichtlich der Lesefähigkeiten, die Japaner hinsichtlich der mathematischen Allgemeinbildung und die Koreaner hinsichtlich der naturwissenschaftlichen Kompetenzen. In den meisten dieser „erfolgreichen" Länder werden die LehrerInnen nicht besser bezahlt, ist die Arbeitsbelastung der Lehrer nicht geringer, sind die Schulklassen nicht kleiner und die staatlichen Bildungsausgaben nicht höher als in Deutschland.

Eine vergleichbare Untersuchung des Bildungsniveaus der Erwachsenen und der Qualität der Erwachsenenbildung liegt nicht vor und ist wohl auch nicht zu erwarten. Doch vor allem die Erfahrungen mit den aufwändigen „Qualifizierungsoffensiven" in den neuen Bundesländern deuten auf notwendige Qualitätssicherungen, Evaluationsuntersuchungen und wünschenswerte Innovationen hin. Die arbeitsmarktpolitische Wirksamkeit, aber auch die lebensweltlichen Kompetenzeffekte dieser Qualifizierungsmaßnahmen scheinen den hoch gesteckten Erwartungen nur selten zu entsprechen.

Aufmerksamkeit (und Protest) haben die Evaluationsforschungen der seminaristischen beruflich-betrieblichen Weiterbildung von ERICH STAUDT und BERND KRIEGESMANN provoziert. Einige der Ergebnisse dieser Untersuchungen:

„Weiterbildung hat nur geringen Einfluss auf die Vermittelbarkeit am Arbeitsmarkt. Das Bemühen, den Menschen in Ostdeutschland Marktwirtschaft auf der Schulbank beibringen zu wollen, ist gescheitert ... Nimmt man die Beschäftigungseffekte als Erfolgsmaßstab von Weiterbildung, gibt es überwiegend keine signifikanten Zusammenhänge" (STAUDT/KRIEGESMANN 1999, S. 21).

Auch die Trainings personaler und sozialer Kompetenzen scheinen wenig effektiv zu sein: „Erfolgreiche Manager sehen Lernen aus Umbruchsituationen, aus dosierter projektorientierter Überforderung und aus der Bewältigung von Verlustsituationen, aber auch aus Lernfeldern außerhalb des Unternehmens als besonders effektiv an. Weiterbildung bringt gerade in Bereichen wie Führungstrainings wenig" (ebd. S. 23).

Es wird deutlich, „dass neben der Wissensvermittlung durch Weiterbildung noch etwas anderes wirksam sein muss, das die Kompetenz und damit die Employability bestimmt. Diese Differenz zwischen Qualifikation und Kompetenz muss zunächst transparent sein" (ebd. S. 25).

Die qualifizierende Wirkung der Vermittlung deklarativen Wissens wird meist überschätzt, die Bedeutung des impliziten Wissens eher unterschätzt. „Implizites Wissen schafft die Voraussetzungen, den Sprung des expliziten Wissens in reale Anwendungssituationen zu vollziehen. Implizites Wissen wird im Tagesgeschäft durch Erfahrung machen aufgebaut" (ebd. S. 34). „Implizites Wissen" – so lässt sich aus konstruktivistischer Sicht ergänzen – wird vor allem durch selbst gesteuerte Lernprozesse erworben.

„Traditionelle Weiterbildung ist hoch professionalisiert auf den gut beeinflussbaren Bereich des expliziten Wissens ausgerichtet, der aber nur 20 Prozent der individuellen Handlungsfähigkeit ausmacht" (ebd. S. 52).

STAUDT und KRIEGESMANN plädieren für eine *„Entmythologisierung der Weiterbildung"* (ebd. S. 55). Als „Mythen" lassen sich Annahmen bezeichnen, die ungeprüft tradiert und verallgemeinert werden, die oft als „heimlicher Lehrplan" pädagogische und bildungspolitische Entscheidungen beeinflussen, auch wenn sie in der erziehungswissenschaftlichen Literatur so nicht (mehr) vertreten werden.

Solche beharrlichen Mythen unseres Bildungssystems sind z. B.:
- Der schulische Lehrplan und Fächerkanon spiegelt die Handlungsfelder der Lebenswelten wider. Zwar wird in der Schule auch „für das Leben" gelernt, aber nicht vorrangig durch den Fachunterricht, sondern oft eher „subversiv" (z. B. wie Schüler ihre Lehrer psychohygienisch „behandeln", mit minimalem Aufwand optimale Zeugnisnoten erreichen, sich durch das System durchlavieren …).
- Viel Stoffwissen bewirkt viel, vor allem Lebenskompetenzen. Demgegenüber ist anzunehmen, dass das meiste schulisch vermittelte Wissen „träges Wissen" bleibt, also ein äußerliches Wissen, das nicht in das Selbstkonzept integriert ist, das nichts „erhellt" und wenig zur Problemlösung beiträgt. Aus deklarativem Wissen (z. B. geschichtliches Wissen) erwachsen nicht zwangsläufig Kompetenzen (z. B. Geschichtsbewusstsein). Allerdings lassen sich Kompetenzen auch nicht „inhaltsneutral" erwerben.

- Moralische Appelle und Argumente bewirken Werte und vernünftiges Handeln. Dem ist zu entgegnen: Die normative Postulat-Pädagogik ist weitgehend gescheitert (vgl. LENZEN 1999, S. 26 ff.). Werte und Normen müssen als sinnvoll erlebt, erfahren und praktiziert werden.
- Erfolgreiche Lernprozesse können unterrichtstechnologisch organisiert werden. Demgegenüber spricht vieles dafür, dass allenfalls günstige Lernumgebungen und Anlässe für Lernen geschaffen werden können. So spricht ROLF ARNOLD von einer „Ermöglichungsdidaktik" anstelle einer „Erzeugungsdidaktik" (ARNOLD/PÄTZOLD 2001, S. 49).
- SchülerInnen und TeilnehmerInnen in einer Schulklasse lernen „im Gleichschritt". Die Individualität der Lernverläufe ist beträchtlich und die individuellen Unterschiede nehmen im Verlauf eines Seminars oft noch zu, sodass am Schluss die Differenzen größer und nicht geringer geworden sind.
- Gelernt wird das, was gelehrt wird. Lernen als spiegelbildliche Reak-tion auf Lehre zu verstehen, hat KLAUS HOLZKAMP als „Lehr-Lern-Kurzschluss" bezeichnet. Es empfiehlt sich, Lernen und Lehren als getrennte selbstreferenzielle „Systeme" zu betrachten, die nur lose miteinander gekoppelt sind.
- Wer in der Schule erfolgreich ist, ist auch erfolgreich im Leben. Von Ausnahmen abgesehen sagen Schulzeugnisse und Noten wenig über die spätere berufliche Karriere und über Lebensführungskompetenzen aus. Viele alltagspraktische Qualifikationen werden außerschulisch erworben – z. B. in Sportvereinen, Umweltinitiativen, Dritte-Welt--Gruppen. Es erscheint wünschenswert, solche Lernanstrengungen zu zertifizieren und dadurch anzuerkennen.
- Das Prinzip „mehr desselben" – mehr Unterrichtsstunden, mehr Lerninhalte, mehr Prüfungen – ist selten Erfolg versprechend. Es geht nicht um mehr herkömmlichen Unterricht, sondern um neue, ungewohnte Lernkulturen.

> **Des Guten zu viel ...**
>
> PAUL WATZLAWICK hat auf die Kontraproduktivität des linearen Denkens und des Prinzips „mehr desselben" hingewiesen:
>
> ... je mehr Zeigefingerpädagogik, desto mehr Vermeidungsreaktionen ...
>
> ... je länger die Schulpflicht, desto mehr Schulmüdigkeit ...
>
> ... je mehr Wissensstoff, desto weniger Einsichten ...
>
> ... je mehr Tadel, desto weniger Wirkung ...
>
> ... je mehr Medikamente, desto mehr ungesunde Nebenwirkungen ...
>
> ... je mehr Insektizide, desto größer die Resistenz der Schädlinge und desto mehr Schadstoffe in den Nahrungsmitteln ...
>
> ... je mehr Verordnungen und Verbote, desto mehr Straftaten und Verstöße ...
>
> ... je mehr der Lehrer redet, desto weniger hören die Schüler zu ...
>
> ... je dicker die wissenschaftlichen Bücher, desto weniger werden sie gelesen ...
>
> ... je schneller gelernt wird, desto schneller wird vergessen ...
>
> ... je unwiderlegbarer die Argumentation eines Redners, desto geringer seine Überzeugungskraft ...

Schule muss sich von ihren Omnipotenzfantasien verabschieden. Die Schule ist unverzichtbar – aber sie ist nicht für alle Lernfelder die optimale Lernumgebung. Vielmehr ist eine Pluralität der Lernorte und ein Netzwerk sich komplementär ergänzender formaler und informeller Lerngelegenheiten anzustreben.

Allerdings: Auch wenn man der Kritik an diesen Mythen im Großen und Ganzen zustimmt, so hat man damit noch keine Lösungen gefunden. Alle schnellen Antworten und Rezepte erweisen sich meist nur partiell und eingeschränkt als erfolgreich – das gilt für Projektunterricht, für Schülerselbstbestimmung, für die Abschaffung der Fächer, für den Einsatz neuer IuK-Medien oder auch für den Verzicht auf Benotungen oder auf Auswendiglernen. Der Abbau *eines* blinden Flecks – so NIKLAS LUHMANN – wird fast immer durch neue andere blinde Flecken erkauft. Auch der Konstruktivismus hat keine verbindlichen Lösungen für die Paradoxien und Defizite komplexer Bildungssysteme. Aber der Konstruktivismus vermag das Spektrum pädagogischer Möglichkeiten zu erweitern.

ASTRID KAISER, Erziehungswissenschaftlerin der Universität Oldenburg, plädiert für eine „Didaktik der Verschiedenheit" – auch in der Grundschule. „Aus Verschiedenheit der Kinder werden Merkmale einer *Didaktik der Verschiedenheit* formuliert, die diese Differenzen produktiv im kommunikativen Prozess aufgreifen soll und nicht unter dem Einheitsdiktat schulischer Didaktik negieren, eliminieren und informieren soll, wie es den Traditionen schulpädagogischen Denkens entspricht" (KAISER 2002, S. 152).

Die Analyse von Kinderbildern – so ASTRID KAISER – verweist auf die Vielfalt kindlicher Wirklichkeitskonstruktionen. Die konstruktivistische Grundschulpädagogik nimmt einen Perspektivenwechsel vor, sie versucht die Weltsicht des einzelnen Kindes – nicht „der Kindheit" – ernst zu nehmen. „Wenn wir in teilnehmender Beobachtung genauer anschauen, was Kinder denken und tun, während ihre Lehrkräfte glauben, Unterricht zu einem bestimmten Thema abzuhalten, dann ist dies bereits ein wichtiger Anfang" (ebd. S. 159).

1.5 Konstruktivismus in Stichworten

K onstruktion von Welten anstatt Abbildung von Wirklichkeit.

O perationale Geschlossenheit: Das Gehirn interagiert mit seinen eigenen Zuständen, es ist operational, aber nicht informatorisch „geschlossen".

N achhaltiges Lernen setzt Anschlussfähigkeit und Relevanz der Lerninhalte sowie metakognitive Kompetenzen voraus.

S trukturdeterminiertheit: Die kognitiven, emotionalen und sensorischen Strukturen entscheiden darüber, was das „System" verarbeiten kann.

T ransversale Vernunft (W. WELSCH): Denken in Übergängen, Anerkennung unterschiedlicher Rationalitäten und Erkenntniswege.

R elativierung von Wahrheitsansprüchen und Relationierung (d.h. In-Beziehung-Setzen) der Wahrnehmungen.

U nzugänglichkeit der außersubjektiven Realität; das „Wesen" der Welt bleibt uns verborgen.

K ommunikation schafft Verständigungsgemeinschaften und gemeinsame Welten, auch wenn jede Kommunikation missverständlich bleibt.

T eilnehmerorientierung als Ermöglichung und Unterstützung von Selbstlernprozessen.

I ndividualisierung des Lernens als Folge der Autopoiesis und Biografieabhängigkeit des Erkennens.

V iabilität als Kriterium für erfolgreiche, brauchbare, passende Erkenntnisse.

I ronie als Bewusstsein der Vorläufigkeit und Einseitigkeit menschlichen Erkennens.

S elbst gesteuertes Lernen als pädagogische Konsequenz aus der Autopoiese des Erkenntnissystems.

M etakognition als reflexive Selbstlernkompetenz und als „Beobachtung zweiter Ordnung".

U nberechenbarkeit und Nicht-Determinierbarkeit lebendiger (autopoietischer) psychischer und sozialer Systeme.

S elbstorganisation, Eigendynamik und Emergenz komplexer biologischer, psychischer und sozialer Systeme.

2. Vernetzungen

2.1 Systemisches Denken und vernetztes Lernen

> „Wenn es nur eine einzige Wahrheit gäbe, könnte man
> nicht hundert Bilder über dasselbe Thema malen."
> (P. PICASSO)

Das Netz als Metapher

Das Netz ist eine beliebte Metapher der Neurowissenschaften, der Ökosystemforschung, des Bildungsmanagements.

Es gibt unterschiedliche Netze: Einkaufsnetze, Haarnetze, Fischernetze, Spinnennetze, Netze der Trapezartisten, soziale Netze, Wissensnetze ... Ein Netz besteht aus Maschen, Knoten, meist auch einer Verankerung. Das Netz besteht aus Verknüpfungen, die Knoten und Maschen bilden ein Muster, eine Struktur. Die Struktur des Netzes entscheidet über die Wirklichkeit, die erfasst wird. Verwendet der Fischer ein engmaschiges Netz, fängt er andere Fische als mit einem großmaschigen. Das Netz ist ein flexibles, bewegliches, aber auch empfindliches System. Wird ein Knoten aufgeknüpft, lockert sich bald das ganze Netz. Netze sind nicht starr, sondern stellen ein Gleichgewicht her. Das Netz reagiert sensibel auf Belastungen und Störungen. Netze geben Halt und Sicherheit.

Das Netz als Metapher verweist auf Zusammenhänge, Beziehungen, Wechselwirkungen, Rückkopplungen, auf Zirkularität. Netzwerke sind zweckmäßige Verbindungen, die bei Bedarf wieder aufgelöst werden können. Wer vernetzt ist, verfügt über vielfältige Kontakte.

Ein Netz ist zugleich ein Filter, ein Sieb. Unser Gehirn ist ein solcher Filter, der Wichtiges von Unwichtigem, Sinnvolles von Sinnlosem trennt. Diese Filter erleichtern eine Orientierung angesichts der desorientierenden Informationsfülle. Unsere mentalen Netze im Kopf sind kognitive und emotionale Schemata, mit deren Hilfe wir unsere Wirklichkeiten konstruieren. Wir filtern Informationen und vernetzen sie, und zwar so, dass ein stimmiges, vernünftiges Selbst- und Weltbild entsteht. Netze sind – im Unterschied zu einem Gitter – beweglich und stellen dadurch immer wieder neu ein Gleichgewicht her. Diese Dynamik von Ordnung und Ungleichgewicht ist ein Merkmal des Lebens.

Auch Theorien lassen sich als Netze beschreiben, die bestimmte Aspekte der Wirklichkeit erfassen.

vernetzte Gesellschaft
Bildungsnetzwerke
interdisziplinäres Denken
vernetztes Lernen
Wissensnetze
neuronale Netze
Evolutionstheorie

Abb. 3: Ebenen der Vernetzung

Lebensnetze

FRITJOF CAPRA vernetzt die moderne *Physik* mit dem *Taoismus* und dem *Buddhismus*. Für CAPRA ist die Verabsolutierung des mechanistischen Denkens – trotz aller Errungenschaften – eine Ursache für die ökologische Krise. Er plädiert für eine Wende der Wahrnehmung, insbesondere für eine systemische Betrachtung der komplexen Wirklichkeiten.

CAPRAs Schlüsselbegriffe des *Systemdenkens* sind Zusammenhang, Beziehungen, Kontext. „Nach dieser Systemanschauung sind die wesentlichen Eigenschaften eines Organismus oder lebenden Systems Eigenschaften des Ganzen, die keines seiner Teile besitzt. Sie gehen vielmehr aus den Wechselwirkungen und Beziehungen zwischen den Teilen hervor" (-CAPRA 2000, S. 234). Dieses Denken ist eher synthetisch, d. h. integrierend, als analytisch, d. h. zergliedernd. Systemisches Denken berücksichtigt Rückkoppelungen, Schmetterlingseffekte, Fließgleichgewichte.

Auch CAPRA verwendet die ökologische Metapher des Netzwerks. Netzwerke sind lebende Systeme. „Die neue Wissenschaft der Ökologie bereicherte die aufkommende systemische Denkweise durch die Einführung von zwei neuen Begriffen: Gemeinschaft und Netzwerke ... Als der Begriff des Netzwerks in der Ökologie mehr und mehr an Bedeutung gewann, begannen Systemdenker, Netzwerkmodelle auf allen Systemebenen zu verwenden ... Die Anschauung, dass lebende Systeme Netzwerke sind, gewährt eine neue Sicht auf die so genannten ›Hierarchien‹ der Natur" (ebd. S. 240 f.).

„Das Netz des Lebens besteht aus Netzwerken innerhalb von Netzwerken" (ebd. S. 242).

Netzwerk ist für CAPRA mehr als eine Metapher, die Netzwerkperspektive verweist auf einen Paradigmenwechsel auf allen Ebenen – von der Neuro- und Mikrobiologie bis zur Organisationsentwicklung und zur globalen Wirtschaftspolitik.

Globale Vernetzungen – globales Lernen

Deutschland verfügt über keine Regenwälder, die abgeholzt werden, über keine nennenswerten Ölquellen, die die Landschaft vergiften, über keine indigenen Gemeinschaften, die unterdrückt und vertrieben werden. Und dennoch sind wir an fast allen Umweltzerstörungen dieser Welt beteiligt.

Nachhaltige Entwicklung („sustainable development") heißt: biologische Vielfalt erhalten, CO_2-Emissionen verringern, Klimaschutz verbessern, die Wälder nachhaltig bewirtschaften, verseuchte Landschaften renaturieren, Auswirkungen der Liberalisierung des Handels auf Umwelt und die „least developed countries" berücksichtigen, westliche Konsumgewohnheiten verändern, natürliche Ressourcen schonen, das landwirtschaftliche und medizinische Wissen der indigenen Völker nutzen und honorieren ...

Nachhaltigkeit als Bildungsziel heißt: in Vernetzungen denken lernen.

Evolutionstheorien erklären die gattungsgeschichtliche Entwicklung des Lebendigen. Neuere Evolutionstheorien betonen drei Prinzipien: Komplexität durch Kreativität, Musterbildung durch Vernetzung und Entwicklung durch Selbstorganisation (ARNOLD 2001, S. 108).

„Die neueren Evolutionstheorien betrachten Natur und Lebendiges ... als ein dynamisches Gewebe von Geweben, die innerlich zusammenhängen ... Die Evolution schaukelt sich sozusagen zu immer komplexeren Formen der Vernetzung und des Zusammenwirkens vernetzter Systeme empor.

Durch die Vernetzung der vielfältigen Teile und Beziehungen von Systemen entstehen komplexe Muster ... Die Fähigkeit zum vernetzten, integrativen Denken beschreibt das Vermögen, die verbindenden Muster ... zu erkennen ...

Isolierte Eingriffe in komplexe Systeme, die nicht deren Vernetztheit und deren Eigendynamik Rechnung tragen, zeigen häufig andere, bisweilen sogar kontraproduktive Wirkungen" (ebd. S. 108 f.).

Lebewesen passen sich nicht lediglich veränderten Umwelten an, sondern entwickeln sich durch innewohnende Tendenzen der Emergenz, durch immer komplexere Netzwerke.

Das psychosomatische Netzwerk des Lebens

Die moderne Neurobiologie beschreibt das Nervensystem, das Immunsystem und das endokrine System als ein kommunizierendes Netzwerk:

„Das aus dem Gehirn und einem Netzwerk von Nervenzellen im ganzen Körper bestehende Nervensystem ist der Sitz der Gedächtnisses, des Denkens und der Gefühle. Das aus den Drüsen und den Hormonen bestehende endokrine System ist das Hauptregulierungszentrum des Körpers ... Das aus der Milz, dem Knochenmark, den Lymphknoten und den im Körper zirkulierenden Immunzellen bestehende Immunsys-tem ist das Abwehrsystem des Körpers ... Nach CONDACE PERT bilden die drei Systeme ein einziges psychosomatisches Netzwerk" (CAPRA 1999, S. 320).

Neuronale Netzwerke

MANFRED SPITZER betitelt sein Buch über *Gehirnforschung* „Geist im Netz" (2000). Der „Bezugsrahmen" der Gehirnforschung „ist die Neurophysiologie von Nervenzellen (Neuronen) und die Theorie des Zusammenwirkens von Neuronen. Sie arbeiten im Verbund, als Netzwerk" (SPITZER 2000, S. 5).

„Die Erforschung der Eigenschaften neuronaler Netzwerke erlebte seit Mitte der 80er Jahre einen starken Aufschwung und erfolgte in so unterschiedlichen Bereichen wie Informatik, Physik, Psychologie, Neurowissenschaft, Psychiatrie, Linguistik, künstliche Intelligenz, Medizin und Ingenieurwissenschaften" (ebd. S. 7).

Neuronale Netzwerke ermöglichen es, Muster zu erkennen. „Die Funktion des Netzwerks beruht auf der Tatsache, dass sich die richtigen Synapsengewichte im Laufe des Trainings eingestellt haben. Die Leistung des Netzwerks besteht dann ... in einer Transformation von Eingangsmustern in Ausgangsmuster und in der richtigen Einstellung der Synapsenverbindungen im Netz" (ebd. S. 36).

Neuronale Netzwerke sind also informationsverarbeitende Systeme. Lernen kann als die Änderung von Synapsenstärken in diesen Netzwerken beschrieben werden. Diese Netzwerke operieren selbst organisiert, indem vorhandene Gedächtnisinhalte aktiviert und ergänzt werden. Solche Netzwerke werden als „selbst organisierende Eigenschaftskarten" bezeichnet: Die neuronalen Netzwerke können deshalb mit kognitiven Landkarten verglichen werden. „Die Kartenförmigkeit kortikaler Repräsentationen ist neurobiologisch für weite Teile des Kortex nachgewiesen" (ebd. S. 121).

Systemisches Denken und vernetztes Lernen

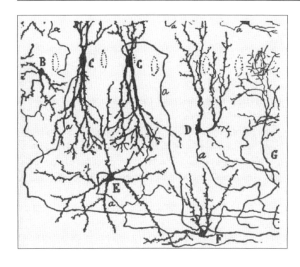

Abb. 4: Das neuronale Netzwerk
(Quelle: H. MATURANA/ F. VARELA 1987)

Neuronale Netzwerke sind großenteils *autopoietische Netzwerke*, d.h. das Gehirn verknüpft selbsttätig Erfahrungen, Gedächtnisinhalte, auch Emotionen mit Kognitionen. Neuronale Netzwerke verfügen über emergente, d.h. produktive, schöpferische Eigenschaften (CAPRA 1999, S. 302), sie sind also nicht nur informationsspeichernde „Behälter". So wird die Formulierung verständlich, dass unser Gehirn mit seinen eigenen „Zuständen" interagiert. Lernen ist vor allem „innerer Monolog".

Kognitive und emotionale Netze stiften *Ordnung* in unübersichtlichen Lebenswelten. Ordnung finden wir nicht außer uns vor, Ordnung müssen wir – nicht zuletzt durch unermüdliche Lernanstrengungen – herstellen.

Bewusstsein und Nervennetze

Für den Bremer Gehirnforscher und Konstruktivisten GERHARD ROTH entsteht das Bewusstsein aus der Neuverknüpfung neuronaler Netze:

Routinemäßiges Handeln – z.B. Autofahren – setzt „fertige" Nervennetze voraus, die automatisch aktiviert werden. Solche Netze werden durch Übung aufgebaut, das Bewusstsein ist nur zu Beginn an diesem Lernprozess beteiligt. Später können Bewusstsein und Aufmerksamkeit für erfolgreiche Handlungen sogar hinderlich sein. 40 Prozent unserer Handlungen laufen automatisiert, „unterbewusst" ab.

> Für neue Situationen und neue Aufgaben müssen aber neue Netze konstruiert werden, wobei meist auf vorhandene Gedächtnisinhalte zurückgegriffen werden kann.
>
> *„Ich behaupte also, dass das Auftreten von Bewusstsein wesentlich mit dem Zustand der Neuverknüpfungen von Nervennetzen verbunden ist. Je mehr Verknüpfungsaufwand getrieben wird, desto bewusster wird ein Vorgang und je mehr vorgefertigte Netzwerke für eine bestimmte kognitive oder motorische Aufgabe vorliegen, desto automatisierter und unbewusster erledigen wir diese Aufgabe. Bewusstsein ist das Eigensignal des Gehirns für die Bewältigung eines neuen Problems und des Anlegens entsprechender neuer Nervennetze"* (ROTH 1997, S. 233).

Die modernen Neurowissenschaftler betonen die *Selbstorganisation* des Nervensystems. Im Unterschied zu den traditionellen Informationstheorien werden nicht lediglich Informationen codiert und decodiert, sondern es werden neuronale Netzwerke geknüpft und vernetzt. Dies ist ein autopoietischer und höchst individueller Prozess.

Durch diese Vernetzungen entsteht *Synergetik*. Synergetik ist ein Schlüsselbegriff der Entstehung und Funktion komplexer Systeme. Durch Synergetik, also durch Vernetzung unterschiedlicher Wissensbestände, entstehen neue Qualitäten des Bewusstseins. Durch Synergetik integriert unser Gehirn unterschiedliche Erfahrungen und Informationen.

Der Chaosforscher HERMANN HAKEN (1997) bezeichnet Synergetik als eine Theorie der Selbstorganisation, die sowohl neurobiologische als auch psychische Prozesse des Gehirns erklärt. Die Theorie der Synergetik erklärt die Emergenz neuer Denk- und Verhaltensmuster, und zwar durch Vernetzung verschiedener Gehirnareale. Durch *„Ordner"* werden unterschiedliche Wahrnehmungen und Informationen zu *Mustern* verarbeitet. Ordner steuern z.B. die Wahrnehmung von Kippbildern.

Charakteristisch für synergetische Vernetzungen sind *zirkuläre Kausalitäten*, im Unterschied zu linearen Kausalitäten. So kann man von Kausalnetzen anstatt von Kausalketten sprechen. Diese Metapher ist nicht zuletzt zur Erklärung von (zirkulären) Lehr-Lern-Prozessen in Seminaren aufschlussreich.

Vernetztes Lernen: zum Beispiel Umwelt

Die Hochkonjunktur der Umweltbildung scheint vorbei zu sein, obwohl die Umweltgefährdung – wie es die Hochwasserkatastrophe im Sommer 2002 gezeigt hat – keineswegs geringer geworden ist. Es gibt zahlreiche Umweltschutzinitiativen und viele naturpädagogische Aktivitäten – aber ökologische Bildungsarbeit für eine „nachhaltige Entwicklung" erfordert eine Didaktik vernetzten Lernens, das sich nicht nur auf Naturschutz und lokale Agenda-Projekte beschränkt. „Naturerleben" ist wichtig, aber nicht ausreichend.

HEINO APEL hat im September 2002 eine E-Mail-Diskussion angestoßen. Er plädiert für eine neue „Offensive" und ein vernetztes Konzept der Umweltbildung in Schule, Hochschule und Erwachsenenbildung:

„Das Hochwasser ist ein schönes Beispiel, dass Naturerleben als Bildungspostulat wenig weiterhilft. *Man hat es mit* Management und Strukturfragen *zu tun. Hochwasser sind bei zunehmender Niederschlagshäufigkeit und dichter Besiedlung keine Katastrophen, sondern ein menschgemachtes Phänomen, das man langfristig landschaftsplanerisch und kurzfristig mit Hightech-Monitoring-Systemen und Flutmanagement in Grenzen halten kann. Wer wie blöde die Landschaft versiegelt, Flüsse für eine unrentable Wasserschifffahrt begradigt, Überflutungsflächen besiedelt, die Wälder ausdünnt und sterben lässt, wer nicht weiß, wo sich ein wassergeschwängertes Tief befindet und wo im Hinterland wie viel Regen runter gekommen ist, der erntet eben ›Land unter‹, viel Leid und immensen volkswirtschaftlichen Schaden. Für Schutzstrategien eintreten können heißt, Hintergründe kennen, Szenarien (Betonrinne versus Polder) durchspielen können, und letztlich ein* Wissen über das prekäre Austarieren im Mensch-Natur-Verhältnis haben, *was einem erlaubt, nachhaltig vorsorgend zu sein."*

Um Missverständnissen vorzubeugen: Es geht nicht (nur) um die Vermittlung wissenschaftlichen Wissens über vernetzte Systeme, es geht auch und vor allem darum, Vernetzungen erfahrbar zu machen.

Wissensnetze

Es besteht eine Analogie zwischen neuronalen Netzwerken und *Wissensnetzen*. Unsere Lebenswelt ist unser Wissen über diese Welt. Wissen ist nicht (nur) ein Produkt wissenschaftlicher Forschung, sondern (auch) eine Denk- und Erkenntnistätigkeit: Wir erzeugen ständig neue Wirklichkeiten, indem wir Wissensnetze konstruieren und korrigieren.

Vernetzungen

Wissen entsteht durch die Vernetzung von neuen Informationen mit vorhandenen – expliziten und impliziten – Gedächtnisinhalten. Diese Wissensnetze können als „kognitive Architekturen" dargestellt werden.

„Bei diesen Ansätzen wird davon ausgegangen, dass sich die geistige Wissensrepräsentation anhand von Netzwerken beschreiben lässt, die sich aus sogenannten ‚Knoten' zusammensetzen, zwischen denen Verbindungen mit unterschiedlichen Aktivierungsstärken bestehen... Jede Aktivierung hat Einfluss auf die Verbindungsstärke zwischen den Knoten und entsprechend auf die Assoziationsstärke zwischen den einzelnen Inhalten." (STERN 2006, S. 99).

Diesen Vorgang bezeichnet ELSBETH STERN als Lernen: „Beim Lernen verändern sich demnach die Aktivierungsmuster innerhalb eines kognitiven Netzwerks." (ebda. S. 99).

Das Gehirn verfügt über ein Bewertungssystem, das entscheidet, ob ein Inhalt bedeutsam oder bedeutungslos ist. G. ROTH bezeichnet deshalb Lernen als „aktiven Prozess der Bedeutungserzeugung" (ROTH 2003 b, S. 24) und ergänzt damit den Lernbegriff von E. STERN um die Dimension der Bedeutung. „Diese Bedeutungskonstruktionen" – so G. ROTH – gehen „meist völlig unbewusst vonstatten" (ebda. S. 22).

Bewertungen des Wissens können eher emotional oder eher kognitiv sein – wobei auch Emotionen und Kognitionen wiederum vernetzt sind. Vor allem für prozedurales Lernen sind solche emotionalen und kognitiven Bewertungen „fundamental". (SCHLEICH 2006, S. 87). Denn Lerninhalte, die emotional neutral oder ablehnend bewertet werden, werden nicht neuronal „belohnt" und deshalb nicht nachhaltig verarbeitet.

Sinnvolles Wissen ist vernetztes Wissen, das in Zusammenhänge eingebettet ist. Isoliertes Wissen dagegen ist (meist) „träges Wissen", das äußerlich bleibt und nicht „zweckmäßig" ist. Wissen hat eine lebenspraktische, lebensdienliche Funktion. Wissen ermöglicht erfolgreiches Handeln und gleichzeitig wird durch Handlungen das Wissensnetz verfeinert.

In Anlehnung an J. PIAGET stellt der Konstruktivist ERNST v. GLASERSFELD fest: „Wissen wird nicht passiv aufgenommen, weder durch die Sinnesorgane noch durch Kommunikation. Wissen wird vom denkenden Subjekt aktiv aufgebaut" (v. GLASERSFELD 1997, S. 96).

Der Konstruktivismus ist – was häufig übersehen wird – primär eine Theorie des Wissens (vgl. KÖSEL 2001, S. 67 ff.). Die Knoten unserer Wissensnetze sind die relevanten, orientierenden Schlüsselbegriffe.

Unser „kohärentes begriffliches Netzwerk" – so GLASERSFELD – baut Strukturen auf, „die jene Handlungsverläufe und Denkprozesse widerspiegeln, die sich soweit als viabel erwiesen haben" (ebd. S. 122). In diesem Sinn spricht GLASERSFELD von „begrifflichem Verhalten".

Vernetztes Lernen ist – konstruktivistisch betrachtet – vor allem *Perspektivenverschränkung:* die Wirklichkeitswahrnehmungen anderer zur Kenntnis zu nehmen, zu akzeptieren und mit den eigenen Wirklichkeitskonstruktionen in Beziehung zu setzen. Aus einer solchen Vernetzung entstehen dann „Deutungsgemeinschaften" ... „Welten, die mit anderen geteilt werden" (VARELA 1990, S. 111).

Auch Kommunikation in Seminargruppen ist Vernetzung. Vernetzung ist Herstellung von Anschlussfähigkeit. Wenn die Beiträge der Lernenden sich nicht mehr aufeinander beziehen, ist die Kommunikation beendet – auch dann, wenn noch weiter geredet wird.

DELPHI-Studie: Vernetzung der Wissenschaft

Ein Merkmal unserer Wissensgesellschaft ist die Vernetzung der Wissensgebiete und die Interdisziplinarität der Forschung. Neue Forschungserkenntnisse sind vor allem in den Grenzbereichen verschiedener Disziplinen festzustellen. Dies ist ein Ergebnis der vom BMBF in Auftrag gegebenen DELPHI-Befragung über „Potenziale und Dimensionen der Wissensgesellschaft" (1998). In dem Endbericht heißt es:

Die Wechselwirkungen zwischen den Wissenschaftsdisziplinen „generieren in der modernen Gesellschaft fast zwangsläufig neue komplexe Problemfelder, die wiederum einen besonderen *Bedarf an vernetztem Wissen* induzieren ... Prominente Beispiele für Bedarf an vernetztem Wissen sind die drängenden großen Fragen Globalisierung, Arbeitslosigkeit und Veränderung des Qualifikationsbedarfs, globale Lebensgrundlagen u. a." (ebd. S. 93).

Daraus ergeben sich Konsequenzen für das Bildungssystem. Der kompetente Umgang mit der Informationsfülle und den wissenschaftlichen Erkenntnissen erfordert neue metakognitive Fähigkeiten, z.B.:

- *„Folgewissen* wird erforderlich, wenn neues Wissen nicht intendierte Folgen in anderen Bereichen hat ...
- Neue komplexe Problemfelder ... induzieren *Bedarf an vernetztem Wissen* aus unterschiedlichen Gebieten ...
- Mit dem Wissen wächst auch der Bedarf an *Wissen zur Bewältigung der Informations- und Wissensmenge"* (ebd. S. 95).

Allgemeinwissen – so lässt sich schlussfolgern – ist vor allem orientierendes, vernetztes Wissen. „Allgemeinbildung wird zunehmend die Voraussetzung für die Erzeugung und Nutzung von Spezialwissen. Es übernimmt mehr und mehr integrative und vermittelnde Funktion zwischen dem Spezialwissen und seinen Anwendungszusammenhängen in der Lebenswelt" (ebd. S. 175).

Wissensnetze können nicht unterrichtet werden. Wissensnetze entstehen im Kopf; das Gehirn verknüpft Bekanntes mit Neuem, Erlebtes mit Gelesenem. Manche Verknüpfungen nehmen im Laufe der Zeit zu, andere lo-ckern sich. Wissensnetze sind in Bewegung, sie werden von außen angeregt, aber nicht instruiert.

In einem finnischem Forschungsprojekt über die Informationsgesellschaft löst die Metapher des Netzwerks die der „Kette" ab: „Traditional knowledge is organized on a ›chain‹ basis, in a hierarchical organization. Now, knowledge is ›networked‹ ... The chain model fits very well with the traditional educational system: the one who knows teaches the one who does not know ... The network model implies new hierarchies, and may lead educational systems to take the form of a network" (CORNU 2002, S. 78).

Mit anderen Worten: Nicht nur das Lernsystem, auch das Lehrsystem kann als ein Netz beschrieben werden; nicht nur der Lehrer lehrt, sondern das Internet, der Tierpark, der Marktplatz, das Fernsehen, der Kinderspielplatz ...

„But, much more, the way knowledge is split into disciplines is no longer pertinent; addressing the essential questions of humanity and of the society needs a more global, transverse, complex approach of knowledge" (ebd. S. 79).

Wissensnetzwerke sind interdisziplinär, transversal. Transversal heißt grenzüberschreitend, mehrperspektivisch, transversal ist ein Denken in Übergängen (vgl. WELSCH 1996). Das fachdidaktische, disziplinäre Denken wird nicht überflüssig, aber es wird durch ein flexibles Querdenken transzendiert.

Systemisches Denken

Lange vor der Konstruktivismus-Diskussion hat der Biologe und Ökologe FREDERIC VESTER Perspektiven des systemischen, vernetzten Denkens aufgezeichnet. Die Welt ist ein vernetztes System und dieser Vernetzung der Umwelt entspricht ein vernetztes Denken und Lernen. Den Ökosystemen ist ein „lernbiologischer" Ansatz kongruent.

„Systemisch" und *„vernetzt"* wird häufig synonym verwendet. „Systemisches Denken" bezeichnet die Beobachtung, Unterscheidung und Erklärung komplexer Wirklichkeiten. „Vernetztes Lernen" verweist auf die neuronalen Prozesse des Lernens, aber auch auf die Fähigkeit, unterschiedliche Erkenntnisse und Sichtweisen zu verbinden.

Das systemische Denken
- konzentriert sich auf Wechselwirkungen,
- verändert Gruppen von Variablen gleichzeitig,
- berücksichtigt Zeitverläufe und Irreversibilität,
- bevorzugt interdisziplinäre Zugänge (VESTER 1984, S. 43).

VESTER sieht sich bestätigt durch die Forschungen des Psychologen DIETRICH DÖRNER, der das Misslingen linearen, strategischen Denkens in komplexen Situationen – z.B. des Umweltschutzes und der Entwicklungshilfe – nachweist. Auch DÖRNER plädiert für systemisches Denken in Zusammenhängen, für die Beachtung von Fern- und Nebenwirkungen, für vorsichtige, reversible Eingriffe. Er empfiehlt eine „operative Intelligenz", die kontext- und situationsabhängig entscheidet, wann welches Problemlösungsschema angemessen ist.

Wir „müssen es lernen, in Systemen zu denken. Wir müssen es lernen, dass man in komplexen Systemen nicht nur *eine* Sache machen kann, sondern, ob man will oder nicht, immer *mehrere* macht. Wir müssen es lernen, mit Nebenwirkungen umzugehen. Wir müssen es lernen einzusehen, dass die Effekte unserer Entscheidungen und Entschlüsse an Orten zum Vorschein kommen können, an denen wir überhaupt nicht mit ihnen rechneten" (DÖRNER 1993, S. 307).

> **Vom Misslingen linearen Denkens**
>
> DIETRICH DÖRNER hat in einem Experiment eine Versuchsgruppe aufgefordert, die Gesundheits- und Versorgungsprobleme in dem (fiktiven) Tanaland in der Sahelzone zu lösen, wobei Geld ausreichend zur Verfügung stand. Es stellte sich heraus, dass durch das lineare technologische Denken mehr neue Probleme erzeugt als alte gelöst wurden. Die Versuchspersonen planten in bester Absicht – aber fast alles ging schief:
>
> „Man bohrte Brunnen, ohne zu überlegen, dass Grundwasser eine schwer ersetzbare Ressource ist ... Man richtete ein effektives System der Gesundheitsfürsorge ein, ohne ... gleichzeitig zu den Maßnahmen der Gesundheitsfürsorge Maßnahmen zur Geburtenregelung zu überlegen ... Man bekämpfte erfolgreich die Tse-Tse-Fliege, aber die anschließende Vermehrung der Rinder führte zu einer Überweidung der Weideflächen ... Man löste die anstehenden Probleme, ohne an die zu denken, die man durch die Problemlösungen neu erzeugte" (DÖRNER 1993, S. 11).

Systemisches Denken ist *komplementäres Denken,* kein dualisierendes Entweder-oder-Denken, kein Schwarz-weiß-Denken, sondern ein Denken in Mehrdeutigkeiten. Komplementäres Denken erkennt an, dass mehrere Sichtweisen, oft sogar mehrere Lösungen denkbar und begründet sind. Komplementäres Denken ist ergänzendes, relativierendes Denken, zu dem Urteilsvorsicht und Verzicht auf absolute Wahrheitsansprüche gehören. Vernetztes Denken ist eher ein analoges Denken als ein digitales Denken in binären Codes.

Wissenschaft + Kunst
Naturwissenschaften + Geisteswissenschaften
Analytisches Denken + Synthetisches Denken
Berechnen + Interpretieren
Kognition + Emotion
Christentum + Buddhismus
Ethik + Ästhetik
Ökonomie + Politik

Abb. 5: Komplementaritäten

Ein entsprechendes komplementäres, vernetztes Lernen verknüpft
- Thesen mit Antithesen,
- Altes mit Neuem,
- Alltagswissen mit theoretischem Wissen,
- eigene Erfahrungen mit Erfahrungen anderer,
- Begriffe mit Beispielen,
- Bilder mit Kommentaren,
- Aktionen mit Reflexionen,
- Emotionen mit Kognitionen,
- Visionen mit Realitäten,
- Ursachen mit Wirkungen,
- Theorie mit Praxis,
- Eigeninteressen mit Gruppeninteressen,
- Argumente mit Gegenargumenten.

Charakteristisch für vernetztes Lernen ist die Offenheit, die „Unabgeschlossenheit". Lösungen und Antworten sind stets vorläufig, gelten nur „bis auf weiteres". Ein vernetztes Lernen ist zwar autopoietisch und operational geschlossen, aber doch aufgeschlossen für „Störungen" (Perturbationen) und Irritationen. Diese permanenten Verunsicherungen von außen halten den Lernprozess in Gang. Die Lernergebnisse gelten auf Widerruf, nichts ist endgültig und unwiderruflich. Sich in einem Netz zu bewegen erfordert eine fast tänzerische Leichtigkeit, ein ständiges Probedenken und Probehandeln. Vernetztes Lernen ist ein heuristisches, suchendes Lernen, das offen ist für ungewöhnliche Sichtweisen und für ein Querdenken.

Systemisches Denken und vernetztes Lernen

Der vernetzte Lerntyp zeichnet sich durch aktives Zuhören, durch Interesse an neuen Fragestellungen, durch Urteilsvorsicht aus.

NEIL POSTMAN erinnert daran, dass es seit jeher ein Merkmal von *Weisheit* ist, mehrere Wahrheiten anzuerkennen und Mehrdeutigkeit zuzulassen. „Die Fähigkeit, die Gültigkeit und Nützlichkeit zweier gegensätzlicher Wahrheiten gelassen auszuhalten, ist die Quelle von Toleranz, Offenheit und vor allem von Humor, dem größten Feind des Fanatismus" (POSTMAN 1997, S. 25).

Vernetztes Denken schließt die Fähigkeit ein, unterschiedliche Wissenschaftsdisziplinen zu verbinden, ohne die Differenz der disziplinären Zugänge zur Wirklichkeit zu ignorieren.

In diesem Sinn formuliert HEINZ v. FOERSTER seinen ethischen Imperativ: „Versuche, die Anzahl der Möglichkeiten zu vermehren!" (v. FOERS-TER 1993, S. 78). Vernetztes Lernen erweitert das Repertoire an Handlungsmöglichkeiten. Vernetztes Denken verhindert Dogmatismus und Intoleranz.

Vernetztes Lernen lässt sich üben durch *vernetzende Fragen,* z. B.:
- Was verbindet A mit B, was unterscheidet A von B?
- Wie würden Angehörige verschiedener Berufe / Wissenschaftsdisziplinen das Problem lösen?
- Wie würden ältere / jüngere Personen, Männer / Frauen das Problem beurteilen?
- Wie denke ich darüber, wie hätte ich vor zehn Jahren darüber gedacht, wie werde ich vermutlich in zehn Jahren darüber denken?
- Welche Gegenargumente sind gegen meine Position denkbar?
- Welche Kompromisse / Vermittlungen sind zwischen konträren Positionen denkbar?
- Welche Argumente / Informationen passen zusammen, welche nicht?
- Wie wird in anderen Kulturen / Ländern / Milieus darüber gedacht?
- Welche Konsequenzen / Nebenwirkungen hat die Lösung a), welche die Lösung b)?
- Warum argumentiert / beobachtet A anders als B?

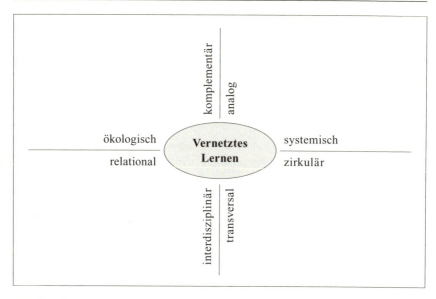

Abb. 6: *Dimensionen vernetzten Lernens*

Didaktisch ist eine Verknüpfung zwischen *Psychologik, Sachlogik* und *Handlungslogik* herzustellen. Die Psychologik beinhaltet die autopoietischen Erkenntnisprozesse unseres Nervensystems, die mentale Konstruktion von Wirklichkeiten. Die Sachlogik bezieht sich auf die Strukturen und Gesetzmäßigkeiten der Lerngegenstände und der Unterrichtsfächer. Zur Handlungslogik gehören die situations- und kontextabhängigen Erfordernisse der Verwendungssituationen. Zwischen diesen drei strukturell gekoppelten Logiken müssen ständig Vernetzungen und Transfers – z. B. vom Allgemeinen zum Besonderen der Handlungssituation – erprobt werden.

Ist Vernetzung identisch mit Integration?

Systemtheoretisch betrachtet nein. Integration meint Vereinheitlichung, Verschmelzung. Die Systemtheorie ist eine Differenztheorie, die die Grenzen, die spezifischen Leitkategorien und Codes der einzelnen Systeme betont. Nur durch diese Unterscheidungen erfüllen die Systeme ihre jeweiligen Funktionen und Aufgaben. Deshalb ist es zweckmäßig, die Differenzen zwischen Schule, Elternhaus, Dritte-Welt-Gruppe, Sportverein, Bürgerinitiative zu betonen, damit Vernetzungen effektiv werden und Synergieeffekte möglich werden. Solche Differenzerfahrungen werden bei Integrationskonzepten eher vernachlässigt.

Vernetzung von Emotion und Kognition

Emotionen sind vor allem im limbischen System lokalisiert, das gattungsgeschichtlich wesentlich älter ist als der Neocortex, die „Zentrale" unserer Kognitionen. Emotionen sind keineswegs nur Barrieren für rationales Denken, man kann durchaus von einer *emotionalen Vernunft* sprechen. Wenn ein Tier gequält, ein Kind geschlagen oder ein Ausländer ungerecht behandelt wird, empfinden wir oft spontan und emotional Wut und Empörung. Zivilcourage ist nicht nur ein Ergebnis des Verstandes, sondern vor allem auch des Mitgefühls.

Gehirnforscher wie LUC CIOMPI, ANTONIO DAMASIO und GERHARD ROTH haben festgestellt, dass Emotionen und Kognitionen viel enger und „unzertrennlicher" vernetzt sind als bisher angenommen. Gefühle und Empfindungen sind „keine Eindringlinge im Reich der Vernunft, sondern, zu unserem Nach- und Vorteil, in ihre Netze verflochten ... Sogar wenn sich die Vernunftstrategien in den Entwicklungsjahren ausgebildet haben, hängt ihre wirksame Anwendung wahrscheinlich in beträchtlichem Maße von der steten Fähigkeit ab, Gefühle zu empfinden" (DAMASIO 2000, S. 12). „Die unteren Stockwerke des neuronalen Vernunftgebäudes steuern zugleich die Verarbeitung von Gefühlen und Empfindungen sowie die Körperfunktionen, die fürs Überleben des Organismus notwendig sind" (ebd. S. 13 f.).

Die pädagogische Quintessenz dieser neurobiologischen Forschungen ist keineswegs nur die populäre Forderung, dass Lernen Spaß machen müsse. Vielmehr sind Emotionen vielfach die Filter und „Ordner" unseres Wahrnehmens und Denkens.

CIOMPI spricht von Operatorwirkungen der Affekte auf die Kognition:
- Affekte und Emotionen motivieren Lernprozesse, also die Beschäftigung mit Themen und Lerninhalten.
- Emotionen steuern unsere Aufmerksamkeit, unsere Aufmerksamkeit ist stimmungsabhängig. In einer euphorischen Stimmung betrachten wir die Welt anders als in einer traurigen Stimmung.
- Emotionen sind Schleusen, die den Zugang zu Erinnerungen und Gedächtnisinhalten kanalisieren.
- Emotionen und Stimmungen sind wie ein Klebstoff, der Informationen und Argumente verbindet.
- Affektlogiken sind die Knoten in unseren Wissensnetzen (z. B. Naturliebe) und unserer Identität.
- Emotionen beeinflussen die Prioritäten, die Rangfolge unserer Denkinhalte. Je nach Stimmung ist uns Unterschiedliches wichtig.
- Emotionen erleichtern und steuern die Komplexitätsreduktion. (CIOMPI 1997, S. 95 ff.).

Es gibt kaum affektneutrale Inhalte. Fast alle Begriffe und Themen sind emotional unterfüttert, sie sind mit attraktiven (anziehenden) oder aversiven (abwehrenden) Gefühlen verknüpft. Lernthemen „regen uns auf" oder „lassen uns kalt".

GERHARD ROTH geht sogar von einem Primat der Emotion bei unseren alltäglichen Entscheidungen aus: „Das limbische System hat gegenüber dem rationalen corticalen System das erste und das letzte Wort... Alles, was Vernunft und Verstand als Ratschläge erteilen, (muss) für den, der die eigentliche Handlungsentscheidung trifft, emotional akzeptabel sein... Am Ende eines noch so langen Prozesses des Abwägens steht immer ein emotionales Für oder Wider." (ROTH 2003 a, S. 162).

Auch ROLF ARNOLD plädiert für ein emotionales Reframing der (Erwachsenen-) Pädagogik: „Es spricht viel dafür, dass solche Mechanismen des Emotionalen die Wirklichkeitskonstruktionen des Menschen in einer noch sehr viel grundlegenderen Weise determinieren und rahmen als dies die biografisch erworbenen und ‚bewährten' Deutungsmuster tun." (ARNOLD 2005, S. 35).

An anderer Stelle schreibt er: „Deshalb sehen wir die Welt auch so, wie wir sie aushalten können, weil unser Selbst nicht auf andere Muster zurückgreifen kann als auf diejenigen, die es selbst erlebt und eingespurt hat." (ebda. S. 83).

Zu einer Erfolg versprechenden Lernkultur gehört der konstruktive Umgang mit unserer Emotionalität. Es kann angemessen sein, einen „kühlen Kopf" zu bewahren, es kann aber auch hilfreich sein, themenbezogene Gefühle zu aktivieren und zu kultivieren.

Der Philosoph GÜNTHER ANDERS, der im Juli 2002 100 Jahre alt geworden wäre, spricht von der „Antiquiertheit" des modernen Menschen, weil die Entwicklung seiner Emotionalität mit der Evolution seines Intellekts nicht Schritt gehalten hat. „Das Volumen des Machens und Denkens (ist) ad libitum ausdehnbar, während die Ausdehnbarkeit des Vorstellens ungleich geringer bleibt; und die des Fühlens im Vergleich damit gerade zu starr zu bleiben scheint" (ANDERS 1992, S. 270 f.).

Der Amerikaner DANIEL GOLEMAN spricht von einer emotionalen Intelligenz, die für eine kluge Lebensführung und eine berufliche Karriere mindestens ebenso wichtig ist wie der kognitive Intelligenzquotient.

Biografische Vernetzungen

Die Zeiten der gesellschaftlich geregelten und planbaren Normalbiografien sind vorbei. Früher waren die Bildungsbiografien in den verschiedenen Sozialschichten großenteils vorprogrammiert. Diese Gradlinigkeit der Bildungs- und Berufskarrieren gehört inzwischen der Vergangenheit an. Schulische Zertifikate garantieren keine gesicherte Berufslaufbahn mehr. Zwar ist die Schule immer noch die wichtigste

Bildungsinstitution, aber lebenspraktische, soziale und berufliche Kompetenzen werden zunehmend in außerschulischen Kontexten erworben. Auch das lebenslange Lernen ereignet sich nicht primär als permanente Teilnahme an institutionalisierten Weiterbildungskursen, sondern in vielfältigen, auch informellen Lernkulturen.

Die Metapher der *Bastelbiografie* lässt sich auch auf die meisten Lerngeschichten übertragen: Die Kompetenzentwicklung verläuft in Zeiten der Postmoderne kurvenreich, auf Umwegen, an vielen „ungewöhnlichen" Lernorten und zunehmend selbst organisiert. Viele Menschen gestalten ihre eigenen individuellen Lernnetzwerke: Institutionalisierte Aus- und Weiterbildungsmaßnahmen werden ergänzt, oft auch ersetzt durch arbeitsintegriertes Training-on-the-Job, durch selbst organisierte betriebs- und schulinterne Lerngemeinschaften, durch eine computerunterstützte individuelle Fortbildung, durch nachhaltige Lernprozesse in Bürgerinitiativen, durch ehrenamtliche Tätigkeiten in Vereinen und Parteien, durch Vorträge in Kleingärtnervereinen, durch Bildungsreisen in die Toskana, durch vielfältige Formen des Edutainment und Infotainment.

Oft werden aus biografischen Zäsuren und Schaltstellen kritische Lebensereignisse und dramatische Veränderungen werden zu Lernanlässen, auch zu „Perturbationen", die berufliche und existenzielle Neuorientierungen zur Folge haben. Der afrikanische Freund der 20-jährigen Tochter, die bevorstehende Abiturprüfung des Sohnes, die Geburt eines behinderten Kindes, die Krankheit des Lebenspartners, das Scheitern einer Existenzgründung, aber auch eine „zufällige" Fernsehsendung über eine fremde Kultur oder eine außerchristliche Religion – diese Ereignisse können langfristige und nachhaltige Lernprozesse auslösen.

Es gehört zur *Selbstlernkompetenz,* Herausforderungen des Lebens als Lernaufgaben wahrzunehmen und zielgerichtet individuelle Lernwege zu gestalten. „Curriculum" stammt vom lateinischen „curriculum vitae" und heißt Lebenslauf. Curriculumentwicklung ist gleichsam zu einer selbst gesteuerten „Lebenskunst" geworden. Lebenslanges Lernen ist kein asphaltierter Bildungsweg, sondern ein variables Netzwerk unterschiedlicher Lernprojekte, eine Vernetzung formalisierten und informellen Lernens (vgl. SIEBERT 2001).

JOHN ERPENBECK und VOLKER HEYSE haben die „Kompetenzbiografien" erfolgreicher Führungskräfte untersucht (1999). Die meisten dieser ManagerInnen haben nicht gradlinig und reibungslos die „höhere Schule" und universitäre Studiengänge „absolviert", sondern sie haben unter schwierigen Lebensbedingungen kritische Situationen bewältigt und Misserfolge verarbeitet. Sie haben zwar auch regelmäßig Weiterbildungsseminare besucht, aber vor allem in vielfältigen Formen selbst organisiert gelernt. Zu dieser Selbstlernkompetenz gehört die Fähigkeit, sich soziale Netze des Lernens und Kompetenzerwerbs zu knüpfen, z. B. zu wissen, wen man in welchen Situationen um Rat fragen kann.

Für GERHARD ROTH ist das biografische Gedächtnis „das wichtigste Wahrnehmungsorgan" (ROTH 2003 a, S. 84). Damit ist gemeint, dass wir vor allem das hören und sehen, was wir bereits kennen. Aber auch, dass wir nur die Informationen verarbeiten können, für die wir biografisch „gewachsene" Strukturen besitzen. Und außerdem, dass unser Gedächtnis Wahrnehmungsinhalte aktiv und selbstreferenziell konstruiert:

„Die Vorgänge in der Welt bilden sich nicht direkt im Gehirn ab, sondern bewirken Erregungen in den Sinnesorganen, die zur Grundlage von Konstruktionsprozessen unterschiedlicher Komplexität und Beeinflussung durch Lernprozesse werden, an deren Ende unsere bewussten Wahrnehmungsinhalte stehen." (ebda. S. 84).

BETTINA DAUSIEN und PETER ALHEIT beschreiben die Fähigkeit, das autobiografische Ich mit gesellschaftlichen Veränderungen zu vernetzen, als *„Biographizität"*: „Die Fähigkeit, Denken und Handeln, die ‚Konstruktion' von Wirklichkeit aus dem aufgeschichteten und sich verändernden biografischen Wissen zu generieren, bezeichnen wir als Biographizität, als eine historisch und kulturell gewachsene Fähigkeit moderner Individuen, ihre höchst individuellen Erfahrungsschemata mit neuen sozialen Erfahrungen zu verknüpfen." (DAUSIEN/ALHEIT 2005, S. 29).

Das autobiografische Ich erzeugt seine Welt durch permanente *Konstruktionen, Rekonstruktionen* und *Dekonstruktionen*.

Vernetzte Gesellschaft

„In welcher Gesellschaft leben wir eigentlich?" (PONGS 1999/2000). Eine der vielen möglichen Antworten lautet: in einer *postmodernen, global vernetzten Gesellschaft*. Die großen Metaerzählungen mit ihren Versprechungen des Glücks und der Gerechtigkeit zerbröckeln: die christliche Heilslehre, die Visionen einer egalitären kommunistischen Gesellschaft, die kapitalistische Symbiose von Besitz und Glück, der technische Fortschrittsoptimismus, die national-staatliche Idee, der Eurozentrismus … Wahrheit gibt es nur noch im Plural und als Hypothese. Nur wer bereit und in der Lage ist, Teilwahrheiten zu *vernetzen*, kann sich halbwegs ein Bild machen.

Durch die modernen Informations- und Kommunikationsmedien – 30 Fernsehprogramme, Internet, E-Mail, Chatgroups, Handy, Video – sind wir überall auf der Welt „live" dabei. Gleichzeitig sind wir in unserem Fernsehsessel und am Computer „außen vor". Die Unterschiede zwischen den medialen virtuellen, fiktiven Realitäten und den „realen" Wirklichkeiten werden fließend.

Orientierung liefern uns nicht die Medien ins Haus, Orientierung müssen wir uns tagtäglich im Kopf erarbeiten – durch eine Vernetzung dessen, was für uns *anschlussfähig* ist. Anschlussfähige Vernetzungen sind lebensdienlich, ja sogar überlebensnotwendig. Vernetztes Lernen erfordert Selektionsleistungen: zu entscheiden und auszuwählen, was sich lohnt zu vernetzen, was relevant ist.

Der amerikanische Bestsellerautor JEREMY RIFKIN beschreibt die Generation der Postmoderne als eine vielfältig vernetzte Generation mit Zugängen („access") zu unterschiedlichen Wirklichkeiten:

„Diese Frauen und Männer beginnen gerade damit, die Bindung an Eigentum hinter sich zu lassen. Ihre Welt besteht zunehmend aus hyperrealen Ereignissen und augenblicklicher Erfahrung – es ist eine Welt der Netzwerke ..., des Vernetzt-Seins. Für sie zählt allein der Zugang. Nicht vernetzt zu sein, bedeutet das Ende der sozialen Existenz ... Unterschiede werden im Zeitalter der Postmoderne zunehmend durch Zugang, seltener durch Eigentum gesetzt" (RIFKIN 2000, S. 25 ff.). Und: „Der Computer trägt dazu bei, dass eine neue Art relationalen Bewusstseins entstehen kann ... Eine Generation, die in Hypertext und verschiedenen Netzwerken vertieft aufwächst, erhält genau die adäquate Prägung für eine kommerzielle Welt, die in Verbunden-Sein und Zugangsbeziehungen verankert ist" (ebd. S. 280).

Vernetztes Lernen ist eine Voraussetzung für Partizipation, kulturelle Teilhabe, globales Bewusstsein, für eine „transversale Vernunft" (WELSCH 1996) und für Erlebnisreichtum. Die vernetzte Gesellschaft mindert die Risiken der Individualisierung. Durch soziale Netze wird der Prozess einer beschleunigten Desintegration gebremst. Solche Netze ermöglichen ein Minimum an Geborgenheit und Mitverantwortung. Netzwerke vereinnahmen den Einzelnen nicht „ganzheitlich", sie ermöglichen eine Integration „auf Zeit".

Solche gesellschaftlichen Netzwerke funktionieren nur dann, wenn das Prinzip der wechselseitigen Anerkennung von allen respektiert und praktiziert wird. Dazu gehört die Anerkennung kultureller Vielfalt, die Anerkennung von Pluralität und Meinungsvielfalt. Wechselseitige Anerkennung ist mehr als Toleranz, nämlich wechselseitige Lernbereitschaft und Perspektivenverschränkung. Diese Offenheit unterscheidet eine vernetzte Gesellschaft von früheren traditionsgeleiteten und autokratischen Gesellschaftsstrukturen. Netzwerke sind keine „Seilschaften", sondern transparente Kooperationsformen. Um die Chancen einer vernetzten Gesellschaft nutzen zu können, ist die Fähigkeit und Bereitschaft zum vernetzten Lernen erforderlich.

Der Entwurf einer vernetzten Gesellschaft ist eine Antwort auf Tendenzen einer „gespaltenen", „desintegrierten" Gesellschaft, auch auf die Risiken der Individualisierung. Löst nun das Netzwerkmodell hierarchische Strukturen in unserer Gesellschaft ab? Zweifel erscheinen angebracht. Eher scheinen Hierarchien in Wirtschaft und Politik zu überdauern, aber in der Öffentlichkeit an Glaubwürdigkeit und Vertrauen zu verlieren. So gesehen sind hierarchische Ordnungen strukturkonservativ, nur bedingt zukunftsfähig, aber meist veränderungsresistent.

Zwischenbilanz

Mit der Denkfigur der Vernetzung wird Lernen aus einer systemisch-konstruktivistischen Perspektive beobachtet:
- neurobiologisch als autopoietische, sich selbst organisierende Vernetzungen von Nervenzellen,
- kognitionspsychologisch als Emergenz und Komplexitätssteigerung von Wissensnetzen,
- biografisch als Integration neuer anschlussfähiger Erfahrungen,
- interaktionistisch als strukturelle Koppelung und Perspektivenverschränkung mit anderen,
- didaktisch als interdisziplinäre, komplementäre Verschränkung wissenschaftlichen und kulturellen Wissens mit lebensweltlichem Erfahrungswissen,
- gesellschaftlich als Partizipation und Identifikation mit unterschiedlichen Deutungsgemeinschaften,
- *anthropologisch als die lebensnotwendige Vernetzung des Denkens, Fühlens, Handelns.*

Chaostheorie
Chaos und Ordnung sind keine Gegensätze, sondern können als dynamische, turbulente Einheit verstanden werden. Aus Unregelmäßigkeiten und Zufälligkeiten entstehen Ordnungen; Ordnungen lösen sich auf und verfallen. Ordnung und Chaos sind vernetzt.
Synchronisiertes Chaos „könnte am Werk gewesen sein, als an jenem berüchtigten Schwarzen Montag im Oktober 1987 weltweit die Börsenkurse absackten. Man nimmt an, dass der Börsenhandel per Computer, die sich selbst steuernden Programme zur Wahrung des Wertes größerer Aktiendepots und die blitzartige Kommunikation zwischen allen Finanzmärkten der Welt eine Situation herbeiführten, in der relativ unbedeutende schlechte Nachrichten ungeheuer schnell verstärkt wurden. Einen nicht enden wollenden Tag lang vernetzte sich all das zufällige und scheinbar unabhängige Verhalten der Investoren zur Erzeugung einer Finanzkatastrophe" (BRIGGS/PEAT 1999, S. 14).

EWALD TERHART bezeichnet das Netz als „*Leitmetapher*" des systemisch-konstruktivistischen Denkansatzes – und zwar von neuronalen Netzen bis zu globalen ökonomischen Netzen. Charakteristisch für dieses Konzept ist der „Übergang von einem deterministischen oder auch mechanistischen, hierarchisch gegliederten, auf Zentralsteuerung, Rationalität und Kontrolle setzenden Weltbild in Richtung auf ein nicht determiniertes, probabilistisches, dezentralisiertes, aus vielen kleinen, einfachen Einheiten zu Netzwerken zusammengesetztes, von teils stegigen, teils

›sprunghaften‹, insgesamt aber immer nur bedingt vorhersehbaren Abläufen bestimmtes Weltbild" (TERHART 1999, S. 636).

2.2 Lernen in Netzwerken

In der Praxis der Erwachsenenbildung wird der Begriff Netzwerk vor allem für neue, flexible Organisationsformen verwendet. Netzwerke sind Verbundsysteme auf Zeit. Verschiedene Einrichtungen und Initiativen arbeiten zielgerichtet zusammen, um z. B. gemeinsam eine Bildungsaufgabe zu lösen und die Bildungsinfrastruktur einer Region zu verbessern. Von solchen Kooperationen werden *Synergieeffekte* erwartet, da alle beteiligten Institutionen ihre Stärken einbringen und da zugleich Schwächen kompensiert werden.

ORTFRIED SCHÄFFTER nennt als weitere Chance den produktiven Umgang „mit überfordernder *Komplexität*" und „eine neue Sicht auf bislang Bekanntes und Vertrautes". „Netzwerke bearbeiten überfordernde Komplexität weniger über Verhandlung und Kontrakt, sondern auf der Basis von Verschiedenheit." (SCHÄFFTER 2004, S. 33).

Deshalb beruht die Zusammenarbeit in Netzwerken weniger auf Gemeinschaft als auf Differenz. Systemtheoretisch betrachtet entsteht dann eine „emergente", produktive Struktur in Netzwerken, wenn „Perturbationen" wahrgenommen, zugelassen und zur Innovation genutzt werden.

Netzwerke ergänzen formale Organisationsformen: „Vergleicht man Netzwerk und formale Organisation, so befindet sich ersteres auf einem niedrigen Grad der Formalisierung. Die eigentliche Stärke von Netzwerken liegt gerade in latenten Strukturierungen von unausgesprochenen Vertrauensbeziehungen." (ebda. S. 33).

Allerdings entstehen auch in Netzwerken Machtkämpfe und Konkurrenzbeziehungen. Netzwerke erfordern deshalb spezifische professionelle Kompetenzen, z. B. des Konfliktmanagements, der Moderation, des Wissensmanagements und der Evaluation.

RAINER BRÖDEL spricht von der Notwendigkeit eines „intermediären Handelns" in regionalen Bildungsnetzwerken. (BRÖDEL 2004, S. 14).

Bildungspolitisch und lerntheoretisch betrachtet liegt „selbst gesteuertes Lernen" im Trend. Aus neurowissenschaftlicher Sicht ist selbst gesteuertes Lernen fast eine Tautologie. Aus didaktischer Sicht ist daran zu erinnern, dass die Fähigkeit zum selbst gesteuerten Lernen nicht „naturwüchsig" vorhanden ist, sondern auf – günstigen oder ungünstigen – Voraussetzungen basiert und unterstützt werden kann. Zu den Voraussetzungen gehören interne Faktoren – z. B. Lernerfahrung, Lernmotivation, Lerndisziplin. Zu den externen Voraussetzungen gehören lernanregende soziale, berufliche, ökologische Umwelten, insbesondere lernförderliche Beratungen. Zu Lernnetzwerken gehört also ein „Supportsystem".

Netzwerke bestehen a) aus objektiven Rahmenbedingungen und b) aus dem subjektiven Zugang („access") zu diesen Ressourcen. Netzwerke bestehen aus *sozialem Kapital,* also Bezugspersonen, die um Rat gefragt werden können, und aus relevanten Wissensbeständen – d. h. Kurse, alte und neue Medien ... Ein Netzwerk ist dann viabel, wenn es den Lernvoraussetzungen der „Nutzer" entspricht, wenn es sinnvolles, praxisrelevantes Wissen anbietet und wenn individuelle Beratungen möglich sind. Ein solches Netzwerk ist nicht ohne weiteres vorhanden – z. B. als Seminarangebot, sondern es muss von dem Einzelnen erschlossen und hergestellt werden – z. B. durch Gründung einer Elterninitiative.

Die Bestandteile eines Lernnetzwerks sind in Abbildung 7 aufgeführt.

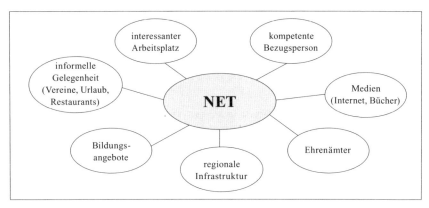

Abb. 7: Lernnetzwerk

Netzwerke des Lernens als Sozialkapital

In der internationalen Diskussion wird das Konzept des Lernnetzwerks mit der Produktion von Sozialkapital in Verbindung gebracht. So in dem OECD-Bericht *„The Well-Being of Nations: the role of human and social capital"* (2001). Sozialkapital beinhaltet Sozialkontakte, soziale Integration und „Kohäsion", Lebensqualität, Gesundheit.

In solchen Netzwerken werden Kompetenzen erworben, die nicht nur der beruflichen Karriere dienen, sondern auch einer klugen Lebensführung. Hier werden gleichsam en passant personale und soziale Kompetenzen erworben. Darüber hinaus wird in solchen Netzwerken neues „situiertes" Wissen generiert. Produktive Netzwerke verbessern also das gesamtgesellschaftliche Wissensreservoir und das gesellschaftliche Lernklima.

Zur *Selbstkompetenz* gehört es also nicht nur logisch zu denken und sich Wissen anzueignen, sondern auch sich für die eigenen Lernziele „just in time" viable Netzwerke zu organisieren. Selbstlernkompetenz ist deshalb auch Gestaltungskompetenz, Vernetzungskompetenz.

Tauschringe: individuelle Lernarrangements

In vielen Städten gibt es „Tauschringe" und „Wissensbörsen". Bürger-Innen bieten Wissen, Kompetenzen, Dienstleistungen „auf Gegenseitigkeit" an.

Ein Beispiel: *Talente Tauschring Hannover*. In einem Anzeigenblatt „Talent-Zirkel" werden Angebote veröffentlicht. Im Jahr 2001 wurden u.a. folgende Angebote nachgefragt:

Kulinarisches 148-mal, *tatkräftige Unterstützung* 90-mal, *Beautyshop* 81-mal, *Haus + Hof* 53-mal, *Schreib- und Lesekram* 34-mal, *Computer* 33-mal, *Gesundheit + Körper* 31-mal, *Fahrrad* 30-mal, *Künstlerisches* 26-mal, *Transport* 26-mal, *Lernen + Lehren* 23-mal ...

Zu den „pädagogischen" Angeboten gehören Nachhilfe und Fremdsprachen, aber auch psychosoziale und lebenspraktische Unterstützungen, z.B.:

„Chaos überall? Unordnung, Desorganisation usw. Sieht Deine Wohnung wie ein Schlachtfeld aus? Dann bist Du vielleicht Messie und ich könnte Dir ein kleines Licht am Horizont zeigen."

„Angst vor unangemeldeten Besuchern? Panik, wenn der Stromableser kommt? Drama, wenn die Waschmaschine streikt? Chaos in der Wohnung oder gar im Leben? Ich biete Konzepte zur Selbsthilfe."

„Brauchst Du ein offenes Ohr für Deine Probleme? Ich hab's."

„Ich höre zu!!!"

„Verständnisvoller älterer Gesprächspartner hört Ihnen zu."

„Einkaufshilfe, Unterhaltung bei Erkrankung."

Verrechnet werden diese Dienstleistungen in Talenten. Für eine Stunde werden 15 bis 20 Talente angerechnet. Es gibt ein Tauschbüro mit regelmäßigen Sprechstunden und ein geselliges „Tauschcafé". Der Mitgliedsbeitrag beträgt 10 Euro im Jahr. Mit Enttäuschungen ist zu rechnen, wenn Angebote über längere Zeit nicht nachgefragt werden. So wurde in der Teilnehmerversammlung diskutiert: „Wie können wir TauschringerInnen ohne Tauschaktivitäten bzw. mit hohem Minus-Stand helfen?"

2.3 Vernetztes Lernen – eine Typologie

> *„Bildung ist die Fähigkeit, die verborgenen Zusammenhänge zwischen den Phänomenen wahrzunehmen."*
> *(VACLAV HAVEL)*

Ein didaktisches Problem ist die Zerfaserung und Zerstückelung des Wissens. Es fällt immer schwerer, Verbindungen herzustellen und Zusammenhänge zu entdecken. Da die Konstruktion von *Sinn* aber Verknüpfungen des Disparaten und Widersprüchlichen erfordert, ist vernetztes Lernen wortwörtlich sinnvolles Lernen.

Zwischenruf

Systemisches Denken, vernetztes Lernen, ganzheitliche Bildung – diese Semantik verspricht einen Ausweg aus pädagogischen Sackgassen. Die Begründungen für ein nicht lineares Denken sind überzeugend, doch wie lernt (und lehrt) man vernetzt? Die Erfahrung, dass alles mit allem zusammen hängt, machen wir alltäglich. Wird diese Unübersichtlichkeit und „Schmuddeligkeit" (H. v. HENTIG) nun zum pädagogischen Programm?

Bereits 1956 veröffentlichte der Amerikaner BENJAMIN BLOOM eine Taxonomie kognitiver Lernziele. Aufgrund einer Analyse von Lehrplänen und Schulbüchern ermittelte er eine hierarchische Ordnung von Lernzielen aufgrund ihrer kognitiven Komplexität. Demzufolge sollten die Lernschritte gestuft werden (vgl. Abb. 8).

Vernetztes Lernen – nach BLOOM Syntheselernen – ist somit keine Alternative zur Wissensvermittlung, sondern eine höhere, komplexere Stufe. Wer vernetzt lernen will, muss über Wissen verfügen, das vernetzt werden kann. Wer interdisziplinär forschen will, muss disziplinäre Forschungsmethoden und Zugänge kennen. Wer systemisch denken will, muss auch logisch-linear denken können.

Es lässt sich kein allgemeines Programm, keine Rezeptologie für systemisches Denken entwickeln. Vernetzungen sind so vielfältig und unterschiedlich wie die Wirklichkeit. Es lassen sich allenfalls allgemeine Regeln und „Wegweiser" für vernetztes Lernen formulieren, z. B.: Wer vernetzen will, muss zunächst trennen, unterscheiden, Differenzen wahrnehmen, prüfen, was zusammen passt und was nicht.

a) *Kenntnisse* über
   - Fakten
   - Begriffe
   - Methoden
   - Theorien

b) *Verstehen*
   (das Gelernte mit eigenen Worten erläutern können)

c) *Anwendung*
   (allgemeine Regeln auf konkrete Fälle übertragen können)

d) *Analyse*
   (ein Problem, eine Theorie, eine Aufgabe in einzelne Faktoren und Elemente zerlegen können)

e) *Synthese*
   (verschiedene Aspekte verknüpfen können, Zusammenhänge herstellen)

f) *Bewertung*
   (eine Entscheidung, eine Lösung aufgrund von Kriterien evaluieren können)

Abb. 8: Taxonomie kognitiver Lernziele (nach BLOOM 1956)

Didaktisch betrachtet ist Vernetzung nicht identisch mit Ganzheitlichkeit. Vernetzung vermischt nicht alles mit allem, sondern meint Einheit der Differenzen, Verschränkung mehrerer Perspektiven, Berücksichtigung von unterschiedlichen Unterscheidungen, Denken in Übergängen.

Entwurf einer Typologie vernetzten Lernens

Es lassen sich unterschiedliche Typen vernetzten Lernens beschreiben, z. B.:

Typ 1: *Vorverständnisse aktivieren*

These: Neues Wissen wird nachhaltig angeeignet, wenn es anschlussfähig ist und mit vorhandenem Wissen vernetzt werden kann.

Beispiel: In einem Hochschulseminar über Konstruktivismus sammeln, vergleichen und ordnen die Studierenden ihre alltäglichen konstruktivistischen Erfahrungen, z.B. selektive Wahrnehmungen, Projektionen, erkenntnisleitende Interessen, optische Täuschungen, Vorurteile, mentale Modelle ... Dieses Erfahrungswissen wird geordnet und dann mit konstruktivistischen Theorien in Beziehung gesetzt.

Vernetztes Lernen ist ein selbstreferenzieller, strukturdeterminierter Prozess.

Typ 2: Kontexte erkunden

These: Systemisch denken heißt in Kontexten denken.

Beispiel: Literaturunterricht mit Wirtschaftsgeographie, Sozialgeschichte, Landschaft verbinden; literarische Werke in der Region des Schriftstellers „rekonstruieren": soziokulturelle und sozioökonomische Lebensverhältnisse des Autors, seiner Hauptfiguren, seiner LeserInnen erkunden ...; THOMS MANN in Lübeck, GOETHE in Weimar, FONTANE in Brandenburg, HEINRICH BÖLL in Köln, GÜNTER GRASS in Danzig, ein junger Literat in der eigenen Gemeinde ...

Typ 3: Perspektivenverschränkung

These: Lernen heißt Differenzen wahrnehmen, Gemeinsamkeiten entdecken, Fremdheit akzeptieren.

Beispiel: interkulturelles Kochen. Frauen unterschiedlicher kultureller Herkunft treffen sich, kochen Gerichte aus verschiedenen Ländern, erfahren unterschiedliche Lebensgewohnheiten, Lebensbedingungen, Mentalitäten, Religionen, Schwierigkeiten und Ermutigungen des interkulturellen Zusammenlebens.

Globales Lernen beginnt „vor Ort".

Typ 4: Biografisches Lernen

These: Sinnstiftung ist ein Prozess der Rekonstruktion und des Reframing von Lebensgeschichten.

Beispiele: narrative Pädagogik, Erzählcafés, Zeitzeugenbefragungen, themenzentrierte Interviews (z. B. über Naturerlebnisse, Fremdheitserfahrungen), Schreibwerkstätten:

Rekonstruktion von Lebensplänen, Visionen, Hoffnungen; Kontinuitäten und Diskontinuitäten; Verknüpfung von Lebensphasen, kritischen Lebensereignissen; „vergessene Geschichten" wieder entdecken.

„Vergangenheit" ist nicht abgeschlossen, sondern wird in jeder Lebensphase neu hergestellt und zur Diskussion gestellt. Biografisches Lernen ist eine lebenslange Bemühung um Vernetzungen.

Vernetztes Lernen – eine Typologie

Typ 5: Vernetzung multipler Kompetenzen und Lernaktivitäten

These: Die Potenziale unterschiedlicher Lernarten und Fähigkeiten effektiv nutzen.

Beispiel: Hochschulseminar über den Wiederaufbau der Erwachsenenbildung nach 1945. Es werden unterschiedliche Materialien zur Verfügung gestellt: alte Volkshochschulprogramme, Zeitungsberichte, Fotos über zerbombte Städte, Statistiken über Flüchtlinge, Festreden zur Wiedereröffnung von Volkshochschulen, Satzungen, Verordnungen der Militäradministration etc.

Es bilden sich Kleingruppen: Eine Gruppe führte Zeitzeugeninterviews durch, eine andere Gruppe erstellte eine Ausstellung mit Fotos und Bildern der Nachkriegszeit, eine Gruppe analysierte die Arbeitspläne damals und heute, eine Gruppe diskutierte theoretische Texte zur Reeducation ...

Typ 6: Kreativität durch vernetztes Lernen

These: Neurophysiologisch ist Kreativität die Vernetzung mehrerer Assoziationsfelder der Großhirnrinde.

Beispiel: Zwar kann Kreativität nur bedingt trainiert werden, aber es lassen sich kreativitätsfördernde Lernbedingungen arrangieren, z. B. Brainstorming, Visualisierung von Gedanken, theaterpädagogische Methoden, Kopfstand-Methode („Querdenken"), Verfremdungseffekte, Fantasiereisen, Pro-und-Kontra-Diskussionen.

Typ 7: Interdisziplinäre Vernetzung

These: Kaum ein gesellschaftlich relevantes Problem kann von einer Wissenschaftsdisziplin gelöst werden.

Beispiel: An dem Johannesburger „Weltgipfel für nachhaltige Entwicklung" im August 2002 sind ExpertInnen aus nahezu allen Wissenschaftsdisziplinen beteiligt. Entscheidend ist, ob nicht nur verschiedene Fachbeiträge nebeneinander gestellt werden, sondern ob eine Vernetzung der disziplinären Perspektiven und ein gemeinsamer, wechselseitiger Lernprozess angestrebt wird. Interdisziplinäres Forschen und Lernen muss gewollt und gelernt werden.

Typ 8: Vernetzung von Gegenwart und Zukunft

These: In einer Risikogesellschaft wird eine „Zukunftsfolgenabschätzungskompetenz" lebensnotwendig.

Beispiel: In allen Bereichen des Lebens – Beruf, Familienplanung, Hausbau, Karriere – ist eine Fantasie für Risiken, unkalkulierbare Nebenwirkungen, unvorhersehbare Ereignisse gefragt. Ein solches antizipatorisches Lernen kann z. B. in Zukunftswerkstätten, Planspielen, mithilfe von Szenarien geübt werden.

Früher galt es als ein Merkmal von *Weisheit,* angesichts von Unsicherheiten und Ungewissheiten „vorsichtige" Entscheidungen zu treffen. Eine lateinische Lebensweisheit lautet: „Quidquid agis, prudenter agas, et respice finem" – Was immer du tust, handle überlegt und bedenke die Folgen.

Typ 9: Vernetzung von Emotion und Kognition

These: Alle lebenswichtigen Bewertungen und Entscheidungen sind emotional verankert.

Beispiel: Auch das Bedürfnis nach begrifflicher Klärung ist emotional verwurzelt. Es kann gelernt werden, sich der eigenen „Affektlogiken" zu vergewissern.

Das Erlernen einer Fremdsprache wird beeinflusst von den Gefühlen und Empfindungen gegenüber dem Land, der Kultur, den Menschen.

Typ 10: Politische Bildung durch vernetztes Lernen

These: Politisches Handeln heißt Zusammenhänge herstellen und Interessen ausgleichen.

Beispiel: Die Osterweiterung der Europäischen Union ist mit Chancen und Risiken verbunden, es gibt Gewinner und Verlierer. Die Hoffnungen und Befürchtungen können in Bildungsurlaubsseminaren an der deutsch-polnischen Grenze durch Kontakte mit den Betroffenen erkundet werden.

Vernetztes Lernen ist auch ethisches Lernen: Es werden wechselseitige Anerkennung, Kompromisse zwischen Individual- und Gemeinwohlinteressen, friedliche Konfliktlösungen gelernt.

Typ 11: Vernetzung von organisierten Lernphasen

These: Ein rein seminaristisches Lernen bleibt ohne Vertiefung durch selbst organisierte Lernprozesse oft wirkungslos.

Beispiel: Eine Fremdsprache – z.B. Spanisch – wird effektiv gelernt, wenn der Sprachkurs in eine lebensweltliche Lernkultur eingebettet ist, z.B. spanische Musik hören, in spanischen Restaurants essen, bei allen Gelegenheiten gelernte Vokabeln und Regeln „heimlich" anwenden.

Typ 12: Netzwerkdidaktik

These: Die bisherigen Didaktiken (Fachdidaktik, Zielgruppendidaktik, Schulformdidaktik) sind durch eine *Netzwerkdidaktik* zu ergänzen. Diese Didaktik vernetzt unterschiedliche Lernarten, Lernorte, Lernsettings. Das schulische bzw. seminaristische Lernen wird verknüpft mit außerschulischen Handlungsfeldern sowie informellen und selbst gesteuerten Lernaktivitäten. Theoretisches Lernen und Wissensaneignung werden verknüpft mit Erfahrungslernen und Projektlernen.

Beispiele: Eine solche Netzwerkdidaktik ist angemessen für komplexe, interdisziplinäre Lernbereiche, z. B. Ökologie, multikulturelle Gesellschaft, Gesundheit. Außerschulisches Engagement bei Greenpeace, in der „Gesellschaft für bedrohte Völker", in Bürgerinitiativen wird schulisch anerkannt, begleitet und gegebenenfalls zertifiziert. Gleichzeitig wird der schulische Unterricht durch selbst organisierte Lernphasen (z. B. via Internet), aber auch durch individuelle Lernberatung ergänzt. Außerschulische Lernerfahrungen werden in den Unterricht integriert und zugleich werden die schulischen Lerninhalte in Praxisfelder „transferiert". Die LehrerInnen gestalten nicht nur „ihren" Fachunterricht, sondern sie arrangieren und unterstützen solche Netzwerke des Lernens.

Damit verändert sich zugleich das Profil der Schule (bzw. Volkshochschule): Sie wird zu einem Lernzentrum, das sich öffnet für lokale und regionale Lernaufgaben, aber auch für Eltern und Großeltern. In diesen didaktischen Netzwerken wird also zugleich intergeneratives Lernen und Handeln angeregt.

Dieses Konzept der Netzwerkdidaktik lässt sich auch auf Fremdsprachenunterricht, auf Geschichtsunterricht, auf Literaturunterricht übertragen.

2.4 Didaktik vernetzten Lernens

> *„Erstes und letztes Ziel unserer Didaktik soll es sein,*
> *die Unterrichtsweise aufzuspüren und zu erkunden,*
> *bei welcher die Lehrer weniger zu lehren brauchen,*
> *die Schüler dennoch mehr lernen; in den Schulen*
> *weniger Lärm, Überdruss und unnütze Mühe herrsche,*
> *dafür mehr Freiheit, Vergnügen und wahrhafter Fortschritt."*
> *(Comenius 1657)*

Vernetztes Lernen erfordert didaktisch nicht nur eine Verzahnung unterschiedlicher Lernorte und Lerngelegenheiten, sondern auch eine Verknüpfung von drei „Logiken": nämlich der Psychologik, der Sachlogik und der Handlungslogik. Diesen Faktoren des Lernens liegen unterschiedliche Architekturen zugrunde.

Vernetzungen

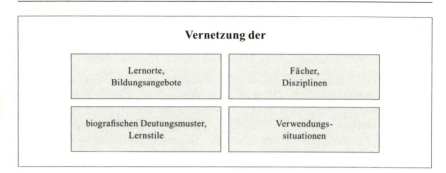

Abb. 9: Felder vernetzten Lernens

Die *Psychologik* beinhaltet die subjektive Dimension des Lernens: Vernetzung erfolgt „im Kopf" als autopoietischer Prozess des Nervensystems, als Verknüpfung von Emotionen und Kognitionen, von Erfahrungen, Erlebnissen und Erkenntnissen, als Erzeugung von Sinn und Bedeutungen. Psychologisch betrachtet ist Lernen nachhaltig, wenn es plausibel, relevant, „bereichernd" ist. Vernetztes Lernen ist selbstreferenzielles, strukturdeterminiertes, anschlussfähiges Lernen.

Diese anthropologische Begründung des Lernens betont WILHELM v. HUMBOLDT in seiner „Theorie der Bildung des Menschen", wenn er schreibt: „Im Mittelpunkt aller besonderen Arten der Thätigkeit nemlich steht der Mensch, der ohne alle, auf irgend etwas Einzelnes gerichtete Absicht, nur die Kräfte seiner Natur stärken und erhöhen, seinem Wesen Werth und Dauer verschaffen will" (1793).

Die Psychologik des Lernens scheint in Schule und Hochschule gegenüber der Sachlogik vernachlässigt zu werden – vor allem dann, wenn LehrerInnen primär als FachlehrerInnen ausgebildet wurden. Es gibt kein Lernthema – weder Biologie noch Fremdsprachen noch Mathematik noch Literatur –, bei dem das Fachwissen im Kopf lediglich abgebildet oder widergespiegelt wird. Auch das Lösen einer Rechenaufgabe – z.B. 12-mal 14 ist ein höchst individueller, „eigensinniger" und auch kreativer Vorgang, bei dem oft mehr Varianten denkbar sind, als es Pädagogen vermuten (vgl. VOSS 2002).

Zur Psychologik gehören die subjektiven *„Driftzonen"* (KÖSEL 2001), d. h. die Spielräume, in denen sich Individuen kognitiv und emotional bewegen, die Lebenswelten, in denen sie sich heimisch fühlen, die Perturbationen, die ihnen zumutbar und viabel erscheinen. Die Driftzonen markieren die Strukturdeterminiertheit des Lernens. Lernangebote außerhalb dieser Driftzonen bleiben den Lernenden „unzugänglich".

Die Psychologik des Lernens ist gekoppelt mit der *Sachlogik,* dem „Anspruch der Sache" (TERHART 1999, S. 642), der Semantik der Unterrichtsfächer, der Lerngegenstände, der Wissenschaftsdisziplinen. Auch die Sachlogik ist nicht identisch mit der objektiven Wirklichkeit, auch die Fachdidaktiken sind beobachtungsabhängige Konstrukte. Aber Lernen ist immer auch eine Aneignung und Rekonstruktion vorhandener Wissensbestände. Die sachlogischen Kriterien und Leitdifferenzen unterscheiden sich von der Rationalität des Psychologischen. An wissenschaftliches Fachwissen werden Ansprüche der intersubjektiven Nachprüfbarkeit und der Transparenz der Untersuchungsinstrumente gestellt.

Die Sachlogik darf im Schulunterricht nicht vernachlässigt werden, aber die Unterrichtsfächer sind keine Abbildungen der lebensweltlichen Probleme und Aufgaben, sie sind „Rohmaterialien" für Problemlösungen.

Die Sachlogik ist nicht identisch mit der *Handlungslogik,* mit den Erfordernissen der Verwendungssituationen. Kriterien der Handlungslogik sind Effizienz und Effektivität, aber auch Sozial- und Umweltverträglichkeit der Handlungsziele. Gehandelt wird in Kontexten, die Rationalität des Handelns ist nicht das Allgemeine – auf das wissenschaftliches Erkennen ausgerichtet ist –, sondern das Besondere ... Handeln muss hier und jetzt erfolgreich sein. Gehandelt wird in Zeit und Raum, d. h. schrittweise und situativ. Handeln ist meist eine soziale Aktivität: Gehandelt wird mit anderen oder gegen andere. Von unserem Handeln (auch dem Unterlassungshandeln) sind fast immer andere betroffen.

Psychologik, Sachlogik und Handlungslogik müssen vernetzt, „strukturell gekoppelt" werden. Dazu gehört es auch, die unterschiedlichen Systeme zu trennen, obwohl „alles mit allem zusammenhängt". Vernetztes Lernen heißt nicht, alles gleichzeitig zu tun und alles zu vermischen. Oft ist Komplexitätsreduktion erforderlich: Im Handlungsprozess kann zu viel Wissen sogar störend oder kontraproduktiv sein. Auch die Frage nach der Praxisrelevanz ist nicht immer und in jeder Phase des Lernprozesses hilfreich. Wer sich mit Barocklyrik beschäftigt, sollte die Frage nach möglichen Handlungskonsequenzen vorerst zurückstellen. Alles zu seiner Zeit: Aktion und Reflexion, Distanz und Engagement, Meditation und Wissensaneignung ...

Es kann angemessen sein, sich auf die Reflexion der eigenen Gedanken und Gefühle zu konzentrieren; es kann sinnvoll sein, sich ganz auf die „Sache" einzulassen; es kann wünschenswert sein, by doing und durch Erproben zu lernen.

Vernetzungen

Vernetztes Lernen ist eine unverzichtbare Schlüsselkompetenz. Die Vernetzung findet auf zwei Ebenen statt:
a) Vernetzung innerhalb der drei Logiken, also z. B. Vernetzung von Neuem mit Bekanntem, interdisziplinäre Vernetzung der Inhalte und Perspektiven, Vernetzung unterschiedlicher Handlungsanforderungen und -erwartungen.
b) Vernetzung zwischen den drei Logiken, also zwischen den biografischen Erfahrungen, dem notwendigen Sachwissen und den situativen Handlungen.

Wer sich zu sehr mit der eigenen Befindlichkeit beschäftigt, neigt zur Egozentrik. Wer nur an deklarativem Wissen interessiert ist, neigt zum Positivismus. Wer sich allzu sehr auf technologisches Handeln konzentriert, neigt zum Aktionismus.

Bildung in Zeiten der Postmoderne heißt zu trennen, zu unterscheiden, zu differenzieren, aber auch zu verknüpfen, zu vernetzen, Zusammenhänge herzustellen.

Ist vernetztes Lernen in jedem Fall funktional und wünschenswert? Nein. Unsere mentalen Kapazitäten zur Vernetzung sind begrenzt. Instrumentelles Handeln und operationalisierbare, eindeutig strukturierte Lernaufgaben sollten nicht durch übermäßige Problematisierungen verkompliziert werden.

Vernetztes Lernen ist umso notwendiger,
- je dynamischer sich der Aufgabenbereich verändert,
- je größer die Komplexität (d.h. die Zahl der Faktoren und Wechselwirkungen) ist,
- je unübersichtlicher die Aufgabe ist (d.h. je mehr mit unkalkulierbaren Nebenwirkungen und Folgen zu rechnen ist).

Vernetztes Lernen – exemplarisches Lernen

Vernetztes Lernen ist – nicht nur, aber überwiegend – exemplarisches Lernen. Ein Beispiel: *„Was steckt in einer leeren Cola-Dose?"*

„Am Beispiel der Cola-Dose lernen die SchülerInnen sensibel mit Ressourcen umzugehen und gleichzeitig unternehmerisch zu denken. Ziel ist es Möglichkeiten aufzuzeigen, wie Abläufe, Emissionen und Nebenprodukte industrieller Prozesse so verwertet werden können, dass neuer Nutz- und Gebrauchswert daraus entsteht".

In der angloamerikanischen Literatur werden die drei Logiken mit sieben Prinzipien eines bedeutungsvollen, nachhaltigen, bildungsintensiven Lernens beschrieben:
- Constructivity = das Bewusstsein der Konstruktivität, Beobachtungsabhängigkeit und Vorläufigkeit menschlichen Lernens und Erkennens,

- Activity = Lernen nicht als rezeptiver, sondern als aktiver, selbst gesteuerter Prozess,
- Co-operativity = Lernen als symbolische Interaktion, als gemeinsame Problemlösung, als Perspektivenwechsel,
- Intentionality = Lernen als zielgerichtete, absichtsvolle Tätigkeit,
- Contextuality = Lernen als situierte, kontextabhängige Kognition; Lehre als Gestaltung von Kontexten,
- Transferability = Lernen als Anwendung und Übertragung allgemeiner Erkenntnisse auf besondere Fälle,
- Reflexivity = Lernen als Beobachtung zweiter Ordnung, als metakognitive Vergewisserung der Lernfortschritte und Lernhemmnisse (FORSBLOM / SILIUS 2002, S. 110).

Übergeordnetes und überfachliches Lernziel von Bildungsveranstaltungen ist die Förderung der *(Selbst-)Lernfähigkeit*. Selbstlernkompetenz ist großenteils *Vernetzungskompetenz*, also die Fähigkeit, unterschiedliche Lernsituationen und Lernaktivitäten zu verbinden, in unübersichtlichen Lebenswelten Zusammenhänge zu erschließen, „Ordnung im Kopf" herzustellen.

MARTIN BAETHGE u. a. haben in einer umfangreichen Befragung zur beruflichen Weiterbildung festgestellt, dass die Lernintensität in Seminaren geringer eingeschätzt wird als das eher informelle Lernen im sozialen Umfeld oder im Prozess der Arbeit, dass aber eine Lernkompetenz offenbar am ehesten in der seminaristischen Weiterbildung erworben wird: „Die hohe berufliche Bedeutung, die dem arbeitsbegleitenden und privaten informellen Lernen von der Mehrheit der Bevölkerung zugewiesen wird, steht in einem krassen Missverhältnis zu den in diesen Feldern offenbar unterdurchschnittlich gegebenen Möglichkeiten, die Lernkompetenzen zu entwickeln, die für eine zukünftige selbst initiierte und gemanagte Weiterbildungsaktivität erforderlich sind" (BAETHGE / BAETHGE-KINSKY 2002, S. 99).

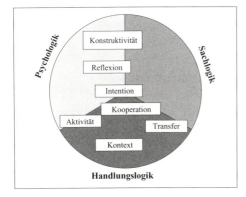

Abb. 10:
Didaktische Prinzipien

Diese Prinzipien lassen sich in eine *Checkliste* zur Evaluation von Bildungsveranstaltungen umformulieren, z. B.:

☑ *Constructivity:*

Lässt sich das Thema aus unterschiedlichen Perspektiven betrachten?
Wie konstruieren verschiedene Wissenschaftsdisziplinen den Lerninhalt?

☑ *Activity:*

Werden aktivierende Methoden eingesetzt, z. B. theaterpädagogische Methoden, Visualisierungen, praktische Übungen ...?

☑ *Co-operativity:*

Werden Kleingruppenarbeit, Partnerarbeit, gruppendynamische Übungen, Teamwork, Streitgespräche angewendet?

☑ *Intentionality:*

Werden die Lernziele begründet und diskutiert?
Ist das Thema für alle Lernenden sinnvoll und relevant?

☑ *Contextuality:*

Sind die Aufgaben realistisch und authentisch?
Wird eine „situierte Kognition" angestrebt? Sind die Lernkontexte anregend?

☑ *Transferability:*

Wird die Übertragung der Theorien auf konkrete und unterschiedliche Verwendungssituationen geübt?

☑ *Reflexivity:*

Werden die Lernfortschritte und Lernschwächen durch (Selbst-)Evaluation bewusst gemacht? Wird über den Sinn des Gelernten nachgedacht? Findet Metakommunikation statt?

Abb. 11: Checkliste zur Evaluation von Bildungsveranstaltungen

Allerdings besagt diese positive Korrelation von Selbstlernkompetenz und Seminarteilnahme nicht ohne weiteres, dass diese Lernfähigkeit in den Kursen erworben wurde. Wahrscheinlich nehmen „lernkompetente" Erwachsene auch häufiger an formalisierter Weiterbildung teil.

Zur pädagogischen Kompetenz gehören folgende Schlüsselqualifikationen:
a) Lernende beim Lernen beobachten können, sich vorstellen können, welche mentalen Prozesse bei den Lernenden stattfinden, Fantasie für die Wirklichkeitskonstruktionen der Zielgruppe entwickeln.
b) Die Strukturen und Logiken des eigenen Fachgebiets kennen, darstellen und veranschaulichen können.
c) Über Erfahrungen der relevanten Verwendungssituationen, der Qualifikationsanforderungen und Handlungskontexte verfügen.
d) Metakognitionen und Selbstlernkompetenzen fördern können.

Lehrende sollten
- die Stärken stärken,
- Interesse an Themen und Inhalten wecken,
- zu verantwortlichen Handlungen ermutigen

und sie sollten
- von Lernenden zu lernen versuchen und
- selber reflexiv lehren und lernen.

Didaktische Kompetenz ist – konstruktivistisch betrachtet – weniger eine Vermittlungskompetenz, sondern vor allem eine Vernetzungskompetenz.

2.5 Frauen lernen anders – Männer auch

In keinem Bereich scheint der Sozialkonstruktivismus so unumstritten zu sein wie in der Gender-Forschung. Das Geschlecht wird sozial und kulturell konstruiert.

> **Gehirnforschungen**
>
> Nicht zu bestreiten sind jedoch auch die neurobiologischen und hormonellen Geschlechtsunterschiede. JEANNE RUBNER kommt zu dem Resultat: „Wenn es also Unterschiede im Gehirn gibt, sind vermutlich die Hormone schuld" (RUBNER 1996, S. 68). Viele Fragen sind noch offen, aber es gibt begründete Vermutungen:
>
> „Könnte Testosteron vielleicht auch den biologischen Beweis dafür erbringen, dass Männer bei räumlich-visuellen Aufgaben besser abschneiden als Frauen?
>
> Und könnte das Geschlechtshormon die Ursache dafür sein, dass Frauen besser mit Sprache umgehen? Haben Männer eine besser entwickelte rechte Hemisphäre als Frauen? Obwohl sich Wissenschaftler in diesem Punkte nicht ganz einig sind, so deuten doch die meisten Studien darauf hin, dass die Gehirne von Männern asymmetrischer sind als die von Frauen" (ebd. S. 106).

> „Frauen können mit Sprache besser umgehen – und Sprache – verbale Kommunikation im allgemeinen – erfordert auch gutes Hören. Mich jedenfalls hat es nicht überrascht herauszufinden, dass das ›sprachliche‹ Geschlecht besser hört und das ›räumliche‹ Geschlecht besser sieht" (ebd. S. 134).
>
> Mädchen benutzen „häufiger Sprache, um soziale Kontakte herzustellen, wogegen Jungen eher ihre Muskeln spielen lassen" (ebd. S. 187).
>
> „Sind Frauen gefühlvoller als Männer, weil die Natur es so will? Oder werden sie dazu erzogen, ihre Gefühle zu zeigen, Männer dagegen, sie zu unterdrücken? Die Forscher tappen noch ziemlich im dunkeln" (ebd. S. 210).

Bildungsveranstaltungen – nicht nur Männer- oder Frauengesprächskreise – werden von der Differenz der Geschlechter beeinflusst, und diese Differenz wird in jedem Seminar neu hergestellt: *Doing gender* ist die Konstruktion der Geschlechterdifferenz durch das Handeln aller Beteiligten, durch die Themen, Methoden, Umgangsformen, durch Mimik und Gestik. „Doing gender" ist mehr als „reading gender".

Empirische Untersuchungen in der Erwachsenenbildung – meist begrenzte Einzelfallstudien – lassen folgende Tendenzen erkennen:

Die *thematischen Interessen* sind geschlechtspezifisch. Die männliche Nachfrage nach Themen der Gesundheit, Ernährung, Körperpflege, Literatur, der musisch-kulturellen Betätigung, Psychologie ist gering. Frauen sind in Kursen mit technischer Thematik (z. B. Umwelttechnik) und in Führungskräfteseminaren unterrepräsentiert. Zu beobachten ist eine Self-fulfilling-Prophecy: Da Männer selten an nicht karriererelevanten Kursen teilnehmen, werden diese Veranstaltungen in den Programmen primär an Frauen adressiert.

So lassen sich semantische Unterschiede in Programmankündigungen von Kursleitern und Kursleiterinnen feststellen. Frauen sind offenbar sensibler für die Ästhetik der Lernorte. Sie empfinden ungemütliche, unordentliche, ungepflegte Seminarräume als lernhemmend. Sie bemühen sich auch als Teilnehmerinnen um eine möglichst geschmackvolle und freundliche Gestaltung des Lernortes.

Kursleiterinnen und Kursleiter kleiden sich anders, bereiten sich anders vor, bevorzugen andere Kennenlernmethoden, rechnen mit anderen Ansprüchen und Erwartungen – je nachdem, ob an dem Kurs überwiegend oder ausschließlich Männer oder Frauen teilnehmen. Kursleiterinnen interessieren sich mehr für private Probleme der Teilnehmerinnen, stehen mehr für Beratungsgespräche zur Verfügung.

Teilnehmerinnen und Teilnehmer erwarten von Kursleitern vor allem fachliches Wissen, von Kursleiterinnen vor allem kommunikative und sozial-emotionale Kompetenzen.

Bildungsveranstaltungen sind soziale Inszenierungen. Frauen reden und verhalten sich anders, wenn sie „unter sich" sind. Männer stellen sich verbal und nonverbal anders dar, wenn Zuhörerinnen im Raum sind oder eine Frau den Kurs leitet.

Der „heimliche Lehrplan" der Erwachsenenbildung wird stark von Ästhetik, Erotik, von Selbstbildern und Fremdbildern geprägt.

> Die Leiterin eines literarischen Arbeitskreises erzählt:
>
> Zunächst nahmen ca. ein Dutzend meist ältere Frauen teil. Dann brachte eine Teilnehmerin ihren Ehemann mit. Obwohl sich dieser nicht übermäßig auffällig verhielt, veränderte sich die Kommunikation deutlich: Einige Frauen beteiligten sich nicht mehr an den Gesprächen, intime Themen wurden ausgeklammert, es wurde weniger gelacht …
>
> Dem Teilnehmer wurde nahegelegt, ein anderes Seminar zu besuchen.

Männer und Frauen verwenden unterschiedliche Sprachen. Männer neigen zu Dualisierungen und binären Codes (richtig/falsch). Sie wollen oft Recht haben und ihre Position behaupten, bei Widerspruch oder Kritik reagieren sie gekränkt. Männer ergreifen selbstverständlich das Wort, Frauen müssen sich das „Rederecht" „erkämpfen" und sie werden häufiger unterbrochen. Frauen vermitteln, sie kommunizieren freundlicher und verständnisvoller. Frauen erzählen mehr Biografisches, sie sprechen über Stimmungen und Gefühle. Bei technischen Themen – z.B. in EDV-Kursen – interessiert sie mehr, wozu die Technik zu verwenden ist und weniger, wie sie im Detail funktioniert. Frauen lernen überwiegend situiert, d.h. kontext- und verwendungsorientiert.

Frauen scheuen sich nicht zu fragen; Männer bevorzugen es zu antworten. In gewerkschaftlichen Arbeitsgruppen übernehmen Männer meist die Gesprächsleitung, Frauen führen dagegen meist Protokoll (DERICHS-KUNSTMANN 2001, S. 579 ff.). Männer wollen oft ihre fachliche Überlegenheit demonstrieren. Frauen sind an kommunikativer Zustimmung interessiert. Frauen lernen eher prozessorientiert, Männer eher ergebnisorientiert. Männer denken und argumentieren eher kausal-analytisch, Frauen eher ganzheitlich. Frauen scheinen ein konstruktivistisch-relativierendes Denken zu bevorzugen. Frauen können Emotionalität und Kognition besser verknüpfen (oder anders formuliert: Ihnen fällt es schwerer, Emotionalität und Rationales zu trennen).

> **Geschlechtspezifische ökologische Konstrukte**
>
> Männliche Konstrukte der Umwelt und Natur unterscheiden sich von weiblichen Konstrukten. Frauen sind – im Großen und Ganzen – ökologisch engagierter als Männer, sie denken, fühlen und handeln umweltfreundlicher. Innerhalb der Ökologiebewegung interessieren sich Frauen mehr für Natur und Biologie, Männer mehr für Umwelttechnik. Frauen fühlen sich verantwortlich für einen pfleglichen Umgang mit natürlichen Ressourcen. Frauen nutzen mehr umweltfreundliche Verkehrsmittel als Männer, sie verbrauchen insgesamt weniger Energie. Männer interessieren sich für technische Energiesparmaßnahmen im Privathaushalt, Frauen bemühen sich um Verhaltensänderungen. „Risikoorientierte Autofans" sind zu 90 Prozent Männer. Frauen bevorzugen regenerative Energien. Sie argumentieren insgesamt unweltbewusster als Männer.
>
> Ob diese geschlechtspezifischen Unterschiede eher biologisch (Gebärfähigkeit) oder soziokulturell (Mutterrolle, Sozialisation) zu erklären sind, ist noch umstritten. Vermutlich sind beide Erklärungsmuster zutreffend. Auch materielle Faktoren sind nicht zu vernachlässigen: Mehr Frauen als Männer sind finanziell auf öffentliche Verkehrsmittel angewiesen. Aber auch geschlechtspezifische Machtverteilung spielt eine Rolle: Auf wirtschaftliche und politische Entscheidungen der Energieversorgung und Energieproduktion haben Frauen nur einen geringen Einfluss.
>
> „1999 verfassten Frauen aus aller Welt beim ›World Women's Congress for a Healthy Planet‹ in Miami ihre eigene Agenda für das 21. Jh. Die Eckpunkte – eine neue Ethik des Wirtschaftens und des Umgangs mit der Natur, Wahrung biologischer und kultureller Vielfalt, Gerechtigkeit zwischen Nord und Süd, Geschlechtergerechtigkeit und Demilitarisierung – haben nichts an Aktualität verloren. Im Gegenteil: Die Globalisierung im vergangenen Jahrzehnt verstärkte ihre Bedeutung" (KATZ 2002, S. 16).

Gender-Konstrukte werden durch eine Self-fulfilling-Prophecy bestätigt: Von Männern wird erwartet, dass sie keine Gefühle äußern – und sie äußern keine Gefühle. Von Frauen wird behauptet, dass sie keine Ahnung von Politik haben – und sie trauen sich nicht, politische Meinungen zur Diskussion zu stellen. Gender-doing wird in jeder Seminarsitzung praktiziert.

> Die Amerikanerin MARY BELENKY hat die *Lern- und Denkstile amerikanischer Frauen* untersucht. Aufgrund dieser qualitativen Interviews erstellt sie eine Typologie, die zugleich eine Taxonomie ist. Den komplexesten, reflexiven Denkstil bezeichnet sie als konstruktivistisches Denken, das sich durch die Fähigkeit zu Vernetzung auszeichnet. Dieses Denken ist sich der Beobachtungs- und Kontextabhängigkeit des Erkennens bewusst; es verbindet subjektive und „objektive" Betrachtungsweisen.
>
> „Konstruktivistinnen zeigen eine hohe Toleranzschwelle für innere Widersprüche und Mehrdeutigkeiten. Sie lassen das Entweder-oder-Denken vollkommen hinter sich ... Frauen gelangen zu den Grundeinsichten des konstruktivistischen Denkens: Alles Denken ist konstruiert und der Denkende ist vertrauter Teil des Gedachten" (BELENKY 1989, S. 160).

Ein dualisierendes Denken in binären Codes – falsch/richtig, gut/schlecht – scheint eher typisch männlich zu sein und entspricht einer technisch-technologische Rationalität.

Mit aller Vorsicht lässt sich die These formulieren:

Bei Frauen ist vernetztes Denken stärker ausgeprägt als bei Männern. Aufgrund ihrer Familien- und Erziehungsarbeit, aber auch aufgrund vieler überwiegend weiblicher Erwerbstätigkeiten sind Frauen eher in der Lage, Zusammenhänge herzustellen, zwischen unterschiedlichen Positionen zu vermitteln, abzuwägen, Perspektiven zu wechseln, sich in die Rolle anderer – z. B. der Kinder – zu versetzen, Nebenwirkungen einzukalkulieren ...

Die meisten Leserinnen und Leser können vermutlich diese Forschungsergebnisse aus eigener Erfahrung bestätigen. Doch es gibt auch Gegenbeispiele. So stellt sich erneut die Frage, welche Wirklichkeit von den Untersuchungen beobachtet wird und ob nicht das registriert wird, was man zu wissen glaubt oder belegen will.

Außerdem: Die Wirklichkeit verändert sich. Wir haben durch eine Längsschnittuntersuchung in der Erwachsenenbildung Hinweise gefunden, dass Frauen im Jahr 2000 selbstsicherer und selbstbewusster lernen und denken als im Jahr 1970.

Auch wissenschaftliche Forschung produziert Mythen, die immer wieder „entmythologisiert" werden müssen. Verhalten sich Männer immer noch so, wie sie von der Forschung beschrieben werden? Sind Frauen – wie gelegentlich der Eindruck erweckt wird – die „besseren" Lerner? Gelten die empirischen Befunde für alle sozialen Milieus?

„Zukünftige Forschungsarbeiten stehen vor der Herausforderung, die Fortschreibung von Zuschreibungen zu vermeiden und das Vorhandensein von real sich nach Geschlecht vollziehenden Zuweisungen nicht aus dem Blick zu verlieren" (AUSZRA 2001, S. 327).

Dies ist eine Botschaft des *Dekonstruktivismus:*

Die eigenen – auch die wissenschaftlichen – Konstruktionen zu dekonstruieren, nicht um Konstrukte durch objektive Wahrheiten zu ersetzen, sondern um sie zu öffnen für Veränderungen und veränderte Blickrichtungen. Der Dekonstruktivismus ist also keine Alternative zum Konstruktivismus, sondern eine Metaebene: das Bewusstwerden der Konstruktivität unseres Erkennens und damit die Möglichkeit, die Konstrukte zu „verflüssigen" und zu relativieren.

2.6 Vernetzte Kommunikation

Die Unwahrscheinlichkeit des Fremdverstehens

Die meisten Kommunikations- und Erziehungstheorien beurteilen die Möglichkeiten des zwischenmenschlichen Verstehens optimistisch. Gelingende Kommunikation erfordert demzufolge vor allem angemessene Codierungs- und Decodierungsverfahren.

Die systemisch-konstruktivistische Theorie begreift Kommunikation demgegenüber als ein zirkuläres, kontextabhängiges Spannungsfeld, als eine eigendynamische, störungsanfällige Suchbewegung. Dabei wird nicht eine Botschaft von Lehrenden zu den Lernenden transportiert, sondern in den Köpfen entstehen mentale Welten, die in einer Seminargruppe ausgehandelt und ausprobiert werden. Diese Annäherungsprozesse sind geprägt von Erwartungserwartungen, Antizipationen, Hoffnungen, Wünschen, Ängsten und Stimmungen.

„Errare humanum est"

Irren ist menschlich – und zwar in einem doppelten Sinn: Dass sich Menschen irren, ist unvermeidlich. Aber auch im emphatischen Sinn: Es macht Menschen sympathisch, dass niemand die Weisheit für sich gepachtet hat. So spricht BERND GUGGENBERGER von einem *„Menschenrecht auf Irrtum":*

„Nach Tschernobyl (sind) die Gefahren des Wissens und des falschen Umgangs mit dem Wissen unter einer ungewöhnlichen Prämisse neu zu erörtern:

> Dass nur die Möglichkeit des Irrtums eine menschliche Welt garantiert und dass das Vollkommenheitsideal der irrtumsfreien Technostruktur, dem wir anhängen, wenn nicht das Ende der Welt, so doch das Ende einer menschlichen Welt und eines humanen Lebensprogramms heraufbeschwört. Irren ist menschlich, sich nicht irren zu dürfen, nicht menschengemäß" (GUGGENBERGER 1987, S. 11).
>
> Es geht also um „fehlerfreundliche", korrigierbare Lösungen. „Allein der Mensch kann sich irren und folglich dazulernen" (ebd. S. 15).

Der rumänische Kommunikationstheoretiker LAURENTIU SOITU schlägt vor, die Metapher „transmission" (Übertragung, Vermittlung) durch „movement" (Bewegung) zu ersetzen. „We could say that communication is less understood as an exchange of linguistic meanings but rather as the movement of the message from one partner to the other" (SOITU 2001, S. 39).

Der Konstruktivismus unterscheidet sich von dem „symbolischen Interaktionismus" durch die Betonung der *Autopoiese*. Individuen sind autopoietische Systeme, deren Wahrnehmungen und Kognitionen operational geschlossen, selbstreferenziell und strukturdeterminiert sind. Das gilt auch für Kommunikationsprozesse: Jeder verarbeitet diejenigen Informationen, die ihm plausibel sind, die sich in seine kognitiven Muster integrieren lassen, die biografisch anschlussfähig sind und viabel erscheinen. 90 Prozent der mentalen Aktivität sind innerer Monolog – also eine interne Interaktion der neuronalen Assoziationsfelder.

Auch in einem Gespräch hören und verstehen die Beteiligten nur das, was sie hören und verstehen wollen und können. Die individuellen Erfahrungswelten wirken wie ein Filter, der „unbrauchbare" Informationen aussortiert oder auch so uminterpretiert, dass sie passen. Wenn also A der Äußerung von B zustimmt, dann heißt das keineswegs, dass beide dasselbe aus denselben Gründen und mit denselben Schlussfolgerungen für richtig und wichtig halten.

Aufgrund dieser Autopoiese ist – so NIKLAS LUHMANN – Verstehen eher unwahrscheinlich und Missverstehen der Normalfall menschlicher Kommunikation. Allerdings lässt sich die Wahrscheinlichkeit einer verständnisvollen Annäherung vergrößern.

Bevor ich darauf eingehe, noch eine Anmerkung zur Anthropologie der Autopoiese. Die Tatsache, dass wir füreinander undurchschaubar sind, dass niemand „Gedanken lesen" kann, garantiert unsere Individualität, auch unsere Autonomie. Wenn wir glauben, den anderen zu verstehen, so handelt es sich stets um eine Vermutung, um eine Hypothese – auch dann, wenn der andere nicht widerspricht.

„Die Gedanken sind frei. Kein Mensch kann sie wissen, kein Jäger erschießen." Das heißt auch: Wir sind selbst verantwortlich für das, was wir wahrnehmen und denken. Niemand kann gezwungen werden, freundlich oder feindlich zu denken. Doch auch unsere eigenen Gedanken entwickeln eine Eigendynamik. Wir können unser Denken nicht abschalten und nur mit Einschränkungen bewusst steuern.

Anleitung zum Unglücklichsein

PAUL WATZLAWICKs amüsanter Essay „Anleitung zum Unglücklich-sein" (im Jahr 2000 bereits 20. Auflage) ist eine Einführung in den Konstruktivismus zum Hausgebrauch. WATZLAWICK beschreibt anschaulich, wie wir unsere Mitmenschen (also auch Seminarteilnehmer, Kursleiter) so konstruieren, dass unsere misanthropischen Bedürfnisse befriedigt werden. Das wohl bekannteste Beispiel ist der „Mann mit dem Hammer".

„Ein Mann will ein Bild aufhängen. Den Nagel hat er, nicht aber den Hammer. Der Nachbar hat einen. Also beschließt unser Mann, hinüberzugehen und ihn auszuborgen. Doch dann kommt ihm ein Zweifel: Was, wenn der Nachbar mir den Hammer nicht leihen will? Gestern schon grüßte er mich nur so flüchtig ..."

Der Mann steigert sich so in seine negative Konstruktion, dass er zum Schluss – ohne den Nachbarn gefragt zu haben – wütend ausruft: „Behalten Sie sich den Hammer, Sie Rüpel!" (WATZLAWICK 2000, S. 37 f.).

Kommunikation als Vernetzung

Auch wenn Individuen nicht von außen determiniert oder „eines Besseren belehrt" werden können, so leben sie doch im ständigen Austausch mit anderen. Unsere Lebenswelt ist dann viabel, wenn sie von anderen geteilt wird (VARELA 1990, S. 111). Zwar sind unsere Wirklichkeiten unverwechselbar und einmalig, aber wir leben in Deutungsgemeinschaften, wir müssen uns ständig um konsensuelle Deutungen mit anderen bemühen, um erfolgreich handeln zu können.

Individuelles und Soziales verhalten sich nicht konträr, sondern komplementär zueinander. Niemand vermag seine Individualität ohne soziale Kontakte zu verwirklichen. Und andererseits entwickeln sich soziale Systeme gerade durch die Vielfalt der Individuen. „Biologisch gesehen" – so HUMBERTO MATURANA – gibt es „keinen Widerspruch zwischen dem Sozialen und dem Individuellen. Das Soziale und das Individuelle sind im Gegenteil faktisch untrennbar miteinander verbunden" (MATURANA 1987, S. 301).

Vernetzte Kommunikation

Menschen leben miteinander aufgrund *struktureller Koppelungen*. Kein Mensch ist mit einem anderen identisch, aber in einer Kultur, in einem sozialen Milieu, in einem Seminar sind die neuronalen und psychischen, auch die linguistischen „Strukturen" zumindest teilweise kongruent. Auch eine Fußballmannschaft ist nur erfolgreich, wenn die elf Individualisten „strukturell gekoppelt" sind.

Kommunikation gelingt, wenn die eigensinnigen Individuen an Vernetzungen interessiert sind. Kommunikation ist langweilig, wenn alle von vornherein einer Meinung sind. Kommunikation kommt nicht zustande, wenn die Beteiligten nur ihre Position behaupten wollen. Kommunikation als Lernprozess lebt von Unterschieden, von unterschiedlichen Unterscheidungen (vgl. SCHÄFFTER 1997, S. 18 ff.).

Lernintensive Kommunikationen entstehen durch „dosierte Diskrepanzen", durch das Spannungsverhältnis von Konsens und Dissens, von Zustimmung und „Streit". Nur wer sich für Anderes und Fremdes, für Andersdenkende und Querdenker interessiert, ist ein interessanter und lernender Gesprächspartner. Deshalb sind Differenz, Perturbation (Störung) und Irritation pädagogische Schlüsselbegriffe. Wer sich nicht mehr perturbieren lässt, ist nicht mehr lernfähig.

Für den Philosophen H. G. GADAMER ist der Kern der Hermeneutik die Anerkennung, dass auch der andere Recht haben könnte.

Gelungene Kommunikation zeichnet sich durch *Komplementarität* aus (vgl. SCHÄFFTER 1997, S. 19 f., SOITU 2001, S. 75). In einer komplementären Beziehung ergänzen sich unterschiedliche Erfahrungen, wird Mehrdeutigkeit und Komplexität erzeugt, entwickelt sich „transversale Vernunft" (WELSCH 1996). Komplementäre Diskussionen erfordern Perspektivenwechsel, Urteilsvorsicht, Neugier, Offenheit für Ungewöhnliches. „Die Funktion, die Fremdheit für eine komplementäre Ordnung erfüllt, lässt sich als ein Offenhalten interner Perspektiven beschreiben. Es geht dabei u. a. auch um eine Verweigerung der gesellschaftlich präformierten Antithetik des ›Entweder-oder‹" (SCHÄFFTER 1997, S. 21).

Eine komplementäre Kommunikationsstruktur erhöht die Wahrscheinlichkeit von *Koevolutionen,* d. h. eine wechselseitige Anregung – trotz der unaufhebbaren Autopoiese. Koevolution setzt eine doppelte Anschlussfähigkeit voraus:
a) *Interne Anschlussfähigkeit* der Beiträge heißt: Es müssen Verknüpfungen mit eigenen biografischen Erfahrungen, Deutungen, Denkmustern möglich sein.
b) *Interpersonale Anschlussfähigkeit* heißt: Die Beiträge müssen sich aufeinander beziehen, sie müssen sozial vernetzt werden.

Dazu gehören Kommunikationsregeln, die nicht neu, aber doch nicht selbstverständlich sind, z. B.:
- aktiv zuhören können, ohne (sofort) zu bewerten,
- wohlwollend zuhören, d. h. verständnisvoll auf missverständliche Formulierungen eingehen und dem Gesprächspartner „lautere" Absichten unterstellen,
- eine verständigungsorientierte, urteilsvorsichtige (und keine apodiktische) Sprache verwenden,
- den anderen „vertrauen", auf ihre Beiträge eingehen (responsiveness),
- „bei der Sache bleiben", d. h. nicht sprunghaft ständig das Thema oder die Argumentationsebene wechseln,
- sich um Verständigung auch bei Meinungsunterschieden bemühen,
- scheinbare Selbstverständlichkeiten in Frage stellen,
- Komplexität „latent" halten: Da nicht alles in der verfügbaren Zeit ausdiskutiert werden kann, ist eine Konzentration auf das notwendig, was für die meisten vorrangig ist,
- nonverbale Signale kontrollieren (z. B. Kopfschütteln, demonstratives Desinteresse),
- unterschiedliche „Affektlogiken" (CIOMPI 1997) akzeptieren.

Kommunikationssituationen in Bildungseinrichtungen sind störanfällig und fragil. Gespräche entwickeln eine Eigendynamik. Ein Wort ergibt das andere, Kontroversen „schaukeln sich hoch", Klärungs- und Vermittlungsversuche bewirken oft das Gegenteil, Konflikte eskalieren. So entsteht eine Spirale des Missverstehens. Oft kann dieser Prozess nur durch einen Szenenwechsel gestoppt werden: durch eine Kaffeepause oder einen gemeinsamen Spaziergang.

Ein Merkmal zwischenmenschlicher Kommunikation ist ihre *Irreversibilität*. Was gesagt wurde, wurde gesagt und lässt sich nicht mehr rückgängig machen. Auch Entschuldigungen über eine als beleidigend empfundene Formulierung ändern wenig daran. Aber auch ein Schweigen kann missverständlich sein. Diese Zerbrechlichkeit der Kommunikation lässt sich allenfalls „abfedern", z. B. durch Gesprächsregeln und Metakommuni-kation.

Kommunikation in Kontexten

Was und wie kommuniziert wird, ist auch vom Kontext abhängig. Die Kommunikationskontexte werden geprägt durch Ort, Zeit, Funktion, Milieu, Kultur, Vergangenheit, Zukunft ...

In den meisten Kontexten werden – oft unausgesprochen – Regeln über die Gesprächsthemen, die Tabuzonen, den Umgangston, den Stil der Verständigung eingehalten. So besteht im Normalfall Einverständnis darüber, dass in einem Sprachkurs der Volkshochschule allenfalls in den Pausen über die Regierung oder den eigenen

Ehemann geschimpft wird. Bei einem Fußballspiel genügt ein kurzer Zuruf des Torwarts an seinen Verteidiger: Ausführliche Erklärungen und Begründungen wären – wortwörtlich – fehl am Platz.

Die Kontexte sind milieuabhängig: In konservativen, alternativen, akademischen, feministischen, „grünen", jugendlichen Milieus werden jeweils andere Sprachen gesprochen und andere Themen erörtert.

Die Kontexte sind kulturell geprägt: In Deutschland wird eine andere Streitkultur praktiziert als in Japan.

> Auf einer Konferenz in Sofia habe ich mich mit einer bulgarischen Kollegin hervorragend verstanden. Umso mehr war ich irritiert, dass diese Frau auf mehrere meiner Beiträge im Plenum mit Kopfschütteln reagierte. Als ich sie in der Pause auf unsere Meinungsverschiedenheiten hin ansprach, stellte sich heraus, dass Kopfschütteln in Bulgarien Zustimmung signalisiert.

Perspektivenwechsel, Horizonterweiterung, Perturbation können durch gezielte Veränderungen der Kommunikationskontexte angeregt werden, z. B. Gespräche mit Asylbewerbern im Asylantenheim, mit Industriearbeitern im Betrieb, mit Behinderten im Stadtteil, über Ökologie mit Landwirten auf ihrem Bauernhof, über EU-Osterweiterung in deutsch-polnischen Grenzgebieten. Aber lebensweltliches Lernen findet nicht nur „outdoor" statt. Auch die Ruhe und „Praxisferne" eines Seminarraums schafft Freiräume für konzentriertes und soziales Lernen.

Vor allem eine kulturelle Verständigung wird durch Kontextwechsel erleichtert. ORTFRIED SCHÄFFTER spricht von „grenzüberschreitendem Lernen": „Grenzüberschreitendes Lernen findet immer dann statt, wenn eine Person, Gruppe oder Organisation bestrebt ist, im Kontakt mit fremden Menschen, Gruppen oder Organisationen deren spezifisches Ordnungssystem der Wahrnehmung, des Denkens und Handelns als eine in sich stimmige Weltdeutung anzunehmen und sie nachzuvollziehen ... Kontextwechsel vermittelt daher eine Verbindung von Kontextwissen und Relationsbewusstsein" (SCHÄFFTER 1997, S. 74).

„Fremdenfreundlich" wird niemand allein durch Belehrungen und Aufklärungen, sondern durch reflektierte Fremdheitserlebnisse. Nach meinen Beobachtungen unterscheidet sich die (postmoderne) junge Generation von ihren Eltern und Großeltern durch diese Bereitschaft zur „Grenzüberschreitung" (im räumlichen und mentalen Sinn).

Kommunikation ist ein Medium unserer Wirklichkeitskonstruktion. PAUL WATZ-LAWICK geht noch einen Schritt weiter mit seiner These, „dass die so genannte Wirklichkeit das Ergebnis von Kommunikation ist." Wirklichkeit ist das Ergebnis von Verständigungen und Vereinbarungen. Wirklichkeiten sind nicht außersubjektiv vorhanden, sondern sie werden kommunikativ hergestellt. WATZLAWICK versucht zu zeigen, „dass der Glaube, es gäbe nur eine Wirklichkeit, die gefährlichste all dieser Selbsttäuschungen ist; dass es vielmehr zahllose Wirklichkeitsauffassungen gibt, die sehr widersprüchlich sein können, die alle das Ergebnis von Kommunikation und nicht der Widerschein ewiger, objektiver Wahrheiten sind" (WATZLAWICK 1987, S. 7).

Auch wenn man diese These relativiert und auf gesellschaftliche Wirklichkeiten beschränkt (z.B.: Alter, Geschlecht, Familie, Geld, Erfolg ...), so wird doch deutlich, wie sehr sich die konstruktivistische Kommunikationstheorie von anderen – z.b. informationstheoretischen – Konzepten unterscheidet. Auch für SIEGFRIED SCHMIDT und GUIDO ZURSTIEGE ist Kommunikation „der ›Stoff‹, aus dem Gesellschaften bestehen" (SCHMIDT/ZURSTIEGE 2000, S. 11).

Auch die Wirklichkeit eines Seminars entsteht durch Kommunikation in einem Prozess der Selbstorganisation: die Atmosphäre, das Lernklima, die Aufmerksamkeit, aber auch die Thematik, der kognitive und emotionale Umgang mit den Lerninhalten – dies alles entwickelt sich in einem Prozess, der am treffendsten als Emergenz bezeichnet werden kann. Lernintensive Kommunikation ist so gesehen Emergenz konsensfähiger Wirklichkeiten.

2.7 Lernende „ans Netz"

Immer mehr Menschen verbringen immer mehr Zeit – Arbeitszeit und Freizeit – am Computer. Ob dadurch neue Zugänge zur Welt eröffnet oder ob der Blick auf den Bildschirm die Wirklichkeitswahrnehmung einschränkt, ist eine offene Frage. Vermutlich trifft auch hier beides zu: Die neuen Medien erweitern und reduzieren die Beobachtungsperspektiven.

Die Polarisierung der Gegner und Befürworter, der Kulturkritiker und der Technikfreaks ist einer differenzierenden Betrachtung gewichen. Das E-Learning scheint soziale Bildungsangebote – von Ausnahmen abgesehen – nicht zu ersetzen, sondern zu ergänzen.

Eine aktuelle Befragung von mehr als 4.000 Erwachsenen zur beruflichen Weiterbildung relativiert die bisherige Euphorie in der Einschätzung des Lernens am Computer. Auf die Frage, in welchen Lernkontexten sie beruflich am meisten gelernt haben, nennen
a) 46 Prozent den Arbeitsplatz,
b) 20 Prozent das private Umfeld,
c) 16 Prozent traditionelle Medien (z. B. Bücher),
d) 11 Prozent formalisierte Weiterbildung (Kurse),
e) 7 Prozent PC-Lernen (BAETHGE/BAETHGE-KINSKY 2002, S. 83).

Die Lerneffekte des „Surfens im Internet" werden als eher gering beurteilt (ebd. S. 81). Allerdings scheint die Minderheit der PC-Lerner überdurchschnittlich lernkompetent zu sein.

„Lernen am PC" und seminaristisches Lernen bereichern sich. Unsere Befragungen haben gezeigt, dass gerade Erwachsene mit höherer Schulbildung auf soziale Lernkontexte selbst dann nicht verzichten wollen, wenn geeignete mediale Lernprogramme zur Verfügung stehen. Unstrittig ist ferner, dass selbst gesteuertes Lernen am PC überdurchschnittliche Selbstlernkompetenzen erfordert – nicht zuletzt auch vernetztes Denken.

So unbestritten die didaktischen Möglichkeiten der medialen Programme in vielen Fächern (z. B. Fremdsprachen, Medizin, Naturwissenschaften, Ökologie) sind, so einhellig ist die Kritik, dass die meisten Programme diese Chancen allenfalls „suboptimal" nutzen. Auch die sozialen medialen Angebote (Chatgroups, Teletutoring) werden eher sporadisch in Anspruch genommen und scheinen direkte „Face-to-face-Kontakte" nicht überflüssig zu machen.

Allerdings unterscheiden sich die Generationen (noch) hinsichtlich der Nutzung der neuen Medien. Die Älteren nutzen die Medien eher rezeptiv als Informationsquelle. Die Jüngeren schöpfen die interaktiven Möglichkeiten des PC aus, d. h. sie kommunizieren häufiger mit anderen via Internet. „Kindern und Jugendlichen fällt es leichter, durch experimentelles Ausprobieren Lücken der Programme zu umgehen. Sie wachsen ähnlich wie beim Erlernen einer Sprache quasi in die Benutzung eines Mediums herein" (RICHARD 2002, S. 157).

Mit den Gewinnen an Wirklichkeitserschließung sind aber auch Verluste verbunden. Zur „literarischen Bildung" gehört die Vertiefung, das Sich-Einlassen auf einen Text, z. B. ein Gedicht. Die Kontakte mit der Medienwirklichkeit bleiben dagegen meist sporadisch und „äußerlich": „Die lustvolle narzisstische Spiegelung im ›chat‹ und in den Spielwelten produziert eine geschwätzige, oberflächliche Kommunikation und reproduziert die Banalität des Alltäglichen" (ebd. S. 160).

Noch spricht vieles für die These, dass die jüngere und die ältere Generation in unterschiedlichen Medienwelten leben. So scheint das abendliche Unterhaltungsprogramm von ARD und ZDF zunehmend zum Seniorenprogramm zu werden. Ob die in Europa vorherrschende Schriftkultur durch eine Bildkultur abgelöst wird, ist noch offen. Immerhin ist auch die Internet-Kommunikation primär verschriftlicht.

Frühere Erwartungen, dass E-Learning a) kostengünstig und b) zeitsparend ist, haben sich bisher nur in Ausnahmefällen bestätigt. Auch die Chancengleichheit von Bildungsbenachteiligten wird durch Telelernen kaum verbessert.

Erforderlich ist nicht nur eine finanzielle Kosten-Nutzen-Analyse, sondern auch eine Zeitaufwand-Lernerfolg-Evaluation. Nach meinen Beobachtungen an einer Universität (Fachbereich Erziehungswissenschaften) steht die Zeit, die das wissenschaftliche Personal am Bildschirm verbringt, nur selten in einem angemessenen Verhältnis zu den neuen Erkenntnissen. Außerdem scheint das Surfen im Internet häufig zu Lasten der Lektüre von Printmedien zu gehen.

Zweifellos haben die Internet-Kontakte mit ausländischen KollegInnen zugenommen. Ob aber die Internationalität der wissenschaftlichen Forschung und Lehre qualitativ zugenommen hat, ist eine empirisch noch ungeklärte Frage und dürfte disziplinabhängig sein. Vermutlich profitieren vor allem diejenigen von den neuen Kommunikationsmedien, die auch bisher die internationale Diskussion z. B. in Fachzeitschriften zur Kenntnis genommen haben.

Bei PädagogikstudentInnen habe ich eine Veränderung des Denk- und Schreibstils festgestellt. Die Verwendung von Spiegelstrichen und additiven Stichworten hat zugenommen. Das diskursive, argumentative Begründen, Verknüpfen und Schlussfolgern hat abgenommen. Ob dies eine Folge des Umgangs mit dem Computer ist, vermag ich nicht zu beurteilen.

Die Hypothese liegt nahe, dass das Ausmaß des Surfens im Internet ohne weiteres kein vernetztes, relativierendes Denken fördert. Gerade ein solches verknüpfendes Denken ist aber erforderlich, um mit der Informa-tionsfülle des Internets sinnvoll und zielgerichtet umgehen zu können. Andernfalls findet eine Zerfaserung des Lernens statt. Es geht nicht darum, was es alles „im Netz" gibt, sondern was gesucht wird. Die Suche nach Zusammenhängen aber will gelernt und geübt sein. Der routinierte Mouseclick ersetzt nicht das Nachdenken und Argumentieren.

Tendenziell ist die Stärke der *digitalen Medien* die Präsentation deklarativen, fachlichen Wissens. *Seminaristische Organisationsformen* dagegen erleichtern die Verbesserung personaler Kompetenzen (z. B. Selbstevaluation), kommunikativer Kompetenzen (z. B. sich verständlich machen) und methodischer Kompetenzen (z. B. das Lernen lernen). *Informelle Lernsituationen* fordern eine Anwendung des Wissens und eine Erprobung der Fertigkeiten und Kompetenzen heraus. Generell gilt: Wer bereits über Lerntechniken und metakognitive Fähigkeiten verfügt, profitiert von den modernen IuK-Technologien.

Die Möglichkeiten und Grenzen des wissenschaftlichen Online-Lernens und der virtuellen Universitäten müssen je nach Wissenschaftsdisziplin und Studiengang (z. B. Erststudium oder weiterbildendes Studium) differenziert beurteilt werden. Auch hier müssen unterschiedliche Vernetzungen des E-Learning und des seminaristischen Lernens erprobt werden. Ob das Direktstudium ein auslaufendes Modell ist, ist zu bezweifeln. Jedenfalls werden computerunterstützte Fernstudiengänge an Bedeutung zunehmen.

OTTO PETERS stellt fest: „Seit 1995 werden Ansätze des virtuellen Lehrens und Lernens konzipiert, wodurch sich für das Fernstudium eine neue Welt erschließt. Die didaktische Struktur des sich entwickelnden netzbasierten Fernstudiums ist noch längst nicht voll erkennbar. Sie wird aber von folgenden neuen Möglichkeiten bestimmt sein: Multimedia, Zugang zu Informations- und Studienmöglichkeiten weltweit, Bildung von lernenden Gruppen über Landesgrenzen hinweg, vermehrte Kommunikation und Kollaboration, asynchrones Lernen, virtuelle Seminare, Chancen für ... explorierendes Lernen, ... autonomes, selbstbestimmtes und selbst reguliertes Lernen ..." (PETERS 2002, S. 6 f.).

Die neuen Medien verändern nicht nur private und berufliche Gewohnheiten und Kompetenzen, sondern auch die Lebenswelten.

Der Kanadier MARSHALL MCLUHAN hat bereits 1967 ein viel beachtetes Buch geschrieben mit dem Titel *„The Medium is the Massage"*. Wörtlich heißt der Titel „Das Medium ist Massage", meist wird der Titel – irrtümlicherweise? – abgeändert in „Das Medium ist die Botschaft". Beide Varianten sind zutreffend: Das Medium selber ist – unabhängig von den konkreten Inhalten – die Botschaft. Und das Medium ist Massage im Sinn einer permanenten „subkutanen" Beeinflussung. Das Medium suggeriert, dass nur das existiert oder zumindest relevant ist, was in den Massenmedien präsentiert wird. Das Fernsehen schafft Wirklichkeiten sui generis – in der Politik, aber auch auf den Finanzmärkten und in den Familien.

Vernetzungen

„Das Medium oder der Vorgang unserer Zeit – die elektrische Technik – formt und strukturiert die Muster gesellschaftlicher Beziehungen und alle Aspekte unseres Privatlebens um ... Gesellschaftsformen sind schon immer stärker durch die besondere Natur der Kommunikationsmedien, von denen sie Gebrauch machen, als durch den Inhalt der Kommunikation geformt worden" (MCLUHAN 1967, S. 8).

Durch die neuen Informations- und Kommunikationsmedien sind wir scheinbar überall auf der Welt „live" dabei – und gleichzeitig durchschauen wir immer weniger. Die Unterschiede zwischen „virtuellen Realitäten" und „realen Realitäten" werden fließend. Originalbilder von G. Bush, Ben Laden, Saddam Hussein sind für das Medienpublikum inszenierte Bilder.

Dass die Welt durch die Medien global vernetzt ist, ist eine triviale Feststellung. Doch was bedeutet das? Müssen wir uns für alles interessieren, was in der Welt passiert? Oder müssen wir uns auf Wesentliches konzentrieren? Aber was ist das Wesentliche?

SIEGFRIED SCHMIDT und GUIDO ZURSTIEGE haben darauf aufmerksam gemacht, dass bereits die Fotografie des 19. Jahrhunderts neue Wirklichkeiten schuf: „So, wie man sich selbst, Landschaften oder Gegenstände auf dem Foto betrachten konnte, konnte man sie nie in der natürlichen Wahrnehmung sehen und erleben. Die Kopie überrundete das Original, das Foto wurde zum Test der Wirklichkeitsgewissheit" (SCHMIDT/ZURSTIEGE 2000, S. 13).

Kommen wir auf den pädagogischen Umgang mit dem Computer und den Massenmedien zurück. Auch wenn wir – aufmerksam wie nie zuvor in Schule oder Universität – vor dem Bildschirm sitzen und Informationen abrufen, ist das Sender-Empfänger-Modell als Erklärungskonzept unzureichend. Wir *rekonstruieren* das mediale Informationsangebot. Nicht der Monitor bestimmt, was wir lernen, sondern relevantes Wissen wird im Kopf erzeugt. Wir sind nicht lediglich „Nutzer" (User) oder Konsumenten, sondern – eigensinnige und eigenwillige – Konstrukteure. Medieninhalte werden nicht ohne weiteres rezipiert, sondern sie stoßen autopoietische und selbstreferenzielle Denkprozesse und Wirklichkeitskonstruktionen an. Wirkungsforschung ist deshalb nicht überflüssig oder unmöglich, aber sie sollte die subjektiven Konstruktionsprozesse im Kontext der Medienangebote „rekonstruieren".

Teil II: Praxis

1. **Instruktionsmethoden** 81
   1.1 Der imperfekte Vortrag 85
   1.2 Cognitive Apprenticeship 87

2. **Konstruktionsmethoden** 89
   2.1 Chreodenanalyse 91
   2.2 Kognitive Landkarten 92
   2.3 Situierte Kognition 94
   2.4 Metaphernanalyse 98
   2.5 Erzählkunst 103
   2.6 Erlebnispädagogik 106
   2.7 Seitenwechsel 109
   2.8 Sensibilisierung der Wahrnehmung 112
   2.9 Interkulturelle Fremdheitserfahrungen 120
   2.10 Projektmethode 123

3. **Vernetzte neue Lehr-Lern-Kulturen** 125
   3.1 Neurobiologische Grundlagen der neuen Lernkulturen 125
   3.2 Neue Lernarrangements 129
   3.3 Empirische Befunde 132
   3.4 Beispiele aus der Bildungspraxis 135

4. **Wissensmanagement in lernenden Organisationen** 141
   4.1 Lernende Organisationen 141
   4.2 Wissensmanagement 145

1. Instruktionsmethoden

Instruktionsmethoden werden nicht an Bedeutung verlieren. So ist GABI REINMANN-ROTHMEIER und HEINZ MANDL zuzustimmen: „Eine gemäßigt konstruktivistische Auffassung von Lernen schließt instruktionale Aktivitäten des Lehrenden keineswegs aus. Es ist weder möglich noch sinnvoll, allein auf aktive Konstruktionsleistungen der Lernenden zu vertrauen; man kann Lernenden aber auch nicht ständig fertige Wissenssysteme nach feststehenden Regeln vermitteln ... Im Sinne einer pragmatischen Perspektive lässt sich als Ziel eine Balance zwischen expliziter Instruktion durch Lehrende und konstruktiver Aktivität der Lernenden formulieren" (REINMANN-ROTHMEIER / MANDL 1997, S. 377 f.).

In einem neueren Beitrag ordnen HEINZ MANDL und BRIGITTA KOPP „Instruktionen" den *„geschlossenen Lernumgebungen"* und „Konstruktionen" den *„offenen Lernumgebungen"* zu. „Allerdings führen solch offene Systeme, in denen die selbstständige Konstruktion von Wissen im Mittelpunkt steht, gelegentlich zur Überforderung der Lernenden... Eine Integration dieser beiden Positionen von Instruktion und Konstruktion findet im *problemorientierten* Ansatz statt ... Lernen in problemorientierten Lernumgebungen verlangt nach instruktionaler Anleitung und Unterstützung, da der selbst gesteuerte und soziale Umgang mit komplexen Aufgaben und vielfältigen Informationsangeboten sowie die Berücksichtigung verschiedener Perspektiven Wege und Ziele des Lernens zugleich sind." (MANDL / KOPP 2006, S. 118 ff.).

Als *Faustregel* gilt:
- Je weniger Lernerfahrungen die Lerner haben, desto mehr instruktive Anleitungen sind wünschenswert.
- Je unbekannter das Themengebiet, desto mehr instruktive Orientierungen sind nötig.
- Je mehr Techniken und Fertigkeiten gelernt werden sollen, desto mehr angeleitete Übungen sind empfehlenswert.

Instruktionsmethoden

Doch auch ein „*instruktives didaktisches Design*" setzt konstruktivistische Erkenntnistheorien nicht außer Kraft. Auch das Lernen in einer Vortragsveranstaltung erfolgt autopoietisch und nicht nach einem linearen Sender-Empfänger-Modell. Auch für eine solche Veranstaltung gilt: Die „Hörer" hören nur das, was sie hören können und wollen, was ihrer kognitiven Struktur zugänglich ist und was in ihre „Schemata" passt. Sie lernen das, was für sie momentan „psychohygienisch zumutbar" ist, was sie in ihrer Lebenssituation emotional „verkraften" können und was viabel ist.

In den USA, wo die „*instructional design theory*" weit verbreitet ist, werden seit einigen Jahren wissensvermittelnde didaktische Konzepte mit konstruktivistischen Elementen verknüpft. Bei diesen integrativen, vernetzten Didaktiken werden die vorhandenen Erfahrungen und Wirklichkeitskonstrukte der Lernenden gezielt berücksichtigt.

DAVID MERRILL von der Utah State University hat unterschiedliche Instruktionskonzepte analysiert und fünf „Prinzipien" entdeckt, die offenbar konsensfähig sind. Im Vordergrund dieser Lehr-Lernprogramme steht – wie bei H. MANDL und B. KOPP – das problemorientierte Lernen. Die fünf „Prinzipien" sind *Problemorientierung, Aktivierung vorhandenen Wissens, Präsentation neuen Wissens, Anwendung auf Praxisfälle, Integration in bestehende Wissensnetze:*

- „Learning is facilitated when learners are engaged in solving real-world-problems.
- Learning is facilitated when existing knowledge is activated as a foundation for new knowledge.
- Learning is facilitated when new knowledge is demonstrated to the learner.
- Learning is facilitated when new knowledge is applied by the learner.
- Learning is facilitated when new knowledge is integrated into the learner's world." (MERRILL 2001, S. 2).

Die im Folgenden dargestellten Instruktions- und Konstruktionsmethoden schließen sich also nicht gegenseitig aus, sondern ergänzen sich.

Instruktionsmethoden

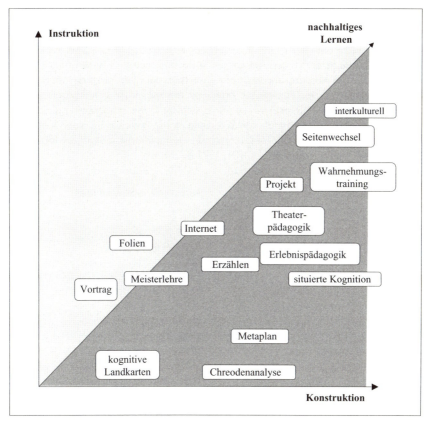

Abb. 12: Methoden der Instruktion und Konstruktion

Instruktionsmethoden der Bildungsarbeit enthalten also Angebote neuer Sichtweisen und neuen Wissens. Ob und wie der Lernende von diesen Angeboten „Gebrauch macht", bleibt in seiner Verantwortung. Dabei muss den Lernenden Zeit gelassen werden, sie müssen sich an eine neue Deutung gewöhnen können. Aufdringliche Überzeugungsversuche sind eher kontraproduktiv. THOMAS ZIEHE spricht davon, dass neue Lerngegenstände „probe-besetzt" werden, um sie „nach psychodynamischen Verwendungsmöglichkeiten abzutasten" (ZIEHE 1982, S. 157).

Traditionelle Instruktionsmethoden werden konstruktivistisch modifiziert: „Seit Ende der 80er Jahre wurden in der (amerikanischen) Instruktionspsychologie mehrere Ansätze entwickelt, die dem ›neuen‹ Konstruktivismus nahe stehen, die insbesondere die theoretischen Annahmen zur Situiertheit von Wissen und Lernen einbeziehen ... Im Vordergrund steht die Einbettung von Lernprozessen in das Lösen bedeutungshaltiger, authentischer Probleme, um zum einen sicherzustellen, dass Wissen von Anfang an unter Anwendungsgesichtspunkten erworben wird, und um zum anderen neben dem Erwerb von Wissen auch die Entwicklung von Denkmustern, Expertenkniffen und Überzeugungssystemen einer Expertenkultur zu fördern" (REINMANN-ROTHMEIER/MANDL 1997, S. 368).

Instruktionsmethoden	Konstruktionsmethoden
instruierend	konstruierend
Vorrang Sachlogik	Psychologik
Steuerung durch Experten	Selbststeuerung
Lerninhalt vorgegeben	Lerninhalt entsteht
Sender-Empfänger-Modell	Selbstorganisationsmodell
systematisch, strukturiert	zirkulär, assoziativ
Gleichschritt der Gruppe	individuelles Lerntempo
ergebnisorientiert	prozessorientiert
Wissensvermittlung	Wissensproduktion
Lernerfolg messbar	Selbstevaluation
Homogenität erwünscht	Heterogenität erwünscht
Wahrheitsanspruch	Viabilitätsanspruch
Wissen	Kompetenz
Beobachtung I. Ordnung	Beobachtung II. Ordnung

Abb. 13: *Merkmale von Instruktions- und Konstruktionsmethoden*

Die Qualitätsmerkmale von Instruktionsmethoden (z.B. Vorträge, schriftliche Referate) sind bekannt: deutliche Gliederung des Stoffs, Visualisierung, adressatenorientierte Komplexitätsreduktion, Veranschaulichung durch Beispiele, Erklärung von Fachtermini, Zusammenfassungen, Begrenzung des Umfangs, deutliche Sprache, fachwissenschaftliche Kompetenz etc.

1.1 Der imperfekte Vortrag

Viele Referenten begeistern durch ihre fachliche Kompetenz. Auch Sachlogik ohne didaktische „Zutaten" kann faszinieren. Aber solche Bildungserlebnisse sind vermutlich nicht der Normalfall.

> Während eines Kongresses in Finnland wurden zwei Referate in englischer Sprache vorgetragen. Referent A las einen korrekt formulierten Text vor. Obwohl das Referat informativ war, ließ die Aufmerksamkeit der Zuhörer spürbar nach. Viele legten den Kugelschreiber aus der Hand. Referent B hielt einen freien Vortrag aufgrund von Stichworten. Sein Englisch war nicht perfekt, er suchte oft nach passenden Formulierungen, sein Redefluss geriet häufig ins Stocken. Doch gerade diese mangelnde Perfektion regte die Zuhörer an mitzudenken und die unvollständigen Sätze des Redners fortzusetzen – gelegentlich wurde ihm ein passender Begriff zugerufen. Der Vortrag wurde zum Dialog. Bis zum Schluss waren (fast) alle Teilnehmer „bei der Sache".

Vorträge sollten ein aktives Zuhören fördern und die Einwegkommunikation unterbrechen. Der Blickkontakt – im wörtlichen wie im übertragenen Sinn – mit dem Publikum ist wichtiger als der Blick auf das Vortragsmanuskript. Eine Schlüsselqualifikation für Referenten ist *„reading and flexing"* (HUNT). Pädagogen müssen ihr „Publikum" „lesen" können, sie müssen spüren, ob die Aufmerksamkeit nachlässt, ob ein Thema Interesse weckt, ob Begriffe verstanden werden, ob das kognitive Niveau zu hoch ist, ob Denkpausen nötig sind … Zum Reading gehört auch die Wahrnehmung, welche Lernenden welche Art von Lernhilfen wünschen.

„Flexing" ist die Fähigkeit, sich während des Vortrags auf die Zuhörer einzustellen. Die Qualität eines Vortrags ist nicht nur von dem Fachwissen, sondern auch von dem „Gespür" für die Situation, für die Interessenlagen und kognitiven Strukturen der Zuhörer abhängig. Erfahrene Referenten sind sensibel für die „inneren Monologe" ihres Publikums, sie ahnen das heimliche Kopfschütteln, die Einwände und Gegenargumente. Je perfekter ein Vortrag ist, desto mehr geht oft die kommunikative Dynamik verloren.

Zur „Unvollkommenheit" gehört auch die Relativierung des Wahrheitsanspruchs. Auch fachwissenschaftliche Erkenntnisse sind relativ, sind beobachtungs- und methodenabhängig, sind vorläufig und nur bis auf weiteres gültig. Fachleute neigen dazu, ihre Expertenmeinung als die einzig richtige darzustellen. Die Perspektivität ihres Blicks ist ihnen oft selber nicht bewusst.

Instruktionsmethoden

> **Anekdote: Die Konstrukte der Medizin**
>
> PAUL WATZLAWICK erzählt folgende Geschichte: In einem amerikanischen Standardwerk der Medizin wurde seit Jahrzehnten Homosexualität als Krankheit dargestellt. In einer Neuauflage fehlte nun das Stichwort Homosexualität ersatzlos.
>
> WATZLAWICK: „Der spektakulärste Erfolg der Medizin: Mit einem Federstrich wurde eine weit verbreitete Krankheit geheilt".

Es gehört zu einem guten Vortrag, nachvollziehbar zu machen, mithilfe welcher Methoden, von welchen Standpunkten aus und aufgrund welcher Prämissen und Interessen Erkenntnisse zustande gekommen sind. In einer Wissensgesellschaft geht es nicht darum, permanent wissenschaftliche Ergebnisse zu popularisieren, sondern wissenschaftliche Verfahren transparent und damit kontrollierbar zu machen. Meist wird erst ein Vortrag gehalten und dann werden Fragen gestellt. Doch es gibt auch teilnehmerorientierte Organisationsformen. Eine *Variante:*

Der Referent skizziert kurz die Thematik. Anschließend sammeln die Teilnehmer – individuell oder in Kleingruppen – ihre Vorkenntnisse, Erfahrungen und Fragestellungen zu dem Thema. Diese Stichworte können auf Pinnwänden festgehalten und geordnet werden. Der Referent vermag so das vorhanden Wissen, die Zugänge zu der Thematik, die Defizite und Interessen der Anwesenden einzuschätzen. Er kann jetzt sein Referat auf diese vorhandenen Wissensnetze beziehen und gezielt auf die Fragestellungen eingehen.

> **Unterstützung der Lernfähigkeit**
>
> Im Rahmen des Sokrates-Programms der Europäischen Union wurde in England, Frankreich und Deutschland der Bedarf an Lernberatung bei lernenden und lehrenden Erwachsenen festgestellt. Von deutscher Seite war OTTO GEORG WACK vom *Landesinstitut für Schule und Weiterbildung* an diesem transnationalen Projekt beteiligt.
>
> Unterschieden wurden vier Lerntypen mit unterschiedlichen Unterstützungsbedürfnissen:
>
> „Die *Entschlossenen* haben genaue Ziele und sind entschlossen, sie zu erreichen. Sie wissen, wie sie ihre Lernaktivitäten organisieren und angebotene Hilfsquellen nutzen müssen und sie zögern nicht, nach Unterstützung zu fragen, wenn sie meinen, sie zu brauchen ...

> Die *Schlecht-Ausgestatteten* sind oft wenig qualifiziert und arbeitslos ... Sie fühlen sich im Weiterbildungssystem verloren und haben Schwierigkeiten, ihre Lernaktivitäten zu organisieren und die verschiedenen pädagogischen Ressourcen zu nutzen, auch wenn sie angeboten werden ...
> Alle *Doppelgleisig-Fahrenden* haben gemeinsam, dass sie Unterstützungsstrukturen für sich selbstständig aufbauen. Sie bitten Partner/-innen, Ehegatten oder Verwandte, ihnen bei der Lösung ihrer Lernprobleme zu helfen ...
> Die *Zögerlichen* brauchen vor allem ein hohes Maß an motivierender Unterstützung, die ihr Selbstvertrauen verbessert, zusammen mit inhaltlicher Hilfe und methodischer Hilfe und sie müssen die Kunst der Selbststeuerung vermittelt bekommen."
>
> Auch die Lehrenden wurden in vier Gruppen unterteilt:
> „Die *Formellen* verhalten sich nur reaktiv. Sie bieten vor allem inhaltliche Unterstützung und Hilfe bei Lehrmethoden an ...
> Die *Mitfühlenden* verhalten sich ebenfalls reaktiv, aber sie geben persönliche, soziale oder psychologische Unterstützung.
> Die *Herausgeforderten* sind proaktiv, bieten aber keine persönliche, soziale oder psychologische Hilfe an.
> Die *Engagierten* sind proaktiv und geben persönliche, soziale und psychologische Unterstützung" (WACK 2002, S. 7 ff.).

1.2 Cognitive Apprenticeship

Eine in den USA verbreitete konstruktivistische Instruktionsmethode ist die *„kognitive Meisterlehre"*, die an die traditionelle Handwerkslehre erinnert. Die Lernenden beobachten den Experten bei der Lösung von Aufgaben. Die Lernprobleme sind möglichst komplex und realistisch. Die „Meister" kommentieren ihre Handlungsschritte, sie denken laut und antworten auf Fragen der „Lehrlinge".

„Im Cognitive-Apprenticeship-Ansatz spielt die Kooperation in zweierlei Hinsicht eine wesentliche Rolle: zum einen als Kooperation zwischen Lernenden und Lehrenden mit dem Ziel, die Lernenden über einen gemeinsamen Diskurs in die Expertenkultur einzuführen; zum anderen als Kooperation der Lernenden untereinander" (REINMANN-ROTHMEIER/-MANDL 1997, S. 385).

Wünschenswert ist eine allmähliche Komplexitätssteigerung und zunehmende Perspektivenvielfalt der Aufgaben. Außerdem sollte der Transfer auf ähnliche Fälle geübt werden. Ein Beispiel:

> Junge Kursleiterinnen z.B. für Fremdsprachen beobachten eine erfahrene Kursleiterin bei der Vorbereitung ihres Kurses: Welche Informationen über die Adressaten verarbeitet sie, mit welchen Überraschungen rechnet sie, welche Vorkenntnisse und Verwendungssituationen sind zu erwarten, welche Lehrmaterialien kommen in Frage, wie ist der Seminarraum technisch ausgestattet, wie kann die Anfangssituation gestaltet werden ...
>
> In einem weiteren Treffen beobachtet die „Erfahrene" die „Novizin" bei ihren Planungsüberlegungen: Welche Informationen verarbeitet sie, welche Hypothesen stellt sie auf, welche Varianten plant sie ein, woran denkt sie, was ignoriert sie, mit welchen „kritischen Ereignissen" ist zu rechnen?

Dieses Mastering-Learning kann auch als *ko-konstruktivistischer Lernprozess* bezeichnet werden (FINKE 2002, S. 72). Die Lernenden beobachten die Konstruktionsschritte der „Meister". Diese wiederum begleiten die Suchbewegungen der Lerner.

Geeignet ist diese Methode, um *implizites Erfahrungswissen* an „Neulinge" zu vermitteln. So versuchen viele Unternehmen, einem *Know-how-Verlust* durch den Ruhestand erfahrener älterer Arbeitnehmer vorzubeugen. Deshalb werden Tandems gebildet, in denen Jüngere gemeinsam mit Älteren eine Aufgabe lösen, wobei die Älteren ihre Erfahrungen, aber auch ihr „Gespür", ihr „Fingerspitzengefühl" einbringen, gelegentlich auch narrativ über frühere ähnliche Fälle berichten. Die Jüngeren dagegen versuchen, ihr Wissen aus dem Studium und der Ausbildung mitzuteilen. Solche Tandems sind eine Form des intergenerativen, auch des interdisziplinären Wissensmanagements, eine Form interaktiven arbeitsintegrierten Lernens.

> **Kognitives Rauschen**
>
> Instruktionsmethoden sind notwendig und nicht prinzipiell „schlechter" als Konstruktionsmethoden. Allerdings sind bei Instruktionen die Anteile des kognitiven Rauschens meist beträchtlich.
>
> Akustisches Rauschen heißt: Wird in einem Stimmengewirr eine bekannte Stimme identifiziert, werden die anderen Geräusche zum bedeutungslosen Rauschen. Analog wird vom optischen Rauschen gesprochen: Wir erkennen in einer Menschenmenge ein bekanntes Gesicht, auf das sich dann unsere Aufmerksamkeit konzentriert.
>
> Kognitives Rauschen meint: In einer Schulklasse nehmen die Schüler nur einen geringen Prozentsatz des Gesagten bewusst wahr; das meiste „rauscht vorbei".
>
> Die Lehrenden sollten das Ausmaß des Rauschens regelmäßig überprüfen und gegebenenfalls das Konzept revidieren.

2. Konstruktionsmethoden

Wir erkennen die Welt nicht unmittelbar und gleichsam „unverfälscht", sondern wir deuten sie nach unseren Möglichkeiten und Bedürfnissen:
- Wir geben der Natur eine Ordnung auf der Grundlage unserer Anschauungsformen (I. KANT).
- Unsere Welt ist Wille und Vorstellung (A. SCHOPENHAUER).
- Der Mensch erinnert sich an das, was ihn interessiert, und diese Erinnerungen steuern seine Wahrnehmungen und Handlungen (J. DEWEY).
- Kriterien einer guten Theorie sind ihre Praxisrelevanz und Handlungskonsequenzen (W. JAMES).
- Durch Assimilation wird Wirklichkeit in ein kognitives System integriert, durch Akkommodation passt sich der Mensch veränderten Umweltbedingungen an (J. PIAGET).
- Unser Weltbild entsteht durch „symbolische Interaktion" mit signifikanten anderen (G. H. MEAD).
- Der Glaube, dass die eigene Wirklichkeitssicht die „Wirklichkeit schlechthin" sei, ist eine „gefährliche Wahnidee" (P. WATZLAWICK).
- Es gibt objektive Tatsachen, „die Tatsachen nur Kraft menschlicher Übereinkunft sind" (z. B. Geld) (J. SEARLE).
- Wir leben „im Modus der Auslegung" (H. TIETGENS).
- Die objektive Welt ist uns „kognitiv unzugänglich" (E. v. GLASERSFELD).

Lernen hat auch die Funktion, die Wirklichkeitskonstruktionen zu reflektieren, zu vergleichen, zu erweitern. Ein solches *reflexives Lernen* ist nicht ständig und überall zweckmäßig: Im Spanischkurs, in der Fahrschule, beim Preisvergleich im Supermarkt, bei der Bedienung eines Computers – bei all diesen instrumentellen Lernprozessen würde eine permanente Problematisierung unseres gebrochenen Verhältnisses zur Welt eher störend wirken. Dennoch ist ein rein instrumentelles, rezeptives Lernen auf die Dauer nicht ausreichend.

> ARNIM KAISER hat die *Selbstlernkompetenz* von Teilnehmenden der Erwachsenenbildung untersucht: Die Ergebnisse bestätigen die Befunde der OECD-Studien TIMSS, PISA und IALS.
>
> Metakognitives Wissen und metakognitive Prozesse sind Grundlagen einer Selbstlernkompetenz. 77 Prozent der befragten Erwachsenen verfügen über eine geringe metakognitive Orientierung. Auch die Befragten mit Abitur lassen nur sehr reduzierte metakognitive Kompetenzen erkennen. Die Fähigkeit zum selbst organisierten Lernen ist eingeschränkt, und zwar auch bei Teilnehmenden mit höherer Schulbildung.
>
> „Die Träger der Weiterbildung werden daher mit einem Maßnahmenbündel auf diese Situation reagieren müssen, etwa mit Lernberatung, Kursanalysen, Transferevaluation" (KAISER 2002, S. 59 f.).

Es lassen sich verschiedene Funktionen und Komplexitätsstufen des Lernens unterscheiden, z. B.:
- informelles Lernen im Alltag (z. B. durch wiederholte Handlungen),
- assimilierendes rezeptives Lernen (z. B. Erweiterung des Wortschatzes einer Fremdsprache),
- experimentelles, erprobendes Lernen (z. B. im Sport, am Arbeitsplatz, am PC),
- kritisches Überprüfen des Selbst- und Weltverständnisses (z. B. religiöse, politische, interkulturelle Deutungsmuster),
- reflexive Vergewisserung unserer Möglichkeiten und Grenzen („Beobachtung zweiter Ordnung"),
- metakognitive Selbstlernkompetenz.

> **Bildung**
>
> DIETER SCHWANITZ, Autor der Bestseller „Der Campus" und „Bildung", bezeichnet reflexives Zusammenhangwissen als Grundlage von Bildung:
>
> „Gebildet ist erst der, der sein eigenes Wissen einordnen kann ...
>
> Wer KONRAD LORENZ über Verhaltensforschung, EDWARD O. WILSON über Ameisen und Soziobiologie, HEINZ v. FOERSTER über Selbstorganisation, HOWARD GARDNER über Intelligenz, JAY GOULD und R. DAWKINS über Evolution, DOUGLAS HOFSTADTER über Probleme der Selbstreferenz, PAUL WATZLAWICK über paradoxe Kommunikation gelesen hat, der hat einen Eindruck davon erhalten, wie man hinter die Geheimnisse der Schöpfung kommt ...

> Bildung wurde immer als Form aufgefasst, in der man sich selbst versteht. Deshalb ist es wohl unverzichtbar, dass man eine ungefähre Vorstellung von den Kategorien hat, in denen sich der Mensch selbst beschreibt und sein Verhalten begründet: Identität, Rolle, Psyche, Emotion, Leidenschaft, Gefühle, Bewusstsein, unbewusstes Motiv, Verdrängung, Kompensation, Norm, Ideal, Subjekt, Pathologie, Neurotik, Individualität, Originalität – alles das sind Leitbegriffe, ohne deren Verständnis man keinen Zugang zu entwickelten Formen der Selbstreflexion gewinnt ...
>
> Zu den selbstverständlichen Annahmen jedes Gebildeten sollte es gehören, dass die Realität eines Menschen ein soziales Konstrukt ist, das je nach Milieu, Herkunft, Alter, Schicht und Kultur anders aussieht. Erst das ermöglicht es ihm, andersartige Grundüberzeugungen und Realitätsauffassungen zu verstehen, zu akzeptieren und auf einen anderen Standpunkt hin zu relativieren" (SCHWANITZ 1999, S. 484 ff.).

2.1 Chreodenanalyse

Alle – also auch die Kursleiter – bringen eine unverwechselbare Lebensgeschichte mit. Dieser „biopsychosoziale Rucksack" kann nicht in jedem Kurs ausgepackt werden. Aber es müssen diejenigen Konstrukte zur Sprache gebracht werden, die zur Orientierung der Kursleitung und für die Effektivität der Lernprozesse zu diesem Thema und in dieser Gruppe wesentlich sind.

EDMUND KÖSEL hat in seiner „subjektiven" konstruktivistischen Didaktik den Begriff *Chreode* eingeführt. Chreode meint „die bisherige Entwicklung von Bewusstsein und Verhaltensimperativen bei Lernenden in einem bestimmten Fach oder in der Schule und seine verfestigten Verhaltensweisen, seine Lerngeschichte" (KÖSEL 2001, S. 43). KÖSEL unterscheidet Ich-Chreoden, Wir-Chreoden, Lern-Chreoden:

- Ich-Chreoden beziehen sich auf das Selbstbild, auf die Einschätzung der eigenen Stärken und Schwächen.
- Wir-Chreoden beziehen sich auf die Erfahrungen mit anderen. Mit welchen TeilnehmerInnen möchte man sprechen und zusammenarbeiten, mit welchen Gruppen hat man – positive oder negative – Erfahrungen gemacht? Wie viel Nähe oder Distanz, Intimität oder Anonymität sind erwünscht?
- Die Lern-Chreoden beziehen sich auf die Lerninhalte, auf den vermuteten Schwierigkeitsgrad, auf die Praxisrelevanz und den Motivationsgehalt des Themas, auf Annäherungs- und Vermeidungsreaktionen einem Thema gegenüber.

Zu Beginn eines Seminars lässt sich eine solche Chreodenanalyse durchführen. Individuell, im Partnergespräch oder in Kleingruppen erörtern die TeilnehmerInnen: Mit welchen Erwartungen und Befürchtungen habe ich mich heute auf den Weg gemacht? Worauf freue ich mich? Wie viel traue ich mir zu und mute ich mir zu? Welche Erfahrungen habe ich mit der Thematik gemacht? Welches Vorwissen kann ich aktivieren? Über welchen Kenntnisstand und welches Anspruchsniveau verfügen die anderen? Gibt es ExpertInnen unter den TeilnehmerInnen? Wie unterschiedlich sind die Verwendungssituationen für das Thema in der Gruppe? Wie viel Zeit – zur Vor- und Nachbereitung – steht zur Verfügung? Welche Arbeitsformen (Gruppenarbeit, Referat, Übungen etc.) werden bevorzugt? Welche Unterstützung wird von der Seminarleitung erwartet? Welche Umgangsformen sind erwünscht? Welche Sprache wird gesprochen?

Mithilfe von Karten und Pinnwänden können Stichworte gesammelt und geordnet werden. Es geht in dieser Phase um eine erste Klärung, wie Lehrende und TeilnehmerInnen das Thema, das Seminar und ihre eigene Rolle in der Gruppe „konstruieren", um die „Driftzonen" (KÖSEL 2001, S. 70) abschätzen zu können, in denen sich die Beteiligten kognitiv und emotional bewegen.

2.2 Kognitive Landkarten

Unsere neuronalen Netzwerke entsprechen nicht der linearen Architektur schriftlicher Texte. Unsere Wissensnetze im Kopf bestehen aus Verknüpfungen von „Assoziationsfeldern", d. h. aus Gedächtnisinhalten unterschiedlicher Art: kognitive Denotationen, emotional gefärbte Konnotationen, deklaratives „gelerntes" Wissen, implizites Erfahrungswissen, episodische Erinnerungen, Intuition, Fantasie ...

Schlüsselbegriffe sind die Knoten dieser mentalen Netzwerke. Relevante Begriffe bündeln und strukturieren die Fülle der Kognitionen, Emotionen und Motivationen, Begriffe bringen Ordnung in die Unübersichtlichkeit der Wirklichkeiten. Begriffe sind orientierende „Ordner" und handlungsleitende Schemata. Auch der Begriff „Konstruktivismus" erfüllt eine solche regulative Funktion.

ERNST v. GLASERSFELD (1997) spricht von „begrifflichem Verhalten": Begriffe wie Ökologie, Toleranz, Fremde sind Elemente unseres Selbst- und Weltbildes, sie sind Bestandteil unserer Identität und enthalten Handlungs- oder Unterlassungsimpulse. Insofern sind generative Begriffe Bindeglieder zwischen unseren Wissensnetzen und der äußeren Realität. Die „Anstrengung des Begriffs" ist für Lernen unverzichtbar.

Kognitive Landkarten

Mind Maps, also kognitive Landkarten, aktualisieren die neuronalen Netzwerke. Diese Landkarten spiegeln einen Ausschnitt unserer Wirklichkeitskonstruktion. Sie veranschaulichen nicht nur, *was* wir denken, sondern auch, *wie* wir denken. Grafisch sind der Fantasie kaum Grenzen gesetzt. Im Mittelpunkt steht ein Begriff oder ein Thema. Die Merkmale, Aspekte, Elemente, Dimensionen, Verknüpfungen können *sternförmig* oder als *Baum* oder als *Straßenkarte* angeordnet werden. Es können unterschiedliche Farben für Gefühle verwendet werden, aber auch Symbole für offene Fragen und Gegensätze.

Mind Maps können individuell oder in Kleingruppen erstellt werden. Aufschlussreich ist der Vergleich: Wie unterscheiden sich die Stichworte, die Perspektiven, die mentalen Architekturen? Wer denkt eher erfahrungsorientiert und konkret, wer eher theoretisch-abstrakt, wer eher harmonisierend oder eher problem- und konfliktorientiert? Unterscheiden sich die Mind Maps nach ihren „blinden Flecken"? Was wird übersehen? Und: Sind gruppentypische Unterschiede und Muster erkennbar, z. B. alters-, geschlechts-, berufsspezifisch? Differenzwahrnehmungen fördern reflexives Lernen: Warum wurde dieser Aspekt vergessen? Warum ist gerade dieses Merkmal wichtig? Haben die anderen andere Erfahrungen gemacht, andere Wertvorstellungen?

Ich habe Mind Maps zum Thema „Schule" von LehrerInnen, Eltern und Studierenden erstellen lassen. Die Unterschiede waren frappierend: Schule ist nichts objektiv Vorhandenes, sondern ein biografisch-sozial-kulturelles Konstrukt.

Mentale Landkarten in der Wahrnehmungsgeographie

Die Wahrnehmungsgeographie beschäftigt sich mit den subjektiven geographischen Konstrukten, mit Raumbeobachtungen und Landschaftsvorstellungen. So sind mit „Bayern", „Ostfriesland", „Berlin" kognitiv-emotionale Assoziationen verbunden. Auch „Afrika" und „USA" sind solche Wirklichkeitskonstruktionen, die auf Erfahrungen, Schulunterricht, Berichten der Massenmedien basieren.

„Es braucht nicht extra erwähnt zu werden, dass durch ›mental maps‹ geistige Bewegungen ausgelöst werden, die leicht in Aggressionen übergehen und die das Missverstehen von sozialen oder nationalen Gruppen erheblich fördern, besonders wenn diese ›mental maps‹ auf Stereotypen fußen, also unreflektiert weitergegebenem und ebenso unreflektiert aufgenommenen Fehlinformationen" (FISCHER 2001, S. 13).

2.3 Situierte Kognition

Denken, Fühlen, Lernen sind *"situiert"*, d. h. kontextbezogen. Für organisiertes Lernen gilt dies in zweifacher Hinsicht:
1. Das Lernen findet in Situationen – z. B. Seminarsituationen – statt.
2. Das Lernen ist auf – meist künftige – Verwendungssituationen gerichtet. Diese Handlungssituationen können in Seminaren antizipiert und simuliert werden.

Die traditionelle Didaktik hat Ziele, Inhalte und Methoden betont und den Kontext vernachlässigt. Die systemisch-konstruktivistische Theorie behauptet dagegen, dass nur der Kontext und nicht der Lernprozess selber „gesteuert" werden kann.

Die „Ermöglichungsdidaktik" gestaltet Lernumgebungen, in denen autopoietische Lernaktivitäten möglich sind. Zu diesem offenen „didaktischen Design" gehören die Auswahl der Lernorte und Lernzeiten, die Gestaltung der Lernräume, die Medien und Materialien, aber auch die Zusammensetzung der Seminargruppe, die Rituale (z. B. Begrüßung), die Kommunikations- und Kooperationsformen – also das Ambiente und die Atmosphäre.

Da bei den meisten Erwachsenen das episodische Gedächtnis stärker ausgeprägt ist als ein begrifflich-deklaratives Gedächtnis, hängt es wesentlich vom Kontext ab, ob und welche Inhalte gespeichert werden. Die meisten Teilnehmer erinnern sich an eine Information der Kursleiterin X in einer bestimmten Situation. Warum gerade dieser Inhalt in dieser Situation eingeprägt wird, ist selten bewusst, denn – so GERHARD ROTH – unsere Gehirnaktivität erfolgt großenteils unbewusst (ROTH 2002, S. 44). Nicht die fachliche Qualität des Stoffs, sondern die sozialemotionale und psychohygienische Situation bestimmt die Aufmerksamkeit.

Die Ermöglichungsdidaktik bietet unterschiedliche Lernwege und Lernaktivitäten zur Auswahl an. ROLF ARNOLD nennt folgende Merkmale einer konstruktivistischen Ermöglichungsdidaktik:
- „nicht linear, selbst organisiert, nicht vorhersagbar,
- selbstständige Erschließung von Bildungsgehalten,
- Unterricht als Begleitung von Lernprojekten ...
- Die Gültigkeit der Wirklichkeitskonstruktionen wird im Dialog reflektiert und problematisiert" (ARNOLD/PÄTZOLD 2001, S. 49).

Situierte Kognition als flexible Problemlösungsfähigkeit erfordert unterschiedliche situations- und kontextangemessene Denkstile. So ist lineares, monokausales, technologisches Denken in übersichtlichen, strukturierten Handlungssituationen Erfolg versprechend, kaum aber in komplexen, unübersichtlichen Situationen.

> Der Psychologe DIETRICH DÖRNER hat durch experimentelle Versuchsanordnungen belegt, wie problematisch technologisch-strategisches Denken in Situationen der Entwicklungshilfe und der ökologischen Modernisierung ist. In diesen Planspielen wurden durch mechanistisches Denken mehr neue Probleme erzeugt als alte gelöst. In Situationen mit unkalkulierbaren Nebenwirkungen sind behutsame, reversible Eingriffe angemessen.
>
> Situierte Kognition erfordert – so DÖRNER – „operative Intelligenz". Damit ist der flexible Einsatz der vorhandenen intellektuellen Fähigkeiten gemeint:
>
> „Manchmal ist es notwendig, genau zu analysieren, manchmal sollte man nur grob hingucken ...
>
> Manchmal sollte man viel Zeit und Energie in die Planung stecken, manchmal sollte man genau dies bleiben lassen ...
>
> Manchmal sollte man mehr ›ganzheitlich‹, mehr in Bildern denken, manchmal mehr ›analytisch‹ ...
>
> Alles zu seiner Zeit, jeweils unter Beachtung der Umstände" (DÖRNER 1993, S. 298 f.).

Auch Kinder lernen nicht abstrakte Regeln, die sie dann auf konkrete Fälle anwenden, sondern sie lernen situiert: „Kinder erlernen ihre Sprache grundsätzlich in Handlungszusammenhängen. Sie hören Wörter und bringen diese in Verbindung mit anderen Wahrnehmungen; sie beobachten das Verhalten und den Sprachgebrauch ihrer Bezugspersonen; sie bilden Hypothesen über den Zusammenhang zwischen Sprache und nichtsprachlichem Verhalten und über die Bedeutung der gehörten Wörter ..., kommunikativer Misserfolg veranlasst sie, ihre Bedeutungshypothesen zu verändern ..." (BAYER 1994, S. 93).

> Auch Mathematiklernen ist kontextgebunden. Eine brasilianische Forschergruppe hat die alltagspraktischen Mathematikkompetenzen erforscht:
>
> „NUNEZ u.a. haben brasilianische Straßenkinder untersucht, die seit früher Kindheit auf der Straße Lebensmittel oder Süßigkeiten verkaufen mussten, um ihren Lebensunterhalt zu sichern. Diese Kinder wurden zunächst in ihrem Alltagskontext befragt, indem sich die Interviewerin in die Rolle einer potenziellen Käuferin begab und mehrere Preisnachfragen stellte. An einem der darauffolgenden Tage nahmen die Kinder an einem Test teil, bei dem sie eine Reihe von Textaufgaben ähnlichen Inhalts sowie von ›kontextfreien‹ Aufgaben

> lösen mussten, die bezüglich Operation und Zahlengröße mit der Kaufsituation vergleichbar waren. Es zeigte sich, dass 98,2 Prozent der Verkaufsaufgaben, 73,7 Prozent der Kontextaufgaben und 36,8 Prozent der ›nackten‹ Rechenaufgaben korrekt gelöst wurden" (SELTER 1998, S. 265).

Auch wenn Lernphasen, die vom Handlungsdruck entlastet sind – z. B. ein Seminar in einer Heimvolkshochschule – ein kreatives „Moratorium" sein können, so ist doch in den meisten Fällen eine Kongruenz von Lernaufgaben und Handlungsanforderungen wünschenswert. Nachhaltig gelernt wird eher „just in time" als „auf Vorrat".

Theoretisches Lernen, Regellernen, begriffliches Lernen – all diese Lernprozesse sind wirkungsvoll, wenn die Konkretisierung und die Anwendung in der Praxis integriert werden.

Die Trennung „Theorie heute/Praxis später" ist selten erfolgreich. Dabei sollte nicht übersehen werden, dass Lernsituationen und Praxissituationen unterschiedlichen „Logiken" folgen. Die Lernaufgaben in einem Seminar sind „bereinigt", sie reduzieren Komplexität durch das Ausklammern von Besonderheiten, Details und Rahmenbedingungen. Die Handlungssituation ist stets komplexer, unübersichtlicher und unkalkulierbarer. Die Lernsituation ist „fehlerfreundlich", während in der Praxis Fehlervermeidung erforderlich ist. Trotz aller Einschränkungen lässt sich die These aufstellen: Praxisfernes Wissen bleibt „träge", *„situierte Kognition"* wirkt nachhaltig.

Situierte Kognition ist nicht nur verwendungsorientierte Kognition, sondern auch biografisch anschlussfähige Kognition.

> Ich bin in einer westfälischen Stadt aufgewachsen, in der es eine „Dreimannstraße" gibt. Als Kind habe ich mich stets gefragt, was dieser Straßenname bedeutet. Meine Eltern haben mir dann erzählt, dass im Dreißigjährigen Krieg hier die Pest gewütet hat und in dieser Straße nur drei Menschen überlebt haben. Diese Erzählung hat bei mir ein nachhaltiges Interesse am Dreißigjährigen Krieg geweckt, das bis heute wirksam ist. Alles Wissen über den Westfälischen Frieden und die Literatur des Barock sind für mich relevant und interessant.

Situierte Kognition

GABI REINMANN-ROTHMEIER und HEINZ MANDL schreiben zum „situierten Lernen": „Innerhalb der konstruktivistischen Entwicklungen hat sich die *Situated-Cognition-Bewegung* für Fragen des Lehrens und Lernens als besonders einflussreich erwiesen ... Trotz aller Unterschiede stimmen die Ansätze der situierten Kognition darin überein, dass Lernen stets situiert ist, dass Wissen durch das wahrnehmende Subjekt konstruiert, gleichzeitig aber auch in einer Gesellschaft ›geteilt‹ wird (shared cognition) und dass Denken und Handeln nur im Kontext verstanden werden kann ... Im Vordergrund steht die Einbettung von Lernprozessen in das Lösen bedeutungshaltiger, authentischer Probleme" (REINMANN-ROTHMEIER/MANDL 1997, S. 368).

Situierte Lernaufgaben sollten folgende Kriterien erfüllen:
- *bedeutsam,* und zwar auch gesellschaftlich bedeutsam und zukunftsrelevant,
- *multiperspektivisch,* d. h. aus unterschiedlichen fachlichen, politischen oder persönlichen Beobachtungsperspektiven,
- *anschlussfähig,* d. h. an vorhandene Kenntnisse und Erfahrungen „anzukoppeln",
- *authentisch,* d. h. lebensnah und realistisch.

Ein Beispiel für nicht authentische Problemsituationen: Spanischkurs für Erwachsene.

Das Lehrbuch beschreibt typische Alltagssituationen. Ein ausführliches Kapitel behandelt „Mit dem Auto unterwegs". Zwei Seminarabende sind wir mit Unfällen und Autoreparaturen beschäftigt. Das Interesse der Teilnehmer ist gedämpft. Niemand ist interessiert, mit dem Auto durch Spanien zu fahren. Niemand interessiert sich für „Zündkerze", „Hinterachse", „Stoßdämpfer" auf Spanisch.

Als „bedeutsam" und „mehrheitsfähig" erwiesen sich Themen wie:
- die Situation der Frau in Spanien,
- die Belastung der Umwelt durch den Tourismus,
- Spanien als Mitglied der Europäischen Union.

Charakteristisch für situierte Kognition ist auch die Verschränkung von Erfahrungswissen und wissenschaftlichem Wissen. Ein solches Lernen erfordert oft *interdisziplinäre* Zugänge. So findet eine *doppelte Perspektivenverschränkung* statt
a) zwischen Erfahrungswissen und wissenschaftlichem Wissen und
b) zwischen unterschiedlichen Wissenschaftsdisziplinen.

Beispiele für solche Lernprojekte liefern die Gesundheitsbildung, die Ernährungsbildung, die multikulturelle Bildung und die Umweltbildung (die neuerdings meist als „Bildung zur Nachhaltigkeit" bezeichnet wird). Ein aktuelles didaktisches Konzept mit Elementen der situierten Kognition ist das „Syndromlernen" (FISCHER 2001, S. 10ff.).

> Das *Syndromkonzept* wurde von dem „Wissenschaftlichen Beirat der Deutschen Bundesregierung: Globale Umweltveränderung" (WBGU) entwickelt. Ausgewählt wurden nach dem Kriterium (fehlender) Nachhaltigkeit 16 globale, zukunftsrelevante Themenfelder, die zugleich auf kritische Entwicklungen und „Megatrends" verweisen. Solche Syndrome sind z. B.:
> - Hoher-Schornstein-Syndrom,
> - Sahel-Syndrom,
> - Müllkippen-Syndrom,
> - Favela-Syndrom,
> - Aralsee-Syndrom,
> - Altlasten-Syndrom,
> - Massentourismus-Syndrom.
>
> Diese Syndrome enthalten u. a. soziologische, psychologische, ökonomische, biologische, physikalische, technische Inhalte und Fragestellungen. Die spezifische Qualität des Syndromlernens besteht in der Verknüpfung disziplinärer Wissensbestände und in der Integration eigener Erfahrungen und Emotionen mit fachlichen Kenntnissen und Qualifikationen. Gelernt wird vor allem systemisches, vernetztes Denken.

2.4 Metaphernanalyse

Die Konstruktion von Wirklichkeit ist auf Kommunikation und Sprache angewiesen. Ein Thema – z. B. Umweltverschmutzung – ist erst dann gesellschaftlich existent, wenn es öffentlich kommuniziert wird. Auch PAUL WATZLAWICK beschreibt *Wirklichkeit als das „Ergebnis von Kommunikation".* Bereits 1976 schreibt er in seinem Buch „Wie wirklich ist die Wirklichkeit?", „dass es zahllose Wirklichkeitsauffassungen gibt, die sehr widersprüchlich sein können, die alle das Ergebnis von Kommunikation und nicht der Widerschein ewiger, objektiver Wahrheiten sind" (WATZLAWICK 15. Aufl. 1987, S. 7).

Nach LUDWIG WITTGENSTEIN sind die Grenzen unserer Sprache die Grenzen unserer Welt. Zwar sind nicht alle Formen von Wirklichkeitskonstruktion verbal, aber unser Weltwissen, unsere Wissensnetze bestehen großenteils aus Sprache.

Sprichwörtliche Redewendungen

Aufschlussreich – auch aus Sicht eines kulturalistischen Konstruktivismus – sind umgangssprachliche Redewendungen und Sprichwörter. Solche „geflügelten Worte" verweisen auf das kollektive Gedächtnis einer Kultur, auf „Volksweisheiten" und Lebenserfahrungen. Diese „Sprachspiele" sind oft anschaulich, grotesk, ironisch. Sie neigen zu Übertreibungen, wirken aber dadurch besonders nachhaltig. Die traditionelle Erziehung in Familien bediente sich häufig solcher Redewendungen („Müßiggang ist aller Laster Anfang").

Charakteristisch für pädagogische Redensarten ist ihre Psychosomatik, die Körperlichkeit des Denkens („Es läuft einem eiskalt den Rücken hinunter", „Dabei dreht sich der Magen um", „Ruhig Blut bewahren", „Ihm stehen die Haare zu Berge", „Er hat Scheuklappen", „Er hat ein Gedächtnis wie ein Sieb", „Es fällt mir wie Schuppen von den Augen", „Das geht mir auf die Nerven" …).

Kognition und Emotion sind oft verknüpft: „Ein Fehler ist ärgerlich", „Ich sehe schwarz", „Einen kühlen Kopf behalten".

Auch die Naturwissenschaften konstruieren die Welt mithilfe ihrer Fachsprachen. „Biologie besteht letztlich nicht aus Pflanzen und Tieren; sie besteht aus einer speziellen Sprache über Pflanzen und Tiere. Geschichte besteht nicht aus Ereignissen, die einmal stattgefunden haben; sie ist Sprache, die Ereignisse nach den von Historikern aufgestellten Regeln beschreibt und deutet" (POSTMAN 1997, S. 150). Die Renaissance z. B. ist keine objektive, vorfindbare Realität, sondern ein Konstrukt von Historikern aus einer zeitlichen Distanz. Fachsprachen sind Brillen, mit denen Wissenschaftler ihre Wahrnehmungen ordnen und deuten. Sprachen schaffen Ordnung in unübersichtlichen Wirklichkeiten; sie spiegeln nicht etwa vorhandene Ordnungen der Natur wider – darauf hat bereits IMMANUEL KANT aufmerksam gemacht.

Gemeinsame Sprache ist eine wichtige Voraussetzung für „strukturelle Koppelungen". Trotz der autopoietischen „Geschlossenheit" psychischer Systeme ermöglicht Sprache – auch Berufssprachen, Subkultursprachen – Verständigungen und Handlungskoordinationen, obwohl jeder Begriff, jeder Satz eine spezielle individuelle Bedeutung hat. Viele Begriffe verweisen auf gesellschaftliche Wirklichkeiten, z. B.

Eigentum oder Ehe, ethische Normen und Werte, z. B. Emanzipation, Mündigkeit, Verantwortung, aber auch Himmel, Klima, Äquator. Frühling ist für jemanden, der gegen Pollen allergisch ist, etwas anderes als für einen Gesunden.

Diese Feststellungen mögen trivial erscheinen, sie sind aber grundlegend für unser Dasein in der Welt, für soziales und erst recht interkulturelles Zusammenleben. Sprache ist kontingent, d. h. prinzipiell mehrdeutig, interpretationsbedürftig. Sprache ist ein Medium der Verständigung, aber auch eine ständige Quelle von Missverständnissen. Sprache beschreibt einen Sachverhalt und Sprache – z. B. poetische Sprache – ist schöpferisch, konstruktiv. Sprache hat ihre Grenzen. Nicht alles lässt sich verbalisieren. „Wenn ich versuche, Ihnen die Röte von rot mit Worten zu erklären, wird das nicht funktionieren. Entweder Sie haben die Fähigkeit in Ihrem Körper, Rot wahrzunehmen – oder nicht" (SCHNABEL/SENTKER 1999, S. 221). Sprache erweckt oft den Eindruck des Selbstverständlichen, obwohl sich doch (fast) nichts mehr von selber versteht. Deshalb ist Vorsicht geboten im Umgang mit Adjektiven und Adverbien wie „offensichtlich", „bekanntlich", „erwiesenermaßen", „eindeutig" … Offensichtlich ist nichts mehr offensichtlich.

Nicht nur der lexikalische Wortschatz, auch die „Architektur" einer Sprache, die Grammatik und Syntax, beinhalten unterschiedliche Modi der Wirklichkeitsbeobachtung. Das gilt auch für Unterschiede zwischen indogermanischen Sprachen, z. B. dem Englischen und dem Deutschen. Bevorzugt eine Sprache Passiv oder Aktiv, Indikativ oder Konjunktiv, Kausalsätze oder Konditionalsätze, Substantivierungen oder Verben, Imperative oder Fragen, „Ich-Sätze" oder „Man-Sätze", parataktische oder hypotaktische Sätze …

Der Konjunktiv

Die Sprache des Konstruktivismus ist der Konjunktiv, die Möglichkeitsform. Indikativsätze stellen etwas fest und suggerieren Gewissheiten, sie verschleiern den hypothetischen Charakter unserer Wirklichkeit. Das Hilfsverb „sein" erweckt den Eindruck des Objektiven: Der Himmel *ist* nicht blau; er erscheint uns blau, denn die Farbe Blau ist eine Konstruktion unseres visuellen Systems und keine Eigenschaft der äußeren Realität …

Unsere Sprache verwendet für die indirekte Rede den Konjunktiv. „Er sagte, er sei nicht sicher …" Der Konjunktiv behauptet nicht, dass alles so und nicht anders ist, er lässt die Möglichkeit des Irrtums und der Rückfrage offen, er signalisiert Vorläufigkeit, Beobachtungsabhängigkeit. Hat der andere das tatsächlich so gesagt? Und so gemeint? Und ist das wirklich so? HANS VAIHINGER (1924) hat dargestellt, dass wir im Modus des *„Als-ob"* leben: wir müssen so tun, als sei die Welt so, wie sie uns erscheint.

Metaphernanalyse

Wenn wir herausfinden wollen, wie wir unsere Welt konstruieren, müssen wir auf unsere Sprache achten. Sprachsensibilisierung und Sprachkultivierung sind überfachliche Lernziele. Da Denken, Sprechen, Handeln untrennbar verknüpft sind, ist Sprachbildung zugleich Bildung kultivierten Handelns. Wer ständig aggressiv spricht, denkt und handelt auch aggressiv.

Insbesondere ist Sprachkultivierung Aufgabe des Fremdsprachenunterrichts. Fremdsprachen machen die Besonderheiten der Muttersprache bewusst. Die Pflege der deutschen Sprache und das Erlernen von Fremdsprachen ergänzen sich, und die Sorge um einen Verfall der deutschen Sprache mag zwar kulturpessimistisch erscheinen, ist aber m.E. berechtigt.

Die moderne Neurobiologie betont die Zusammenhänge und Wechselwirkungen von sensorischen Wahrnehmungen, Kognitionen, Emotionen und körperlichen Empfindungen (vgl. DAMASIO 2000, S. 12). Der Schweizer Psychologe LUC CIOMPI spricht von ganzheitlichen „Denk-Fühl-Verhaltensprogrammen" (CIOMPI 1997). Auch „Auto" oder „Wald" sind solche „Programme", mit denen wir uns identifizieren, die uns nicht gleichgültig sind, sondern bei denen wir „mit Leib und Seele", mit „Kopf, Herz und Hand" „bei der Sache" sind.

Unsere Umgangssprache hat diese Körperlichkeit unseres Umgangs mit der Welt bewahrt. Es gibt kaum ein Verb, das nicht auf körperliche Organe und Funktionen verweist (ver-stehen, er-fahren, ver-ant-worten, be-haupten, Fingerspitzen-gefühl, be-greifen).

Sprachkompetenz ist die Fähigkeit, in die Sprache hineinzuhorchen, ihre Anschaulichkeit zu entdecken, Sprache zu genießen. Sprachkompetenz erfordert Behutsamkeit und Achtsamkeit – z. B. bei der Verwendung stigmatisierender oder militärischer Semantiken. Häufig sind umgangssprachliche Begriffe anschaulicher als abstrakte Fachtermini (z. B. „verallgemeinern" statt „generalisieren").

Eine spezielle Lehr-Lern-Methode ist die *Metaphernanalyse*. Metaphorische Sprache ist – im Unterschied zu den meisten Wissenschaftssprachen – anschaulich, bildhaft, mehrdeutig. Lyrische Sprache ist überwiegend metaphorisch. Metaphorische Sprache hat andere Ausdrucksmöglichkeiten als eine operationalisierbare Fachsprache.

Unsere alltägliche Umgangssprache ist metaphorisch. Kulturen, Berufsgruppen und Individuen verfügen über spezifische Repertoires an Metaphern, z. B.:
- „Liebe ist wie ...
- Glück ist wie ...
- Das Leben ist wie ...
- Afrika ist ..."

Konstruktionsmethoden

In vielen Lernfeldern – Gesundheit, Ernährung, Ökologie, Erziehung ... – ist es lernförderlich, Metaphern zu entdecken, zu vergleichen und zugrunde liegende Bedeutungen, Werte und Sinngehalte zu reflektieren. Metaphern eröffnen neue, auch überraschende Zugänge zur Welt. Metaphern können Verfremdungseffekte, überraschende Sichtweisen, auch anregende Perturbationen provozieren. Metaphern lassen sich zu Syndromen und zu Mustern der Wirklichkeitskonstruktion bündeln.

In einem Artikel über betriebliches Bildungsmanagement stand zu lesen, in den USA sei der „War for Talents" ausgebrochen, die Umstrukturierung großer Unternehmen wird als „Powerplay" bezeichnet, die Berufstätigen sind „Human Capital", Talentsucher heißen „Headhunter". Dies ist kein Streit um Worte, hier wird eine Wirklichkeit eigener Art konstruiert.

Eine Schlüsselkompetenz könnte sein: human-, sozial- und umweltverträgliche Metaphern zu finden und zu erfinden.

Lernen durch Lesen

Auch die moderne Literaturdidaktik ist konstruktivistisch inspiriert. Die literarische Rezeptionstheorie interpretiert Lesen nicht als subjektive Aneignung dessen, was der „Dichter uns sagen will", sondern als autopoietische, selbstreferenzielle Leistung. Ein literarischer Text wird je nach Lebenssituation, Stimmung und Kontext unterschiedlich gelesen. Der Literaturunterricht versucht zwar, den Text und den Autor zur Sprache zu bringen und eine sachgerechte Interpretation zu fördern, doch auch das „Missverstehen" eines Textes kann subjektive Gründe haben und produktiv sein.

Autor, Lehrer und Schüler sind strukturell gekoppelt. Lesen und Verstehen ist ein Prozess der Wechselwirkung, ein systemischer, kontextabhängiger Vorgang. So liest man ein Buch im Urlaub anders als in der Schule. Es lohnt sich, literarische Werke im Alter erneut und mit anderen Augen zu lesen. „Große" Romane oder Gedichte können einen Menschen während des gesamten Lebenslaufs begleiten. Lesen ist ein Prozess der Emergenz: In jeder Lebensphase entdeckt man einen Text neu – Erlebnispädagogik durch Leseerlebnisse.

Die konstruktivistische Literaturdidaktik (an)erkennt „die Rechte der Leser den Text so zu verstehen, wie ihre Biographien und sozialen Umstände es erlauben" (PAEFGEN 1999, S. 48). Das „Leseverhalten" erweist sich als eigensinnig und unkalkulierbar. Die Rezeption ist nicht willkürlich, aber kaum standardisierbar.

ELISABETH PAEFGEN bringt die konstruktivistische Literaturdidaktik auf den Punkt: „Nicht die Texte werden von ihnen (den Lesern, H. S.) zum Sprechen gebracht, sondern sich selbst bringen sie zum Sprechen" (PAEFGEN 1999, S. 85). Die Literaturtheorie respektiert die „subjektive Freiheit der Verstehensmöglichkeiten" (ebd. S. 85). Leser „konstruieren" Texte vor dem Hintergrund ihrer bisherigen „Lebensromane" (ebd.).

2.5 Erzählkunst

> „Sagen lassen sich die Menschen nichts,
> aber erzählen lassen sie sich alles."
> (R. FABER)

Erzählen ist nicht nur eine Form der Alltagskommunikation, erzählen ist auch eine Lernart, die als *„narrative Pädagogik"* zur Zeit eine Renaissance erlebt. In früheren Epochen erfolgte die moralische Erziehung der Kinder durch Erzählungen (u. a. durch Märchenerzählungen). Auch die Vermittlung von alltagspraktischen Erfahrungen, z. B. der Ernährung und Haushaltsführung, die Überlieferung von Lebensgewohnheiten und die berufliche Qualifizierung des Lehrlings durch den Meister passierten narrativ „en passant". Dass das Erzählen bis ins 19. Jahrhundert eine bevorzugte Vermittlungsform der Erwachsenenbildung war, hat CHRISTIANE HOF dargestellt (HOF 1995).

Erzählungen – biografische oder fiktive – sind nicht nur Mitteilungen, sondern auch Konstruktionen der Wirklichkeit, das Erzählen selbst ist ein Prozess der Welterzeugung. Die Erzählung ist nicht lediglich die Darstellung eines vergangenen Ereignisses, sondern jede Erzählung interpretiert die Welt hier und heute neu, in einer momentanen Stimmung und in einem sozialen Kontext. So erzählen viele Menschen ihre Geschichten immer wieder, aber jedesmal anders. Konstruktivistisch gesehen ist das *Gedächtnis* keineswegs nur ein Informationsspeicher, sondern es dient der Identitätsfindung und Orientierung (SCHMIDT 1992). Erinnerung ist eine ständige Rekonstruktion des eigenen Lebens und der eigenen Erfahrungen.

Der amerikanische Neurowissenschaftler DANIEL SCHACTER hat ein Buch geschrieben mit dem Titel „Wir sind Erinnerung – Gedächtnis und Persönlichkeit" (1999). Seine zentrale These lautet: Das Gedächtnis speichert nicht Erfahrungen, sondern konstruiert ein Leben. Gedächtnis ist Biografie, Selbstkonzept, Identität.

„Was wir als autobiografische Erinnerung erleben, wird aus den Informationen über Lebensperioden, allgemeine Ereignisse und spezifische Episoden konstruiert ...

Psychologen sind zu der Erkenntnis gelangt, dass die komplexe Mischung, die unser persönliches Wissen um unsere Vergangenheit darstellt, zu Lebensgeschichten und persönlichen Mythen verflochten wird. Dies sind die Biografien des Ichs, die mit einer erzählerischen Kontinuität Vergangenheit und Zukunft verknüpfen" (SCHACTER 1999, S. 155).

Erzählungen werden von *gegenwärtigen* Bedürfnissen und Wünschen beeinflusst. „Autobiografische Erinnerungen sind komplexe Konstruktionen" (ebd. S. 157).

Konstruktionsmethoden

Erzählungen sind Versuche der Sinnstiftung, der Identitätsvergewisserung und der Ordnung. In Erzählungen wird Wichtiges von Unwichtigem unterschieden, werden Erklärungen erprobt und gedanklich Zusammenhänge hergestellt. Erzählungen sind Suchbewegungen, ein Probedenken „auf Widerruf". Erzählungen sind eine Mischung von „facts" und „fiction", von Erlebtem und Interpretation, von Kognition und Emotion. In Erzählungen fließt „implizites Wissen", Unbewusstes und Fantasie ein. Erzählungen beschreiben nicht primär, wie etwas war, sondern wie man sich und die Welt erlebt hat. Der Erzählvorgang entwickelt oft eine eigene Dynamik, es entstehen farbige Welten, die oft den Zuhörer faszinieren. Erzählen ist eine Kunst, die verloren zu gehen droht und die wieder neu gelernt werden sollte.

Erzählungen ermöglichen „die Konstruktion einer ›continuity of the self‹. Dieser Deutungszusammenhang bezieht sich nicht nur auf das ›Vergangenheits-Ich‹, sondern konstruiert auch das ›Gegenwarts-Ich‹" (HOF 1995, S. 139). Erzählungen sind „narrative Selbstthematisierungen" (GERGEN 1998, S. 195).

KENNETH GERGEN, ein Begründer des *sozialen Konstruktivismus*, hat auf den gesellschaftlichen Kontext des Erzählens hingewiesen. Diese sozialkonstruktivistische Betrachtungsweise deckt die impliziten gesellschaftlichen Werte und Normen alltäglicher und literarischer Erzählungen auf (ein Beispiel: die Moral der Geschichte von „Hans im Glück" oder „Fischer und sin Fru"). Erzählungen – so GERGEN – sind soziokulturell verortet und enthalten eine „soziale Pragmatik", sie artikulieren und generieren kulturelle Werte und Handlungsmuster. „Als wertvoll gelten bestimmte Ziele (wie ›Gewinnen‹ im Gegensatz zum Handeln ohne Wettbewerbsgeist), bestimmte Individuen (wie Helden und Schurken im Unterschied zu Gemeinschaften) und besondere Formen der Beschreibung (beispielsweise der Welt als ›materiell‹ im Gegensatz zu ›spirituell‹)" (GERGEN 1998, S. 187). Deshalb können Erzählungen über Urlaub, Schule, Familie, Feste, Glück Anlässe für interkulturelle Bildungsarbeit sein. Erzählungen aus verschiedenen Kulturen ermöglichen Differenzerfahrungen, aber auch transkulturelle Gemeinschaftserfahrungen.

Neben interkulturellen Erzählungen ist die *„oral history"*, also das geschichtliche Lernen durch Zeitzeugenbefragungen, verbreitet. Das wissenschaftliche historiographische Wissen wird ergänzt, aber auch relativiert durch erlebte Erfahrungen. In Skandinavien entstand in den 1970er-Jahren eine lokalhistorische *„Graswurzelbewegung"* („Grabe, wo du stehst").

Nicht nur das Erzählen, auch das *Zuhören* will gelernt sein. Die meisten Kommunikationstheorien interessieren sich vor allem für das gesprochene Wort und den Sprecher. In Sender-Empfänger-Modellen wird der Zuhörer lediglich als Rezipient berücksichtigt, der eine Nachricht „dekodiert". Dabei wird eine grundsätzliche Kongruenz von Sprechen und Zuhören unterstellt.

Aus konstruktivistischer Sicht ist die Beziehung zwischen dem Sprecher und dem Zuhörer allenfalls „strukturell gekoppelt". Auch das Zuhören ist eine selbstreferenzielle und autopoietische Tätigkeit. Der Zuhörer „rekonstruiert" den Erzählinhalt und nicht selten konstruiert er dabei eine eigene Welt. Auch der Zuhörer aktiviert seine Erinnerungen, seine neuronalen Assoziationsfelder. Zuhören ist keine rezeptive Informationsverarbeitung, sondern großenteils ein „innerer Monolog".

Eine systemisch-konstruktivistische Kommunikationstheorie verabschiedet sich von linearen Input-Output-Modellen. Kommunikation ist ein kontextabhängiger, zirkulärer und kontingenter Vorgang, zu dem das Schweigen genauso gehört wie das Sprechen. „Communication cannot be achieved starting only from the intention of the collocutor (Sprecher) or of the sender in a broader sense; it can also be the result of the receiver´s initiative – spontaneous, accidental" (SOITU 2001, S. 6).

In Sprach-, Rhetorik- und Kommunikationsseminaren muss das Zuhören genauso gelernt und geübt werden wie das Sprechen. Das Zuhören ist nicht nur ein selektiver, sondern auch ein interpretativer Vorgang. Wir legen dem anderen „etwas in den Mund", wir hören etwas, was der andere nicht gesagt oder nicht gemeint hat. Von NIKLAS LUHMANN stammt die überspitzte These, die Normalität menschlicher Kommunikation sei das Missverstehen.

Verstehen und Missverstehen haben auch eine emotional-motivationale Dimension: Die Gesprächssituation wird wesentlich dadurch geprägt, ob der Zuhörer den Sprecher verstehen will oder nicht, ob er ihn wohlwollend oder ablehnend wahrnimmt. Nicht nur aktives Zuhören, auch verständnisvolles Zuhören kann – trotz aller Kontingenz – gelernt werden. Kommunikatives Zuhören ist mindestens ebenso schwierig wie kommunikatives Sprechen. Kommunikation ist der Versuch einer Annäherung.

Biografische Erzählungen dienen der Identitätsvergewisserung, aber auch der personalen und sozialen Kompetenzentwicklung. Erzählinhalte können Schulerinnerungen, kritische Lebensereignisse, „Wendepunkte" des Lebenslaufs, aber auch Erlebnisse mit Kindern und Enkelkindern, mit Ausländern, Fremden und Behinderten sein. In Fremdsprachkursen kann über Erfahrungen mit dem Land und den Menschen erzählt werden (es kann als erwiesen gelten, dass die emotionale Nähe zu dem Land das Fremdsprachenlernen nachhaltig beeinflusst).

Nicht jedes Erzählen ist in der Bildungsarbeit ergiebig. Gelegentlich praktizieren Teilnehmer eine exzessive Narrativität, die wenig zur Thematik beiträgt und die Gruppe langweilt. Narrative Pädagogik funktioniert nicht „von selber". Es ist zu überlegen, in welchem didaktischen und thematischen Zusammenhang Erzählungen der Teilnehmer ergiebig sind, wer was in solchen Erzählsituationen lernt – der Erzähler, das Publikum, die Seminarleitung? Es kann zweckmäßig sein, Regeln zu vereinbaren – über die Erzähldauer, Zwischenfragen usw.

Ein wichtiger Lernschritt ist die hermeneutische Auswertung der Erzählung ohne voreilige Bewertung oder „Richtigstellungen". Es kann lerneffektiv sein, die zugrunde liegenden Werte und Beobachtungsperspektiven, die impliziten Deutungsmuster und die „Architektur" der narrativen Wirklichkeitskonstruktion herauszufiltern. Ergiebig sind Erzählungen, wenn Vergleiche und „Kontrasterzählungen" möglich sind, z. B. intergenerative oder interkulturelle oder geschlechtstypische oder berufstypische Sichtweisen. Konstruktivistisch betrachtet ermöglicht eine narrative Pädagogik Differenzerfahrungen, Perspektivenverschränkungen und anregende, lebensweltliche Zugänge zur Wirklichkeit.

2.6 Erlebnispädagogik

MICHAEL JAGENLAUF beschreibt Erlebnispädagogik wie folgt:

„Mit Erlebnispädagogik werden im Allgemeinen gleichgesetzt oder assoziiert: Wanderpädagogik, Outdoor-Pädagogik, Outdoor Training, Abenteuerpädagogik, handlungsorientierte Didaktik, Experimental Learning, Survival Training, Wilderness Experience, Outdoor Development, Erfahrungspädagogik, Challenge Programmes, Outward-Bound-Pädagogik, Learning by Doing, Adventure Programming u.a.m.

Allen Ansätzen gemeinsam sind drei Momente: individuell-subjektives – nur begrenzt herstellbares – Erleben im Rahmen gruppenbezogener Aktivitäten in (mitunter auch extremen) Naturräumen (outdoor)."

Die Popularität der Erlebnispädagogik hat mehrere Gründe: *„Lernen durch Erfolg (Feedback im Rahmen von Reflexion), aktive Hilfe bei Problembewältigungen (durch den Teamer), Identitätsstärkung durch intensive Erlebnisse, Lernen am Modell, Steigerung der Selbstwirksamkeit durch sog. Mastery-Effekte, bewusstes Handeln im Lichte von Zielen und Vereinbarungen"* (JAGENLAUF 2001, S. 83 f.).

Lernen ist unverzichtbarer Bestandteil des Lebens, der Zweck des Lernens und Erkennens ist viables, lebensdienliches Handeln. Nachhaltiges Lernen ist keine rein kognitive Aktivität, sondern es ist untrennbar mit Emotionen und körperlichen Empfindungen verknüpft. Bei intensiven Lernprozessen sind wir „mit Leib und Seele bei der Sache". Solche Lernprozesse sind erlebnisintensiv, sie hinterlassen „Spuren", ein neuer Lerninhalt hat sich „eingeprägt".

Erlebnispädagogik

Das Erleben kann sich auf das Ich, auf die anderen und auf die Welt beziehen. Ein Beispiel: Fremdheit erleben ist intensiver als Kenntnisse über Fremdheit aneignen. Allerdings sind Reflexion und Zusammenhangwissen erforderlich, damit aus Erlebnissen Erfahrungen werden. Auch Erlebnisse sind „strukturdeterminiert", d.h. jeder „erlebt" eine Situation oder eine Begegnung „anders". Gleichzeitig sind Erlebnisse kontextabhängig. Erlebnisse erfordern neue, anregende „Umwelten". Erlebnisse entstehen aus der „Wechselwirkung" zwischen Ich und Welt.

Abb. 14: *Faktoren der Erlebnispädagogik*

Alternative Stadtrundfahrten

In vielen Städten werden alternative Stadtführungen organisiert. Die Veranstalter haben sich zu einem Forum Neue Städtetouren zusammengeschlossen. Hier einige Angebote des „Vereins Stattreisen Hannover":

„Der Gartenfriedhof – Kulturgeschichte und Kuriositäten
Die reiche Ornamentik und Symbolik der Grabmäler machen den Reiz dieses alten Friedhofs aus ...

Konstruktionsmethoden

> *Vom königlichen Stadtbaumeister zum gründerzeitlichen Spekulanten*
> Der Zweite Weltkrieg hinterließ in Hannover kaum mehr einen Stein auf dem anderen. Warum nun wer gebaut hat oder bauen ließ, welche Interessen die Bauherren hatten und wie in diesen Gebäuden gelebt oder gewirkt wurde, erfahren Sie auf diesem Stadtrundgang.
>
> *Frauen an der Leine*
> Viele Stellen der Innenstadt erinnern direkt oder indirekt an das Wirken der ›Frauen an der Leine‹: Zum Beispiel an die Kurfürstin Sophie oder die Astronomin Karoline Herschel ...
>
> *Hannover unter dem Hakenkreuz*
> Stätten der Verfolgung und des Widerstands.
>
> *›Ich konnte mit Lust Böses tun‹*
> Ein Ausflug in Hannovers Kriminalgeschichte. Auf den Spuren des Massenmörders Fritz Haarmann.
>
> *Bauern, Bürger und Beamte*
> Einige markante Bauwerke sind der Zerstörung durch den Zweiten Weltkrieg entgangen ..."

Oft erfordert ein erlebnisintensives Lernen „außerschulische" Lernorte. In der ökologischen Bildungsarbeit ist dies offensichtlich, aber auch in der politischen und kulturellen Bildung werden neue Lernarrangements erprobt.

> In einem niedersächsischen Modellversuch wird *literarische Bildung* mit *„Heimatkunde"* verknüpft. Die Schüler erkunden die Lebenswelten der Schriftsteller ihrer Region. Sie besuchen Autoren und entdecken die regionale Verwurzelung der Literatur. Auch bei verstorbenen Schriftstellern werden die beschriebenen Landschaften neu entdeckt.

Wir leben in einer Gesellschaft, in der auch Bildungsangebote nach ihrem Erlebniswert beurteilt werden. Kaum jemand will in einem Seminar „nur" lernen, sondern es werden vielfältige Erwartungen an das Ambiente der Veranstaltungen gerichtet. Diesen Erwartungen kann sich die Erwachsenenbildung kaum entziehen.

Erlebnisintensives Lernen ist nicht nur ein „Event", nicht nur „fun and action", sondern zugleich eine Erweiterung des Bewusstseins und des Lebensgefühls. Der Erlebnisbegriff hat in der Pädagogik eine lange Tradition: Wir sprechen von einem

„Bildungserlebnis" und einem „Aha-Erlebnis". Aber auch hier gilt: Solche Erlebnisse können nicht organisiert werden, aber es lassen sich Lernumgebungen gestalten, in denen solche intensiven Erlebnisse möglich werden.

Die Erlebnispädagogik verweist auf die Milieu- und Lebensstilforschungen zur *Erlebnisgesellschaft* (SCHULZE 1992). Charakteristisch für diese eher postmoderne Zeitdiagnose ist die Pluralisierung der Werte, Interessen und Lebensstile. Alternative Milieus, liberale, technokratische Milieus, traditionslose Arbeitermilieus, multikulturelle Milieus – all diese Gruppen unterscheiden sich auch durch ihre Erwartungen an die Themen, Umgangsformen, Erlebnisqualitäten und Lernorte der Erwachsenenbildung. Das Ambiente und die Atmosphäre gewinnen bei fast allen Gruppen an Bedeutung gegenüber den formalen Lernzielen und Lehrplänen.

Ein Amerikaner erzählt von seiner Europareise. Besonders beeindruckt hat ihn das Windsor Castle. „Ein tolles Schloss," schwärmt er. „Aber warum haben sie es nur so nah an der Autobahn gebaut!"

2.7 Seitenwechsel

„Seitenwechsel" ist ein Bildungsprojekt zur Förderung der Sozialkompetenz von Führungskräften der Wirtschaft, an dem sich 100 soziale Einrichtungen der Schweiz beteiligten und das inzwischen auch in Deutschland erprobt wird. Im Mittelpunkt des Projekts steht ein Bildungsurlaub – Topmanager begleiten Sozialarbeiter in deren Handlungsfeldern: Institutionen der Sucht- und Drogenarbeit, Behindertenbetreuung, Psychiatrie, Heime für Asylsuchende, Erwerbslosenprojekte, Obdachlose …

Die Arbeitsgemeinschaft Diakonie Hannover plant ein ähnliches „ungewöhnliches Fortbildungsangebot für Führungskräfte" mit dem Titel *„Altera – die andere Seite"*. Ziel ist die Erweiterung der sozialen Kompetenz:

„Im Oktober 2002 verbringen Führungskräfte aus Unternehmen eine Woche aktiv in sozialen Einrichtungen der Diakonie Hannover und lernen dabei den Alltag, die Herausforderung und den Reichtum sozialer Arbeit kennen, insbesondere durch authentische Begegnungen mit den dort agierenden Menschen … Mitarbeiter aus diakonischen Einrichtungen nehmen umgekehrt an einem … Lernprojekt in Wirtschaftsunternehmen mit dem … Ziel teil, ihre Management- und insbesondere ihre betriebswirtschaftlichen Kompetenzen zu erweitern."

Die Führungskräfte lernen Welten kennen, die ihnen bisher fremd waren, an denen aber die Wirtschaft beteiligt ist. Diese Welten auf der Schattenseite der Gesellschaft unterscheiden sich von der Welt der Modernisierungsgewinner. Die Teilnehmer lernen eine andere Arbeitswelt kennen, nämlich die Soziale Arbeit, für die andere Rationalitäten, Erfolgsmaßstäbe und Qualifikationsanforderungen gelten. Andererseits lernen die beteiligten Sozialarbeiter die Welt der Wirtschaft kennen, sie lernen vielleicht auch, in der Sozialarbeit ökonomisch zu denken. So erweisen sich die „Wirtschaftlichkeit der Sozialen Arbeit" und die „Sozialverträglichkeit der Wirtschaft" als komplementäre Kriterien.

In diesem Projekt werden zwei Systeme vernetzt, die wenig voneinander wissen. Durch einen Perspektivenwechsel werden Wirklichkeitskonstruktionen revidiert, differenziert, erweitert. Es werden Differenzerfahrungen gemacht, aber es werden auch Gemeinsamkeiten entdeckt. So findet ein „Reframing" statt: Die Welten der Obdachlosen, Behinderten, Asylsuchenden bleiben fremd, aber sie werden nicht mehr als bedrohlich empfunden.

Das Konzept ist vielfältig anwendbar: Eltern können Lehrer bei der Arbeit beobachten, Lehrer können Eltern bei ihrer Arbeit kennen lernen ...

Gegen solche Verunsicherungen bestehen meist emotionale Lernwiderstände, ja sogar körperliche Abwehrreaktionen. Der Körper reagiert mit aversiven Empfindungen auf Randgruppen der Gesellschaft. Wünschenswert ist deshalb eine „Warming-up-Phase", z. B. ein Vorbereitungsseminar, in dem sich die TeilnehmerInnen vorsichtig auf die neuen Lebenswelten einstellen. In der amerikanischen Pädagogik wird von einer Phase des *Unfreezing,* des Auftauens emotionaler Muster gesprochen. Ein solches Unfreezing ist unverzichtbar, wenn identitätsrelevante Prozesse des Umdenkens und der Horizonterweiterung gefördert werden sollen.

Vorurteile und autoritäre Deutungsmuster entstehen – nicht nur, aber auch – durch die mangelnde Bereitschaft und Unfähigkeit zum Perspektivenwechsel. Die feindliche Haltung gegenüber Fremden und Fremdem beruht auf der Verabsolutierung der eigenen Sichtweise und der Weigerung, die eigene Wirklichkeit als konstruiert und relativ zu begreifen.

Szenenwechsel

Ein Seminar mit 16 Studierenden über „konstruktivistische Pädagogik". Zu Beginn des Seminars hefte ich acht thematisch relevante Karikaturen jeweils doppelt an die Wand. Die StudentInnen wählen eine Karikatur aus, suchen ihre/n PartnerIn und vergleichen ihre Motive für die Wahl und ihre Interpretationen. Dabei wird meist die Vielfalt der Sichtweisen und Deutungen erkennbar. Ohne dass ein Wort über Konstruktivismus gesagt wurde, sind alle „Paare" „beim Thema". Sie „erleben" die Beobachtungs-, Biografie- und Kontextabhängigkeit unserer alltäglichen Wahrnehmungen.

Ein Beispiel:

Abb. 15: Karikatur zur Wahrnehmungsübung

Beide Studentinnen sind sich einig: Jemand schert aus der Reihe und geht seinen eigenen Weg. Doch die Bewertungen unterscheiden sich erheblich. Für Studentin A ist der „Abweichler" ein Vorbild: Jemand, der Mut und Ich-Stärke beweist, der seinen eigenen Kopf und seine eigenen Ideen hat, der sich nicht an Mehrheitsmeinungen anpasst, der sein Leben selber gestaltet ...

Für Studentin B ist die Figur der Außenseiter, der Eigenbrötler, der immer anders denkt als die anderen, der aber deshalb nicht zu ihnen gehört, der kritisch und ablehnend beobachtet wird, der isoliert ist ...

Die Seminargruppe fügt noch weitere Varianten und Beobachtungen hinzu – z. B. zu den Blicken der Menge, zum männlichen Habitus, zum „Bas-teln" der Biografie usw. Es wird erörtert, inwieweit die Perspektiven lebensgeschichtlich verankert sind und auf Erfahrungen basieren. Warum identifizieren sich die meisten mit dem Nonkonformisten und nicht mit der Mehrheit? Wer oder was ist die „Masse"?

2.8 Sensibilisierung der Wahrnehmung

Bilder entstehen im Kopf

Anekdote: Picasso und sein Gärtner

Picasso arbeitet in seinem Atelier. Sein Gärtner überbringt ihm eine Nachricht. Er fragt Picasso, ob er sich ein wenig umsehen dürfe. Picasso nickt. Nach einer Weile fragt der Gärtner schüchtern: "Herr Picasso, was ist das?" Picasso antwortet: „Das ist eine Frau, wie ich sie sehe." Wenig später fragt der Gärtner erneut: „Und was ist das?" Picasso antwortet amüsiert: „Das ist ein Pferd, wie ich es sehe." Der Gärtner denkt einen Augenblick nach und fragt dann zaghaft: „Herr Picasso, wenn Sie so schlecht sehen, warum sind Sie dann Maler geworden?"

Vieles deutet darauf hin, dass unsere *Schriftkultur* von einer *Bildkultur* abgelöst wird. Zwar benötigt auch das Computerzeitalter den Umgang mit Schrift, aber Bilder – insbesondere die Bilder der Massenmedien – prägen unsere alltäglichen Lebenswelten. In den USA spricht man von einem ›iconic turn‹, also einer ikonischen Wende der Wahrnehmung. Die Mehrheit der amerikanischen Jugendlichen verbringt mehr Zeit vor Bildschirmen als in Schulklassen. Dieser Blick auf den Monitor des Fernsehens und des Computers verändert die Denk- und Lernfähigkeiten, aber auch die Sozialkontakte, das Weltbild, den Lebensalltag, das Lebensgefühl.

Die regelmäßige Lektüre von Belletristik wird zur Freizeitbeschäftigung einer „Randgruppe". Laut PISA-Studie liest nur noch jeder zweite Jugendliche freiwillig und aus Spaß ein Buch. In dieser Frage rangieren die Deutschen übrigens am Ende der Nationenwertung. Zwar werden weiterhin viele Bücher verkauft, aber immer seltener gelesen – es sei denn, ein Roman ist zuvor als Fernsehfilm gesendet worden.

Bei den meisten Menschen ist das visuelle und episodische Gedächtnis stärker ausgeprägt als das Wissensgedächtnis. Fragt man Erwachsene nach den Erinnerungen an ein Seminar, so nennen die meisten Situationen und Personen, kaum aber Lerninhalte und neue Erkenntnisse. Nur 5 bis 10 Prozent der Schüler lernen vorwiegend verbal-abstrakt.

Wir leben in einer mediatisierten Welt, in der die Unterscheidung zwischen „wirklichen" und „virtuellen" Realitäten immer schwerer zu treffen ist. Auch die Wissenschaften verwenden zunehmend Simulationen, also Erfindungen der Zukunft.

Ein Merkmal unserer (post-)modernen Welt ist ihre *Ästhetisierung*. Begrifflich ist Ästhetik (griechisch „aisthesis") nicht nur die Theorie des Schönen und der „schönen Künste", sondern darüber hinaus sinnliche Wahrnehmung. Ästhetisierung der Gesellschaft meint also vor allem die bildhafte Gestaltung, Inszenierung und Präsentation der Warenwelt und der Politik, die so zur *symbolischen Politik* wird.

Politik wird medial und ästhetisch inszeniert. Dabei wird die Aufmerksamkeit darauf gelenkt, wer in welchem Outfit und in welchem Setting sich wie präsentiert. Diese Dominanz des „schönen Scheins" ist – demokratisch betrachtet – nicht unproblematisch. Dem Bürger wird eine Inszenierung vorgeführt, ihm wird – nicht selten – etwas „vorgegaukelt", er wird abgelenkt von der politischen Aussage. Anders formuliert: Die Aussage verschwindet hinter der Präsentation.

Für THOMAS MEYER trägt diese „symbolische Politik" zur Entpolitisierung der Bürger bei: „Die Ästhetisierung der Politik wird zur Austreibung des Politischen, wenn sie den öffentlichen Raum mit Bildern bepflastert, die den Zutritt für Argumente blockieren, ohne dass sie vermisst werden." „Auf leisen Sohlen" – so MEYER – vollzieht sich eine Entmündigung der Wähler, eine „Austreibung der Urteilskraft durch den schönen Schein". „Die Ästhetisierung der Lebenswelt ist gleichzeitig die Quelle und zunehmend auch das Produkt der Ästhetisierung der Politik als Inszenierung des Scheins." „Werbung und Fernsehen sind in ihren bildbeherrschten Kommunikationsformen zur gewohnheitsprägenden ›Kulturmetapher‹ geworden. Die ›Sprache der Bilder‹ verdrängt die Sprache der Rede und der Texte an allen Orten" (MEYER 1995, S. 428 f.).

Das Verführerische dieser medialen Bilderwelten ist der heimliche Anspruch, die Welt „live", original und objektiv darzustellen. Dem fotografischen Bild und dem Dokumentarfilm wird eine unstrittigere Wahrheit unterstellt als dem Begriff und der Schrift. Deshalb ist daran zu erinnern, dass die Ästhetisierung unserer Welt mit einer *Anästhetisierung* einhergeht. Die sichtbaren Bilder verbergen die unsichtbaren Realitäten. Unsere Welt ist beobachtungsabhängig, aber das Beobachtbare ist nicht das „Eigentliche". Beobachtungen – auch Fotos und Filme – sind Deutungen, Ausschnitte und Blickrichtungen, sie verbergen und verschweigen genauso viel wie sie zeigen.

Unsere Wirklichkeit – so WOLFGANG WELSCH – ist eine Konstruktion, eine „ästhetisch verfasste Welt". Wirklichkeit „ist ästhetisch ihrem Produziertsein, ihren Erzeugungsmitteln und ihrem ganzen schwebenden Charakter nach" (WELSCH 1998, S. 23).

Die ästhetische Verfassung unserer Welt erfordert reflexive und konstruktivistisch aufgeklärte Wahrnehmungsfähigkeiten, eine „Zähmung des Blicks" (SCHMIDT 1998), ein kontrolliertes Misstrauen gegenüber den eigenen Beobachtungen. Wir müssen uns „der Pluralität und dem Widerstreit dieser Wirklichkeiten stellen. Vom Ganzen dieser Wirklichkeiten kann man sich eigentlich keinen Begriff, sondern nur noch ein Bild machen … Es ist nur noch mit ästhetischen Kategorien zu beschreiben: als vielfältig, beweglich, schwebend, transitorisch – und auch chaotisch" (WELSCH 1998, S. 25).

Konstruktionsmethoden

Zur ästhetischen Wahrnehmungskompetenz gehört die Erfahrung, dass wir die Welt mit unseren Sinnesorganen nicht wahrheitsgetreu „abbilden", sondern dass wir unsere Wirklichkeiten zielgerichtet und selektiv konstruieren, wobei wir ständig optischen und akustischen Täuschungen unterliegen – die aber zur Handlungsorientierung in der Regel durchaus funktional sind. An unseren sensorischen Wahrnehmungen sind unsere Kenntnisse und Kognitionen beteiligt: Das, was wir bereits wissen und das, was wir sehen wollen, steuert maßgeblich unsere Aufmerksamkeit, unsere Auswahl und Interpretation der Informationen.

Auf diese Autopoiese unserer Sinneswahrnehmungen haben bereits die Gestalttheorie und die „ältere" Wahrnehmungspsychologie aufmerksam gemacht. Hier Beispiele für optische „Täuschungen":

Spiel mit der „Müller-Lyer-Täuschung". Es geht in dieser Abbildung um die beiden dickeren Balken. Wir nehmen den rechten Balken räumlich „hinten" wahr und meinen, er sei um ein Vielfaches länger als der linke „vordere". In der zweidimensionalen Wirklichkeit sind beide Balken gleich lang!
Quelle: HESCH, SUSANNE; MEIER, KARSTEN: Bildung kommt von Bild. Hannover 1990, S. 69

Abb. 16: Beispiele für optische Täuschungen

Sensibilisierung der Wahrnehmung

Auch im pädagogischen, beruflichen und privaten Alltag deuten und konstruieren wir ständig unsere Welt. Auch hierzu einige Beispiele:

> In der Ecke eines Seminarraums steht für alle sichtbar ein *Papierkorb*. Fragen Sie, wer von den Teilnehmern diesen Gegenstand bewusst registriert hat, vermutlich nur wenige, vielleicht ein Teilnehmer, der einen Abfalleimer für sein Papier gesucht hat. Jetzt aber, nachdem Sie auf den Papierkorb aufmerksam gemacht haben, werden die meisten Teilnehmer ihn ständig im Blick haben.
>
> *Druckfehler* werden häufig überlesen. Wenn wir den Sinn eines Wortes erfasst haben, interessieren uns die einzelnen Buchstaben nicht mehr, wir sind in Gedanken bereits beim nächsten Wort. Wenn wir aber einen Fehler entdeckt haben, ist er nicht mehr zu übersehen.
>
> Zwei Gruppen – „Besserverdienende" und Sozialhilfeempfänger – wurden gebeten, eine 2-Euro-Münze zu zeichnen. Die Einkommensschwachen zeichneten das Geldstück erheblich größer als die Reichen.
>
> Autofahrer nehmen die Werbeanzeigen *ihrer* Automarke aufmerksamer zur Kenntnis als die der Konkurrenz.
>
> *Anregung:* Vergleichen Sie die Urlaubsfotos in Ihrem Bekanntenkreis: Gibt es signifikante Unterschiede zwischen den Motiven von Männern und Frauen, Älteren und Jüngeren, Angehörigen verschiedener Berufe ...?

Auf die Mehrdeutigkeit und Vielschichtigkeit unserer Welt macht die Malerei aufmerksam. Insbesondere die surrealistische Kunst hat die Hintergründe des „Offensichtlichen" und die Paradoxien der Wirklichkeiten, die Differenzen zwischen Schein und Sein aufgedeckt. Vor allem die Bilder MAGRITTEs sind erhellend und „perturbierend" zugleich:

> **RENÉ MAGRITTE: Das Sichtbare und das Denkbare**
>
> RENÉ MAGRITTE (1898–1967), ein Surrealist, malt keine vorhandenen Wirklichkeiten, sondern er macht Gedanken sichtbar. Malerei ist für ihn keine Abbildung der Realität – obwohl er sehr realistisch malt –, sondern eine poetische Verwandlung, eine ironische Verfremdung der sichtbaren Welt.
>
> Bekannt ist sein realistisches Bild einer Pfeife mit der Inschrift: „Ceci n'est pas une pipe." MAGRITTE kommentiert: „Die berühmte Pfeife ...? Können Sie sie stopfen? Nein, nicht wahr, sie ist nur eine Darstellung. Hätte ich unter mein Bild ›Dies ist eine Pfeife‹ geschrieben, hätte ich gelogen."

Konstruktionsmethoden

Die sichtbare Wirklichkeit wird zur Illusion, sie wird durchsichtig. Verborgenes wird wahrnehmbar, das Ungleichzeitige – z.B. Tag und Nacht – wird gleichzeitig. Die Trennung von Innen und Außen wird aufgehoben. Das Vertraute wird geheimnisvoll, das Eindeutige mehrdeutig.

In MAGRITTEs Spiegelbildern wird die Wirklichkeit auf den Kopf gestellt, der Betrachter wird permanent irritiert, weil die Kompositionen scheinbar unlogisch und „unglaublich" sind, nichts scheint zusammenzupassen. Die Einzelheiten werden fast naturalistisch gemalt, aber das Ganze ist ein mysteriöses Konstrukt. Gegensätzliches wird vermischt. Der Betrachter wird zum Nachdenken genötigt.

„Die Schockwirkung des Bildes und der ihm zugrunde liegende Gedanke, die einfache *und* die reflektierte Anschauung, der Blick *und* der Blick auf den Blick sind die Schlüsselkomponenten seines Werkes ... MAGRITTE präsentiert die Dinge nach einer poetischen Logik, nach einer Ordnung, die sie in ein ganz neues Licht setzt und mit einer gänzlich neuen Kraft ausstattet" (PAQUET 1993, S. 23).

Das Sichtbare verschleiert, deshalb wird es durchsichtig gemalt. Das Sichtbare verweist. „Die Kunst der Malerei drückt Unsichtbares über das Sichtbare aus" (ebd. S. 77).

Ich will an dieser Stelle nicht auf die vielfältigen Methoden der künstlerischen „*Bildbetrachtung*" und auch nicht auf die pädagogischen Verfahren einer „*Bildmeditation*" eingehen, sondern auf die Möglichkeiten eines „Photoreading", einer „Bildhermeneutik" (vgl. GARZ 1994).

Als Beispiel habe ich ein Bild aus der deutschen Kolonialherrschaft in Südwestafrika Ende des 19. Jahrhunderts ausgewählt. Die deutschen Kolonialherren unterdrückten den Versuch der Hereros, sich von der Fremdherrschaft zu befreien, mit zum Teil brutaler Gewalt.

Auf diesem Bild werden Imperialismus, eurozentrische Höherwertigkeitsvorstellungen und Omnipotenzfantasien ästhetisch demonstriert. Die deutschen Soldaten verkörpern die Überlegenheit des germanischen Herrenmenschen, und die gefangenen Hereros werden in ihrer Haltung als unterlegen und unterentwickelt dargestellt. Sie sind offensichtlich rassisch minderwertig, sie müssen gezüchtigt und für ihren Ungehorsam gegenüber den väterlichen und wohlmeinenden deutschen Kolonialherren bestraft werden. Afrikaner erscheinen gegenüber den Deutschen als unzivilisiert und primitiv.

Sensibilisierung der Wahrnehmung

Abb. 17: *Bildhermeneutik – deutsche Soldaten mit gefangenen Hereros, Südwestafrika, Ende 19. Jhd. (Quelle: MAYER u. a. 1985, S. 32)*

Das Bild verdeutlicht eindrucksvoller als soziologische Analysen und Theorien die Wirklichkeit des Imperialismus. Rassismus und Unterdrückung werden verkörpert und illustriert.

Im Sinne einer hermeneutischen Interpretation ist es wünschenswert, unterschiedliche „Lesarten" zur Sprache zu bringen und zu vergleichen, aber auch Wissen über den europäischen Kolonialismus und Imperialismus in Afrika zu erarbeiten. Wünschenswert ist es ferner, die Nachwirkungen des europäischen Rassismus in der Gegenwart aufzudecken. Hat sich unser Denken, Fühlen und Handeln gegenüber Afrika und den Afrikanern tatsächlich verändert? Ist rassistisches Denken überwunden?

Bildhermeneutik beinhaltet die Fähigkeit, Bilder – nicht nur Gemälde, sondern auch Fernsehbilder, Urlaubsdias ... – „lesen" zu können. Zu einem solchen „Photoreading" gehören Fragen, z. B.:
- Wer hat das Bild aufgenommen, mit welchem Interesse, aus welcher Perspektive?
- Was wird gezeigt, ist das Gezeigte eindeutig, was wird nicht gezeigt, was bleibt verborgen?
- Welche Standpunkte, Perspektiven und Deutungen sind denkbar, sind die Erklärungen unstrittig?
- Stimmen Bild und Kommentar überein?
- Welche Emotionen löst das Bild aus?

Konstruktionsmethoden

Überfachliche Lernziele der Bildhermeneutik sind Urteilsvorsicht, Perspektivenwechsel, Sensibilität für Mehrdeutigkeiten ...

Ästhetische Wahrnehmung von Bildern ist eine Form der Aneignung von Wirklichkeit. Ästhetische Bildung kann als politische Bildung verstanden werden – zumal die Politik selber in ästhetischer Verfassung erscheint. Die Faszination der Bilderwelten – in der kommerziellen Werbung wie in der politischen Propaganda – zu durchschauen, gehört zur politischen Urteilsfähigkeit.

Um eine Verknüpfung von ästhetischer Anschauung und kritischer Reflexion bemüht sich auch die *Gedenkstättenpädagogik*. Gedenkstätten sind Lernorte, an denen Geschichte ganzheitlich erfahren wird.

Die Besichtigung eines Konzentrationslagers verbindet visuelle Wahrnehmungen, Wissen, Emotionen, Reflexionen. Lernen erfolgt mit „Kopf, Herz und Hand". Die Bilder gehen im wahrsten Sinne des Wortes „unter die Haut". Doch vor einer Glorifizierung solcher Erkundungen ist zu warnen – dies zeigt ein Gespräch M. SCHEMMANNs mit dem pädagogischen Leiter des Konzentrationslagers Buchenwald, DANIEL GAEDE (GAEDE/SCHEMMANN 2002, S. 41 ff.). GAEDE macht auf die unterschiedlichen Motive zum Besuch dieser Gedenkstätte aufmerksam:

„Die Geschichte ist so komplex und so vielschichtig, dass sie viele Ansatzpunkte für Besucher mit ganz unterschiedlichen Hintergründen liefert. In dieser Richtung Angebote zu machen, die z.B. für Soldaten nachdenkenswert sind oder in anderer Form für rechtsextreme Jugendliche oder für Gäste aus anderen Ländern, das ist eigentlich mein Hauptziel."

Doch auch eine Zielgruppenarbeit ist nicht ohne weiteres der didaktische Königsweg: *„In einer Gedenkstätte gab es die Idee, ein Sonderprogramm für türkische Schüler einzuführen. Der Ansatz sah vor, spezielle Bezüge zur Türkei als Flüchtlingsort für Juden im Dritten Reich zu thematisieren. Es stellte sich aber heraus, dass ein Teil der türkischen Schüler wunderbar mit Positionen von rechten deutschen Jugendlichen zurecht kam und ein anderer Teil eher zum Antifa-Spektrum gehörte."*

Für viele Gruppen sind Konzentrationslager nationalsozialistische Kultstätten. *„Es gab Zeiten, da sind Jugendliche raufgekommen und haben sich dann gegenseitig mit Hitlergruß im Krematorium abgelichtet. Aber auch gutgekleidete Bürger geben beim Bier rassistische Witze zum besten."*

GAEDE empfiehlt, die gängigen politischen und pädagogischen Klassifikationen und Kategorien („rechtsextrem", „faschistisch") zu überprüfen. *„Man überwindet Rassismus nicht, indem man seine Kategorien einfach weiter benutzt."*

Sensibilisierung der Wahrnehmung

Revision der Kategorien beinhaltet Überprüfung der Unterscheidungen und Beobachtungsstandpunkte. Kontraproduktiv ist die Haltung: Wie können wir, die Aufgeklärten, die anderen, die Fremdenfeindlichen, überzeugen und umziehen. Diese pädagogische Bemühung funktioniert im Normalfall nicht.

Auch in der Gedenkstättenpädagogik muss allen Besuchern Zeit und Ruhe gelassen werden, sich an beunruhigende Bilder und an einen Blickwechsel zu gewöhnen. Oft wirken solche Bilder, ohne dass sofort eine Korrektur der Einstellungen erkennbar ist.

In der Sprache des systemtheoretischen Konstruktivismus: „Das System (also auch: das Individuum, H. S.) konstruiert seine immer systemspezifischen Umwelten, und es konstruiert auch alle Möglichkeiten, diese Konstrukte zu beobachten und auf ihren ›Realitätsgehalt‹ hin zu bewerten. Darum liegen alle Kriterien der Prüfung, Geltungssicherung oder Begründung von Aussagen über ›Wirklichkeit‹ im Bereich des Systems und der systemspezifischen Bewertung seiner Umweltkontakte" (SCHMIDT 1998, S. 33).

Es gibt allerdings Fakten, die sind unbestreitbar. Dazu gehört der Holocaust. Die Faktizität dieses Genozids durch die Nationalsozialisten ist so evident, dass jeder, der daran zweifelt, sich nach den Gründen für diese Leugnung fragen lassen muss. Dennoch sind die Deutung und die Wahrnehmung eines Konzentrationslagers aufgrund der eigenen Biografie, der Familiengeschichte, der eigenen Erfahrungen mit Unrecht, Herrschaft, Unterdrückung, der religiösen und politischen Einstellungen einmalig und unverwechselbar. So erlebt und verarbeitet jeder Besucher Buchenwald anders, und auch die pädagogische Betreuung sollte diese Vielfalt der Verarbeitungsformen zulassen. Pädagogische Angebote sollten zurückhaltend und unaufdringlich sein. Didaktisierte Deutungsangebote sind wichtig, aber die Besucher müssen selber entscheiden, wann sie welche Lernhilfen in Anspruch nehmen.

Zusammenfassung
- Unsere Welt ist beobachtungsabhängig und wahrnehmungsabhängig.
- Sensorische Wahrnehmungen sind keineswegs Abbildungen der außersubjektiven Realität, sondern Deutungen und Konstruktionen, an denen Emotionen, Kognitionen und Gedächtnisinhalte beteiligt sind.
- Ästhetische Bildung in einem umfassenden Sinn ist deshalb nicht nur „Kunsterziehung", sondern Erweiterung und Reflexion unserer Wahrnehmungsfähigkeiten.
- Angesichts der Ästhetisierung und Inszenierung der Politik wächst die Bedeutung des ästhetischen Lernens für die politische Urteilsfähigkeit.
- Politische Bildung ist nicht denkbar ohne eine Medienpädagogik neuer Art, insbesondere eine reflexive Bildhermeneutik.
- Dass politisch relevante Bilder individuell sehr unterschiedlich verarbeitet werden und dass gut gemeinte Aufklärungsbemühungen eher kontraproduktiv wirken, zeigen Erfahrungen aus der Bildungsarbeit in Gedenkstätten.

2.9 Interkulturelle Fremdheitserfahrungen

Nie zuvor haben die Mitteleuropäer so viel von der Welt gesehen wie in unserer Zeit. Wenn Weltverstehen Welt-er-fahrung und interkulturelle Erlebnisse voraussetzt, dann waren die Chancen für ein Weltbürgertum nie so günstig wie heute. Ein solches globales Bewusstsein erfordert die Wahrnehmung kultureller Vielfalt, erfordert Differenzerfahrungen, die Anerkennung der anderen, Aufgeschlossenheit für Fremdes.

Allerdings fördert der Ferntourismus nicht ohne weiteres Toleranz und Weltverständnis. Zu einer Lernerfahrung wird ein Auslandsaufenthalt nur dann, wenn man sich für neue Eindrücke und andere Lebensstile interessiert, wenn man vom Fremden lernen *will*. Nur wer eurozentrische Höherwertigkeitsvorstellungen in Frage stellen will, macht entsprechende Beobachtungen. Doch diese Bereitschaft ist nicht weit verbreitet. Die meisten Touristen nehmen offenbar ihre mitteleuropäischen Gewohnheiten und Normen zum Maßstab, um Fremdes zu bewerten.

Viele Menschen scheinen ein psychohygienisches Bedürfnis zu haben, in binären Codes zu denken und antithetisch (gut/schlecht) zu urteilen. Es scheint schwer zu fallen, Ambivalenzen auszuhalten, komplexe Sachverhalte „in der Schwebe zu halten", urteilsvorsichtig zu denken.

Es ist wünschenswert, ein dualisierendes Denken durch eine differenzierende Wahrnehmung zu ersetzen. WOLFGANG BEER plädiert – mit Blick auf den 11. September 2001 – dafür, „dem Kampf der Kulturen die Tugend der Differenzierung entgegenzusetzen. So wenig wie es einen geschlossenen fundamentalistischen, aggressiven und intoleranten Islam gibt, so wenig können wir von einem einheitlichen friedliebenden, toleranten und offenen Christentum als religiösem Ausgangspunkt westlicher Moderne ausgehen" (BEER 2002, S. 21).

Abb. 18:
Interkulturelle
Fremdheitserfahrung
(Quelle:
FOHRBECK/
WIESAND 1981,
S. 252)

Die Neigung, ungewohnte Deutungs- und Verhaltensmuster vorschnell zu beurteilen, ist eine der stabilsten Lernbarrieren. Andersartigkeit als interessant, auch als „perturbierend" zu tolerieren, fällt uns offenbar schwer. Ohne solche Perturbationen aber verfestigen sich die tradierten Muster und Konstrukte mehr und mehr. Die Bereitschaft zu staunen ist eine Voraussetzung für Lernerfahrungen.

„Die europäischen Formen, in denen die Fremdheit der Welt entdeckt und erfahren werden kann, haben mittlerweile viel von ihrer arglosen Selbstverständlichkeit verloren. Erkennbar wird inzwischen an diesen ›Modi des Fremderlebens‹, wie wir im Lauf unserer Geistesgeschichte mit der eigenen und der fremden Andersartigkeit umzugehen gelernt haben: nämlich über räumlich expansives Ausgreifen, geistige Vereinnahmung und Subsumption in das eigene Weltbild und durch Unterordnung der anderen Erfahrungswelten und Traditionen unter die Perspektivität einer eigenen Geschichtsschreibung" (SCHÄFFTER 1997, S. 1).

Eine solche Assimilation des Anderen, eine solche Vereinnahmung des Fremden kann als neokolonialistisch bezeichnet werden. Damit aber wird die Chance einer Identitätsvergewisserung und -erweiterung verpasst, denn: „Fremdheit, nicht als objektiver Tatbestand, sondern als eine die eigene Identität herausfordernde Erfahrung ist Indiz und lebhafter Ausdruck dafür, dass nun neuartige und für das bisherige Selbstverständnis ›befremdliche‹ Beziehungen erschlossen werden konnten" (ebd. S. 3). Dazu gehört es auch, ein „Nicht-Verstehen" des Fremden zu akzeptieren. Von SCHÄFFTER stammt das Bonmot: *„Weißer Mann, du wirst uns nie verstehen!"* *„Aha, ich verstehe."*

Eine konstruktive Auseinandersetzung mit dem Fremden erfordert nicht nur Aufgeschlossenheit und normative Zurückhaltung, sondern auch Wissen – insbesondere Wissen über Zusammenhänge, Komplexität und Vernetzungen. Ohne ein solches Orientierungswissen nimmt man in der Fremde nicht viel wahr.

Hier ein Beispiel:

> **Die heiligen Kühe Indiens**
>
> Der amerikanische Kulturanthropologe MARVIN HARRIS beschreibt die Hintergründe des für uns Europäer so irrationalen hinduistischen Kuhkults. Obwohl viele Menschen in Indien Hunger leiden, werden die Kühe nicht geschlachtet und das Fleisch nicht verzehrt. Doch der Rinderkult ist keineswegs eine Ursache für den Hunger in Indien. Vielmehr ist es – unter den ökologischen und ökonomischen Bedingungen Indiens – durchaus vernünftig, die Rinder leben zu lassen. Einige Gründe für das Schlachtverbot:

Konstruktionsmethoden

> 1. Die Bauern benötigen dringend Ochsen als Zugtiere. Der Tod eines Ochsen kann für diese Bauern existenzbedrohend sein. Die Zebukühe werden also gebraucht, weil sie Ochsen zur Welt bringen. Würde man billige Zugochsen durch teure Traktoren ersetzen, würde dies den Ruin vieler armer Bauern bedeuten.
> 2. Kühe werden auch als Milchlieferanten gebraucht.
> 3. Kühe und Ochsen liefern mit ihrem Dung wichtiges Düngemittel, das teure und umweltschädliche Chemikalien überflüssig macht. „Das indische Rindvieh scheidet jährlich ungefähr 700 Mill. Tonnen wiederverwendbaren Dungs aus. Annähernd die Hälfte dieser Gesamtmenge wird als Dünger eingesetzt, während der Rest zum größten Teil zum Heizen und Kochen benutzt wird" (HARRIS 1997, S. 24). Der Kuhdung wird außerdem als Bodenbelag genutzt.
> 4. Zwar existiert ein Schlachtverbot, aber das Fell der toten Rinder wird zu Leder verarbeitet.
> 5. Die Nahrung der Rinder besteht großenteils aus Abfällen und Pflanzen, die für Menschen ohnehin ungenießbar sind.
>
> „Der Rinderkult aktiviert die latente Fähigkeit menschlicher Wesen, in einem Ökosystem mit geringem Energieaufwand und mit wenig Platz für Verschwendung und Müßiggang ihr Leben zu fristen" (ebd. S. 37).
>
> Irrational und ineffizient ist der Rinderkult für uns Europäer und Amerikaner, nicht aber für die arme Bevölkerung Indiens.

Theoretische Grundlage eines solchen Lernens als Fremdheitserfahrung ist der *kulturalistische Konstruktivismus*. Unsere Wirklichkeitskonstrukte sind kulturell geprägt, sie sind nicht universell gültig, sondern jeweils in bestimmten Epochen und soziokulturellen Kontexten viabel. Eine akzeptierende Aneignung fremder Kulturen trägt zur Relativierung der eigenen Standpunkte und Sichtweisen bei, fördert Toleranz und Solidarität, reduziert Dogmatismus und nationale Überlegenheitsansprüche. Außerdem regen Fremdheitserfahrungen ein vernetztes Denken und eine mentale Flexibilität an.

> **Vorsicht Fremdbilder!**
>
> Eine beliebte Methode interkultureller Bildungsarbeit ist der Vergleich kollektiver Selbst- und Fremdbilder: Welches Bild haben die Deutschen von sich selber, welches Bild haben sie von den Türken? Wie sehen die Türken die Deutschen, wie sehen sie sich selber?
>
> Die pädagogische Absicht ist es, Vorurteile abzubauen. Doch der Effekt ist oft genau umgekehrt: Solche pauschalen Fragen provozieren geradezu gängige Klischees, Stereotype und problematische Verallgemeinerungen. Die Deutschen werden dann als fleißig, humorlos, ordnungsliebend etikettiert, wobei sich meist herausstellt, dass sich dieses Fremdbild nicht auf eigene Erfahrungen stützt – einen solchen typischen Deutschen hat man noch nie oder doch nur selten getroffen –, dass aber solche Klischees als „sich selbst erfüllende Prophezeiungen" tradiert werden.
>
> Nur wenn solche Fremdbildbefragungen zugleich relativiert werden – denn jeder Deutsche ist anders, genauso wie jeder Türke ein unverwechselbares Individuum ist –, sind sie pädagogisch zu rechtfertigen. Der sozialkonstruktivistische Blick auf „den" Fremden muss also stets zugleich dekonstruiert werden. Wünschenswert ist eine reflexive „Pädagogikfolgenabschätzung", die ungewollte Nebenwirkungen in Rechnung stellt und didaktisch berücksichtigt. Übrigens haben auch viele sozialtypologische Forschungen ähnliche kontraproduktive Effekte.

2.10 Projektmethode

Eine Möglichkeit, vernetztes Denken zu lernen, ist die Projektmethode. Für pädagogische Projekte sind typisch
- die Verbindung von Reflexion und Aktion,
- eine Koppelung mehrerer Wissenschaftsdisziplinen,
- die Verknüpfung von Erfahrungswissen und Theoriewissen,
- die Verschränkung von implizitem und explizitem Wissen,
- ein hohes Maß an Selbststeuerung und Selbstorganisation,
- situierte Kognitionen,
- Kontextabhängigkeit und Perspektivenverschränkung,
- Bedeutung der Lernarrangements,
- ein zirkuläres Denken in Zusammenhängen,
- emotionales Engagement.

Die Projektmethode ist problem- und handlungsorientiert. Geeignet sind gesellschaftliche und ökologische Probleme, z. B. Schulreform, Umweltschutz, interkulturelles Zusammenleben, Stadtteilentwicklung, aber auch Probleme der Lebensführung, z. B. Karriereplanung, Vorbereitung auf den Ruhestand, gesunde Ernährung, Erziehung sowie Seminarplanungen, Organisationsentwicklung, Mitarbeiterfortbildung.

Eine solche Projektmethode ist in der französischen Widerstandsbewegung im Zweiten Weltkrieg entwickelt und als *Entraînement mental* bekannt geworden. Die Projekte sind streng in drei Phasen gegliedert:

Phase 1: Erfahrungsorientierte Bestandsaufnahme

Was wissen wir über das Problem? Welche Erfahrungen haben wir gemacht? Sind die Erfahrungen einheitlich? Haben alle dieselbe Problemdefinition im Kopf? Lässt sich das Problem präzisieren?

Metakommunikative Zwischenphase: Sind wir uns einig? Sind wir gleichermaßen betroffen und engagiert? Ist die Interessenlage homogen? Wie sehen wir uns, wie sehen uns die anderen?

Phase 2: Theoretische Reflexion

Wie ist das Problem entstanden? Haben andere Länder/Kulturen ähnliche Probleme? Gibt es theoretische Erklärungsansätze – z. B. der Soziologie, der Psychologie, der Ökonomie? Passen diese Theorien zusammen? Welche Ziele sind theoretisch sinnvoll und wünschenswert?

Metakognitive Zwischenphase: Wie sind die theoretischen Erklärungen zu bewerten? Sind sie praxisrelevant? Stimmen sie im Wesentlichen mit den Erfahrungen überein?

Phase 3: Handlung

Was sollen, wollen, können wir ändern? Haben wir eine konkrete gemeinsame Zielvorstellung? Wer sind mögliche Bündnispartner? Mit welchen Widerständen und unerwünschten Folgen müssen wir rechnen? Was ist taktisch und strategisch zu berücksichtigen? Welche weiteren Lernschritte sind erforderlich?

Evaluation: Was haben wir gewollt, was haben wir bisher erreicht?

Der Vorteil solcher Projekte besteht in ihrer Problem- und Handlungsorientierung – vorausgesetzt, die Projekte werden als sinnvoll und authentisch wahrgenommen. Die Grenzen der Projekte bestehen in der systemischen Aneignung von Wissen. Deshalb kann es vorteilhaft sein, die Projektarbeit durch Instruktionsmethoden zu ergänzen.

3. Vernetzte neue Lehr-Lern-Kulturen

„to bring learning closer to home"
(EU-Memorandum)

Seit Mitte der 1990er-Jahre beherrscht ein neuer Schlüsselbegriff die didaktische und bildungsorganisatorische Diskussion der Erwachsenenbildung, der Begriff der Lehr-Lern-Kultur. Die theoretischen Klärungsversuche, die Modellversuche, die empirischen Recherchen, die Tagungen und Workshops zu diesem Thema sind auch für Insider kaum noch überschaubar. Das DIE (Deutsches Institut für Erwachsenenbildung) vergibt jährlich einen Preis für innovative neue Lehr-Lern-Kulturen. ERHARD SCHLUTZ, der Sprecher der Jury, weist auf die Besonderheiten dieser preisgekrönten Projekte hin: „Was ist nun das Gemeinsame dieser Preisträger im Sinne einer Pflege von Lernkulturen? Allen Projekten scheint gemeinsam zu sein, dass sie von einer üblichen Teilnehmerorientierung auf eine Teilnehmerzentrierung umschalten." Aber er fügt vorsichtshalber hinzu: „Es scheint viel Fremdorganisation nötig, damit Selbstorganisation angebahnt und erfolgreiche Selbststeuerung unterstützt werden können" (SCHLUTZ 1999, S. 19).

Charakteristisch für die Diskussion über neue Lehr-Lern-Kulturen ist die Verschränkung bildungspraktischer Innovationen mit einer theoretischen Reflexion des Lehr-Lern-Begriffs.

3.1 Neurobiologische Grundlagen der neuen Lernkulturen

Die konstruktivistische Gestaltung von Lernumgebungen trägt nicht nur der Autopoiese des Erkennens, sondern auch den unbewussten Anteilen des Lernens Rechnung. In der neueren kognitionstheoretischen Literatur hat vor allem GERHARD ROTH auf die Bedeutung unbewusster Bewusstseinszustände hingewiesen (ROTH 2001, S. 218). Hierzu gehören u. a. neuronale Prozesse außerhalb der assoziativen Großhirnrinde, vorbewusste Wahrnehmungen, unterschwellige Perzeptionen, emotionale Prozesse des limbischen Systems, „vergessene" Gedächtnisinhalte, implizites Wissen, verinnerlichte verkörperte Erfahrungen, ein Gespür für Wesentliches ... Die Frage, ob, wann und wie diese unbewussten Zustände bewusst gemacht werden können oder sollen, kann nicht generell beantwortet werden.

Auch der amerikanische Neurologe ANTONIO DAMASIO betont den Zusammenhang von *Denken, Fühlen und körperlichen Empfindungen* und damit die Bedeutung des Kontextes, der Lernumgebung für den Lernprozess. Denken und Vernunft – so DAMASIO – haben sich phylogenetisch und ontogenetisch nicht unabhängig von biologischen und emotionalen Regulationsmechanismen entwickelt. Rationales Denken findet fast nie unabhängig von Gefühlen und Körperempfindungen statt. Und: Gefühle und Empfindungen sind notwendig, damit rationales Denken in die Tat umgesetzt wird. Isolierte Rationalität bleibt meist rein theoretisch, praktisch folgenlos.

DAMASIO versucht nachzuweisen, dass Gefühle und Empfindungen „keine Eindringlinge im Reich der Vernunft sind, sondern, zu unserem Nach- und Vorteil, in ihre Netze verflochten sein könnten ... Sogar wenn sich die Vernunftstrategien in den Entwicklungsjahren ausgebildet haben, hängt ihre wirksame Anwendung wahrscheinlich in beträchtlichem Maße von der steten Fähigkeit ab, Gefühle zu empfinden" (DAMASIO 2000, S. 12). Zwar können heftige Affekte Denkprozesse beeinträchtigen und hemmen, aber „Gefühllosigkeit" ist für das Lernen oft ebenso nachteilig. Rationale Entscheidungen – z.B. für Umweltschutz – sollten möglichst emotional unterfüttert werden. „Die unteren Stockwerke des neuronalen Vernunftgebäudes steuern zugleich die Verarbeitung von Gefühlen und Empfindungen sowie die Körperfunktionen, die fürs Überleben des Organismus notwendig sind" (ebd. S. 13 f.).

DAMASIO betont stärker als die Emotionspsychologen die Bedeutung der Körperlichkeit, des Körperzustands für das Lernen und Erkennen. „Empfindungen bilden die Grundlage dessen, was Menschen seit Jahrtausenden als Seele bezeichnen." Körperliche Empfindungen sind maßgeblich an der Konstruktion von Wirklichkeit beteiligt. DAMASIO stellt die These auf, „dass der Körper, wie er im Gehirn repräsentiert ist, möglicherweise das unentbehrliche Bezugssystem für die neuronalen Prozesse bildet, die wir als Bewusstsein erleben; dass unser eigener Organismus und nicht irgendeine absolute äußere Realität den Orientierungsrahmen abgibt für die Konstruktionen, die wir von unserer Umgebung anfertigen, und für die Konstruktion der allgegenwärtigen Subjektivität, die wesentlicher Bestandteil unserer Erfahrung ist" (ebd. S. 17).

Die Körperlichkeit des Lernens wertet die Bedeutung der räumlichen Lernumgebung auf. Wir lernen „entspannt", wenn wir uns in der Lernumgebung wohlfühlen, und zwar „mit allen Sinnen". Denn: „Der Organismus befindet sich als Ganzes in Wechselwirkung mit seiner Umwelt, in einem Prozess, den weder der Körper allein noch das Gehirn allein bestimmt" (ebd. S. 18). Die Lernumgebung bildet den Rahmen für Lernprozesse. Gleichzeitig wird diese Lernumgebung ständig von den Lernenden gedeutet und konstruiert. Die Lernumgebung ist selber das Resultat einer Wechselwirkung von Organismus und Umwelt. Und wir selber sind für die anderen „Umgebung". Unterschiedliche Zielgruppen und soziale Milieus haben verschiedene Vorstellungen von angenehmen und anregenden Lernumgebungen.

Noch einmal ANTONIO DAMASIO: „Geistige Phänomene lassen sich nur dann ganz verstehen, wenn wir die Wechselwirkung des Organismus mit seiner Umwelt einbeziehen. Dass die Umwelt zum Teil erst aus der Aktivität des Organismus entsteht, unterstreicht nur, wie komplex die Wechselwirkungen sind, die wir berücksichtigen müssen" (ebd. S. 18).

Natürliche Erkenntnis

WOLFRAM HOGREBE plädiert für eine Wiederentdeckung des *natürlichen Erkennens:*

„In Gefühlen existieren wir schon interpretiert und interpretierend zugleich, sind wir uns selbst, ist uns alles schon wortlos bedeutungsvoll. An diese vorsprachliche, existenziale Semantik gilt es in der Theorie natürlicher Erkenntnis Anschluss zu halten, denn wir beginnen schon zu erkennen, wenn wir nur sind; dunkel zwar und impressiv, aber erstfündig und vorsprünglich. In Emotionen sind also auch schon Kognitionen gegeben, die unserem semantischen Bewusstsein, das sich sprachlich aufbaut, einen Bedeutungsvorsprung sichern, den wir sprachlich letztlich auch nicht mehr einholen können. Diese Vorsprünglichkeit unserer erstfündigen Selbstauslegung in Gefühl und Gestimmtheit gewinnt durch unser semantisches Bewusstsein hindurch eine eigene Vorgriffssensibilität, die wir als *Ahnung* kennen" (HOGREBE 1996, S. 10).

Das Konzept der neuen Lehr-Lern-Kulturen beinhaltet nicht nur vielfältige, „bunte" Lernaktivitäten, sondern auch eine Förderung der Lernfähigkeit, insbesondere der *Selbstlernkompetenz*. Dazu gehört eine Vergewisserung der eigenen Lernstile und Lerngewohnheiten, der Stärken und Schwächen, der Art und Weise, *wie* wir Wirklichkeit wahrnehmen, deuten und konstruieren. Für dieses reflexive Lernen hat sich in der kognitionswissenschaftlichen Literatur der Begriff *Metakognition* durchgesetzt. Metakognition ist das Nachdenken über das eigene Denken, gleichsam eine Selbstbeobachtung zweiter Ordnung. „Wenn also Weiterbildung die ... Ziele optimal und effektiv realisieren will, kann sie dies nicht anders als im expliziten Rückgriff auf Metakognition. Unterbleibt dieser bewusste Einbezug, sind die Ziele von vornherein nur suboptimal umsetzbar" (KAISER/KAISER 1999, S. 13).

Zur Metakognition gehört ein deklaratives Wissen über die Möglichkeiten der Information, aber auch prozedurales Wissen über die mentale Verarbeitung der Informationsfülle, über Strategien der Komplexitätsreduktion und der Strukturierung und Gliederung des Stoffs, über Verfahren der Analyse und der Synthese von Wissensbeständen. Zur Metakognition gehört ein intrapersonales Wissen über die eigenen Lernarten und Wahrnehmungsmuster, aber auch ein „Aufgabenwissen" über die sachlogischen Anforderungen und Schwierigkeiten, auch die Wissensvoraussetzungen und den Zeitaufwand für ein Lernthema. Zur Metakognition gehört darüber hinaus die Bereitschaft und Fähigkeit zur Selbstevaluation, d. h. zur realistischen Beurteilung der Lernfortschritte und gegebenenfalls zur Korrektur des Anspruchsniveaus. Auch „metaemotionale" Reflexionen gehören zur Selbstlernkompetenz, d. h. die Wahrnehmung und Unterstützung von Neugier, Lernmotivation, Lernfreude, „Flow-Erlebnissen".

Zur Selbstlernkompetenz gehört auch die *Regulierung* der eigenen Lernprozesse: Wann sollte man sich nur einen groben Überblick verschaffen, wann sollte man sich Zeit lassen und auf Details achten? Wann sollten die Lernziele exakt definiert werden und wann ist „der Weg das Ziel"? Was lernt man besser zu Hause und was besser gemeinsam mit anderen? Was sollte naturwissenschaftlich exakt definiert und berechnet werden und was ist hermeneutisch interpretationsbedürftig und mehrdeutig? Wann lässt sich eine Erkenntnis verallgemeinern und wann nicht? Wann ist es wichtig zu abstrahieren und wann zu konkretisieren? Wann empfiehlt sich Perspektivenwechsel? Wann sollte man disziplinär und wann interdisziplinär denken? Wann ist es wünschenswert, Komplexität zu reduzieren (d. h. zu vereinfachen) und wann sollte Komplexität gesteigert werden?

Metakognition kann didaktisch unterstützt und angeleitet werden, aber generell gilt: „Lernen kann man nicht dadurch lernen, dass man über das Lernen abstrakt belehrt wird, sondern dadurch, dass man selbstständig oder durch didaktische Vermittlung reflexiv zugängliche Erfahrungen mit dem eigenen Lernen macht." Und: „Die Fähigkeit zur Introspektion als Quelle metakognitiver Erfahrungen (kann) durch Belehrung und Training zwar ergänzt, aber nicht ersetzt werden" (WEINERT/SCHRADER 1997, S. 312).

3.2 Neue Lernarrangements

Lernprozesse Erwachsener können nur bedingt didaktisch gesteuert oder organisiert werden; organisierbar sind die Kontexte, in denen Lernen stattfindet. Da Lernen aber großenteils situiert erfolgt, ist die Gestaltung des „Rahmens", des „Lernsettings" nicht zu unterschätzen.

Zu diesem „Setting" gehören:
- *Lernorte, Lernräume,*
- *Ausstattung* der Lernräume (Medien, Bilder, Gegenstände, Sitzordnung),
- *Lernzeiten* (formelle und informelle Phasen),
- *Organisationsformen* (Seminar, Exkursion, Bürgerinitiative ...),
- *Aktionsformen* (zuhören, diskutieren, schreiben, üben, ausprobieren, beobachten ...),
- *Sozialformen* (individuell, Gruppenarbeit, aber auch homogene/heterogene Gruppen, vertraute/anonyme Gruppen, emotionale Nähe/Distanz, Umgangsformen ...),
- *Pädagogisches Personal* (Experten, Gesprächsleiter, Organisator, „Facilitator" ...),
- *Umwelt* (Integration des Lernens in den Arbeitsprozess, in das soziale Umfeld, in den Urlaub).

Mit „neuen Lehr-Lern-Kulturen" ist nicht nur ein Faktor, z.B. ein ungewöhnlicher Lernort, gemeint, sondern ein „anderes" Gesamtkonzept, ein „anderes" Verständnis von Lehren und Lernen, eine „andere Kultur". Zu einer „Lernkultur" gehören „überlieferte Plausibilitäten, Gewissheiten und Aktionsmuster", „unausgesprochene Vertrautheiten und Selbstverständlichkeiten" (ARNOLD 2001, S. 200). Zu solchen tradierten Gewohnheiten gehört z.B., dass vor allem der Lehrer fragt und die Schüler antworten, dass der Kursleiter lehrt und die Teilnehmer lernen ...

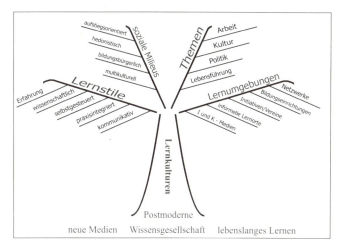

Abb. 19: Faktoren der Lernkultur

ROLF ARNOLD stellt der herkömmlichen „mechanistischen Lernkultur" die „systemisch-konstruktivistische Perspektive" einer „lebendigen Lernkultur" gegenüber. Der systemisch-konstruktivistische Blick betont, „dass nachhaltiges und signifikantes Lernen notwendig auf der Eigeninitiative der Lernenden beruhen muss und voraussetzt, dass der Lerninhalt von diesen als für ihre eigene Zwecke bedeutungsvoll erkannt werden kann." (ARNOLD/PÄTZOLD 2001, S. 52).

> Eine Lernkultur lässt sich mit einer *Esskultur* vergleichen. Eine französische Esskultur zum Beispiel besteht aus bevorzugten Nahrungsmitteln, Gewürzen, Getränken, aus der Zubereitung der Speisen zu Hause und in Restaurants, aber auch aus den Ritualen und Essgewohnheiten, dem Geschmack und dem Stil, den „Tischgesprächen" und der Hintergrundmusik, der Ästhetik des Essens, der Zeit, die man sich nimmt ... Die Esskultur ist – wie die neuen Lernkulturen – Bestandteil der *Lebenskunst*.

Das Konzept Lehr-Lern-Kultur ist multidimensional, d. h. es beinhaltet unterschiedliche Ebenen – von der mikrodidaktischen Ebene der Kommunikationsstile in Seminaren bis zu Veränderungen des gesamtgesellschaftlichen Lernklimas. Vereinfacht lassen sich folgende Ebenen unterscheiden:
- *Makrosoziologisch:* Aufwertung des lebenslangen Lernens in Arbeitswelt und privatem Alltag, Lernen als lebensbegleitende Tätigkeit.
- *Regional:* Aufbau regionaler Netzwerke, Bildungsangebote als wirtschaftlicher Wettbewerbsfaktor und Element soziokultureller geographischer Identität (lernende Region).
- *Institutionell:* Bildungseinrichtungen als lernende Organisationen und kommunale Lernzentren, Entgrenzung des Lernens.
- *Makrodidaktisch:* Verzahnung formaler, nonformaler und informeller Lerngelegenheiten, Verbund von seminaristischem Lernen, Lernen in Bürgerinitiativen und E-Learning zu Hause, Modularisierung.
- *Mikrodidaktisch:* selbst gesteuerte Lernprozesse in „ungewöhnlichen" Lernarrangements, Individualisierung des Lernens, Aufwertung des impliziten Wissens.

Je genauer man die „neuen Lehr-Lern-Kulturen" betrachtet, desto mehr relativiert sich das Gütemerkmal „neu". Zahlreiche innovative, nicht seminaristische Bildungsangebote sind schon früher erprobt worden. Zumindest lässt sich der Neuigkeitsgrad nicht allein an der Organisationsform ablesen. Trotz dieser Einschränkung sei folgende Typologie der „neuen" Veranstaltungsformen mit hohen Selbstorganisationsanteilen und „ganzheitlichen" Lernaktivitäten zur Diskussion gestellt:

Neue Lernarrangements

Typ 1: autodidaktisches Lernen
(selbst organisiertes selbstbestimmtes Lernen)

Typ 2: partnerschaftliche Lernsettings
(z.B. Alt und Jung, fremdsprachliche Tandems, bikulturelles Lernen, Wissensbörsen)

*Typ 3: **Lernberatung***
(Mentoring, Coaching, Supervision, „Senioren beraten junge Existenzgründer")

Typ 4: informelle Lernsettings
(z.B. Museen, Selbstlernzentren, literarische Gesprächskreise, Bildungsreisen)

Typ 5: biografisches Lernen
(z.B. Erzählcafé, Geschichtswerkstatt, Zeitzeugenbefragung, Schreibwerkstatt)

Typ 6: mobile Lernorte
(z.B. Informationsbusse gegen Rassismus, zur Berufsberatung von Frauen, EDV-Busse für SeniorInnen)

Typ 7: bürgerschaftliches Engagement
(z.B. Lernen in Bürgerinitiativen, Qualifizierung für ehrenamtliche Tätigkeit, Kampagnen gegen Gewalt)

Typ 8: erlebnisintensives Lernen
(z.B. Outdoor-Seminare, Lernfeste, alternative Stadtrundfahrten, Theaterpädagogik, Zirkuspädagogik)

Typ 9: arbeitsintegriertes Lernen
(z.B. Qualitätszirkel, Unterweisung am Arbeitsplatz, Lernen durch Organisationsentwicklung, Wissensmanagement)

Typ 10: multimediales Lernen
(z.B. E-Learning, Verbund Fernstudium mit Direktphasen und Tutoring, Chatgroups)

Typ 11: lernende Region
(z.B. lokale und regionale Netzwerke, Verbund Betriebe, Schulen, Erwachsenenbildung)

Gemeinsame Merkmale der meisten dieser Lehr-Lern-Kulturen sind Situiertheit, Vernetzung und Rollenwechsel.

Situiertes Lernen ist – im Unterschied zu einem sachlogisch, fachdidaktisch strukturierten Lernen – auf Verwendungssituationen ausgerichtet, d.h. problem- und handlungsorientiert.

Situiertes Lernen ist fast immer *vernetztes Lernen,* d. h. unterschiedliche Lernsettings, Lernangebote, Medien, Lernaktivitäten werden verknüpft. Eine seminaristische Bildungsarbeit ist dabei nur ein Baustein einer mehrdimensionalen Lernarchitektur.

Rollenwechsel: Dass auch Lehrende von den TeilnehmerInnen lernen sollten, ist ein altbekanntes Postulat, das allerdings selten zielgerichtet realisiert wird – abgesehen davon, dass Kursleiter gleichsam „en passant" interessante Lebensgeschichten hören. Systematisch wird kaum ein Rollenwechsel zwischen Lehrenden und Lernenden vorgenommen, nur selten werden Teilnehmer als Experten eingesetzt. Damit bleibt eine wichtige „Lernressource" ungenutzt, latent. Ein Beispiel:

> Ein Hochschulseminar für DiplompädagogInnen zum Thema „Bildung – Schlüsselqualifikation – Kompetenzentwicklung". Ich gebe als Leiter einen kurzen Überblick über die Thematik, frage dann aber nicht nach den Wünschen und Interessen der Studierenden, sondern bitte sie, in Kleingruppen zu überlegen, wie sie an meiner Stelle dieses Seminar aufbauen und gestalten würden. Das Ergebnis ist (für mich) frappierend – eine Fülle kreativer und praktikabler Vorschläge: Zum Beispiel in einer ersten Phase das Vorwissen der Teilnehmer zu dokumentieren und zu strukturieren, in einem zweiten Schritt relevante Literatur arbeitsteilig und zeitökonomisch anzueignen, in einer projektorientierten dritten Phase Schlussfolgerungen für Programmplanung und Zielgruppenarbeit zu ziehen.

3.3 Empirische Befunde

Lässt sich ein Lernkulturwandel bereits empirisch belegen? Ändern sich nicht nur die Bildungsangebote, sondern auch die Lehr-Lern-Stile? Solche und ähnliche Fragen sind empirisch schwer zu beantworten, da sie vergleichende Längsschnittuntersuchungen erfordern, die nicht nur aufwändig, sondern auch methodisch schwierig sind.

Wir – d. h. die Hannoveraner „Arbeitsstelle neue Lernkulturen" – haben eine empirische Untersuchung zum *Lehr-Lern-Verhalten* in der Erwachsenenbildung aus dem Jahr 1971/72 dreißig Jahre später mit zum Teil identischen Fragen und Items wiederholt. Bei aller Vorsicht lassen sich folgende Veränderungen der Lernstile feststellen:

1. Die „neue" Generation der erwachsenen TeilnehmerInnen lernt selbstbewusster. Anfang der 1970er-Jahre verhielten sich viele Frauen und Ältere in Seminaren unsicher und zurückhaltend. Das hat sich geändert: Die meisten äußern in Seminaren jetzt ohne Hemmungen ihre Meinung.

2. Daraus lässt sich noch nicht folgern, dass die Lernfähigkeiten (d. h. Lerntechniken, Metakognition, Selbstlernkompetenz) sich verbessert haben (vgl. KAISER 2002, S. 57 ff.).
3. Mit wissenschaftlichen Veröffentlichungen und wissenschaftlichen „Autoritäten" wird kritisch, selbstbewusst, auch ironisch umgegangen (vgl. NOLDA 1996).
4. Insgesamt hat die Kursleiterorientierung der Lernenden abgenommen. Oft setzen Teilnehmer gegen den Plan der Kursleitung „ihre" Themen durch.
5. Die Bereitschaft zur aktiven Mitarbeit – z. B. in Arbeitsgruppen – hat zugenommen, eine rezeptive Lernhaltung ist seltener geworden.
6. Ein isoliertes Selbstlernen am Computer ist nur für wenige Seminarteilnehmer eine attraktive Alternative zum seminaristischen Lernen.
7. Vor allem Frauen schätzen die kommunikative persönliche Lernatmosphäre in Seminaren. Mehr Frauen als Männer interessieren sich für die „Lebensgeschichten" der anderen Teilnehmenden.
8. Das Interesse an einer individuellen Lernberatung hat zugenommen. Teilnehmer ohne höhere Schulbildung äußern sich in dieser Frage jedoch zurückhaltend. Offenbar befürchten sie eine versteckte Leistungskontrolle durch Beratungsgespräche.
9. Der Lernbegriff ist weiterhin eher konventionell, d. h. stofforientiert und rezeptiv („viel Wissen auswendig lernen").
10. Viele Teilnehmende der Erwachsenenbildung erwarten nicht nur kompetente Lernveranstaltungen, sondern auch angenehme sozialemotionale „Erlebnisse".

Hinweise auf einen Wandel der Lernkulturen lassen sich auch dem *„Berichtssystem Weiterbildung"* entnehmen – einer Repräsentativbefragung, die im dreijährigen Turnus zur Weiterbildungsbeteiligung in Deutschland im Auftrag des BMBF durchgeführt wird. Seit 1997 wird nicht nur seminaristische Weiterbildung ermittelt, sondern auch die „weicheren" Formen, insbesondere der informellen beruflichen Weiterbildung werden berücksichtigt. In der Erhebung aus dem Jahr 2000 werden auch die selbst gesteuerten Lernaktivitäten erfasst.

Die Teilnahme an der institutionalisierten Weiterbildung ist im Jahr 2000 um 5 Prozentpunkte zurückgegangen. Während 1997 noch 48 Prozent der Erwachsenen an Weiterbildungskursen teilnahmen, waren es 2000 „nur" noch 43 Prozent. Der Rückgang betrifft vor allem die Teilnahme an allgemeiner Weiterbildung (von 31 Prozent auf 26 Prozent), aber auch die Nachfrage nach beruflicher Weiterbildung in den neuen Bundesländern (von 37 Prozent auf 31 Prozent). Die Mehrzahl der Befragten nennt Aktivitäten des informellen und selbst gesteuerten Lernens, wobei hier die Abgrenzungen zur beruflichen Arbeit einerseits und zum „Edutainment" andererseits fließend sind. Hier einige Beispiele (Berichtssystem 2001, S. 60):

Lesen berufsbezogener Fachbücher	44 Prozent
Unterweisung am Arbeitsplatz	31 Prozent
Qualitätszirkel	8 Prozent

Die Frage „Haben Sie sich im letzten Jahr einmal selbst etwas beigebracht, außerhalb von Lehrgängen/Kursen oder Seminaren?" bejahen 39 Prozent (45 Prozent in den neuen, 37 Prozent in den alten Ländern), und zwar zu

Computer, EDV	24 Prozent
Heimwerken	9 Prozent
Sprachen	6 Prozent
Gesundheit	6 Prozent
Haushalt	3 Prozent

Die Selbstlernaktivitäten basieren überwiegend auf persönlichen und weniger auf beruflichen Interessen. Bei diesen statistischen Daten ist allerdings zu berücksichtigen, dass sich möglicherweise nicht das Verhalten, sondern die (Selbst-)Wahrnehmung verändert hat und dass viele dieser Antworten als „sozial erwünscht" gelten.

Dass zum Wandel der Lehr-Lern-Kulturen noch erheblicher *Forschungsbedarf* besteht, ist offensichtlich. Eine Arbeitsgruppe der Sektion Erwachsenenbildung der DGfE hat ein *„Forschungsmemorandum"* zur Diskussion gestellt. Darin heißt es: „Die Erforschung des Lernens bildet das Herzstück einer Erwachsenen- und Weiterbildung ... Für Wissenschaft und Praxis der Erwachsenenbildung macht eine reine Lernforschung wenig Sinn. Die Erforschung von Anlässen und Bedingungen, von Strukturen und Prozessen, von Wirkungen und Ergebnissen des Lernens in unterschiedlichen lebensweltlichen und institutionellen Kontexten ist grundlegend und konstitutiv für Theorie und Praxis der Erwachsenenbildung ... Zu einem umfassenden Verständnis des lebenslangen Lernens Erwachsener gehören neben dem individuellen Habitus und den situativen Interaktionen auch die überindividuellen Muster und Ressourcen, die eine Epoche oder eine Kultur ihren Mitgliedern als ›Lernmilieus‹ bereitstellt" (ARNOLD u. a. 2000, S. 6ff.).

Die Gegenüberstellung von alten und neuen Lernkulturen, von mechanistischen und lebendigen Lernkulturen erfolgt primär mit heuristischer Absicht. In der Bildungspraxis ist meist schwer zu entscheiden, was alt und was neu ist und ob das Neue per se auch das Bessere ist. So gesehen hat die Rede von den neuen Lernkulturen eine provokative, kreative Funktion: Sie soll ein Nachdenken darüber anregen, ob das Gewohnte tatsächlich noch zeitgemäß ist, ob sich das Selbstverständliche tatsächlich von selber versteht, ob ungewöhnliche Lernorte ohne weiteres auch lernintensiv sind ...

Mit diesen Vorbehalten seien – ohne Anspruch auf Vollständigkeit – einige Lernarrangements aufgelistet, die innovativ erscheinen, ohne in jedem Fall als neu gelten zu können.

3.4 Beispiele aus der Bildungspraxis

Mobile Bildungsarbeit

- *Ökologische Fahrradtour*
  Mit dem Fahrrad werden ökologische Brennpunkte (Emissionen, Müllentsorgung, Energieproduktion, Biotope ...) in der Heimatstadt „erfahren". Diese Exkursion wird durch Filme, Vorträge, Statistiken, Expertenbefragung vor- und nachbereitet.
- *Politische Fahrradtour*
  Im Rahmen eines Bildungsurlaubs werden Grenzgebiete (Niederlande, Frankreich, Polen ...) erkundet. So wird die EU-Politik, z. B. die Landwirtschaftspolitik, sinnlich wahrgenommen und in Gesprächen mit Bewohnern dieser Region reflektiert. Auch diese Erfahrungen werden seminaristisch vor- und nachbereitet.
- *Kirchenführungen en passant*
  Touristen und Einheimische werden von PädagogInnen angesprochen, ob sie eine individuelle Kirchenführung wünschen. Bei Interesse wird vorher vereinbart, wie viel Zeit für die Besichtigung zur Verfügung steht, was die Besucher gerne wissen möchten.
- *FrauenOnline Niedersachsen – On Tour*
  Der Landesverband der Volkshochschulen Niedersachsen hat einen Internetbus mit 12 Computerarbeitsplätzen für Frauen im ländlichen Raum eingerichtet, um ihnen den Zugang zu den neuen Technologien zu erleichtern. „Dabei sollen einerseits Qualifikationen vermittelt werden, andererseits soll durch ergänzende gezielte Öffentlichkeitsarbeit die Akzeptanz der Nutzung neuer Technologien erhöht und die Orientierung in Richtung informationstechnischer Berufe unterstützt werden" (vhs-Informationen 2/2002, S. 3).

Multikulturelle Lernarrangements

- *Multikulturelle Kochkurse*
  Eltern aus unterschiedlichen Kulturen, aber auch aus verschiedenen Regionen Deutschlands treffen sich zu regelmäßigen Kochabenden, an denen landestypische Speisen zubereitet, kommentiert und gegessen werden, aber auch über Schul- und Erziehungsprobleme gesprochen wird.
- *Interkulturelles Training in Betrieben*
  Multikulturell zusammengesetzte Gruppen tauschen ihre Erfahrungen und Erlebnisse über interkulturelle Missverständnisse, aber auch über positive „Differenzerfahrungen" aus und trainieren in Rollenspielen und mithilfe von Videoaufzeichnungen verständigungsorientierte Umgangsformen.

- *Fremdsprachentandems*
  Insbesondere zu seltenen Sprachen, für die kein Kurs zustande kommt, werden kleine Gruppen gebildet (z. B. finnisch-deutsche Gruppen), die face-to-face oder computerunterstützt kommunizieren und von einem Tutor betreut und unterstützt werden.

E-Learning

Die Bildungsangebote, Modellversuche und Untersuchungen zum computerunterstützten Lernen sind inzwischen unübersehbar. Einige Volkshochschulen bilden bereits „E-Learning-Lernbegleiter" aus. Neben Lernprogrammen für Fremdsprachen und für berufliche Aus- und Weiterbildung gibt es selbst organisierte Chatgroups von Menschen in kritischen Lebensphasen und mit besonderen Problemen, z. B. Chatgroups von Alleinerziehenden, von Adoptiveltern, von geschiedenen oder in Scheidung lebenden Menschen, von Eltern mit allergiekranken Kindern, von Frauen in bikulturellen Ehen ... Diese Gruppen tauschen Erfahrungen und Informationen über private und auch intime Themen aus, sie können aber den Grad der sozialemotionalen Intimität selber steuern, sie können eine gewisse Anonymität wahren, sie müssen sich nicht „outen". Außerdem trägt die erforderliche Verschriftlichung der Kommunikation zu einem emotionalen „cooling out" bei. Durch diese Distanzierungschancen unterscheiden sich mediale Chatgroups von seminaristischen Face-to-Face-Gruppen.

Regionale Lernsettings

- *Regionaler Technikunterricht*
  Schüler erkunden das technische Wissen, die technischen Patente und das technische Know-how der Beschäftigten in regionaltypischen einheimischen Betrieben. Gleichzeitig dienen diese Recherchen der Berufsorientierung.
- *„Literatur im Schaufenster"*
  In der ostfriesischen Stadt Norden lesen 13 einheimische Schriftsteller während einer Literaturwoche im Schaufenster eines Textilgeschäfts aus ihren Werken zum Thema „Bücher – Wolken – Meer".

Lernprojekte von SeniorInnen

In zunehmendem Maße organisieren ältere Menschen ihre Lernprojekte selber. So stellen pensionierte Lehrer, Ingenieure, Förster ihr Wissen ökologischen Projekten und Initiativen zur Verfügung. Manager im Ruhestand beraten junge Menschen bei Unternehmensgründungen. Ältere LehrerInnen bieten Hausaufgabenhilfe für ausländische Kinder an. Noch selten sind multikulturelle Lerngruppen. Auch die deutsch-deutschen Gesprächskreise, die nach der deutschen Vereinigung von einigen Volkshochschulen initiiert wurden, gehören inzwischen schon wieder der Vergangenheit an.

Beispiele aus der Bildungspraxis

Betriebliche intergenerative Lerngruppen

Viele Unternehmer versuchen den *Know-how-Verlust* aufgrund des Ausscheidens älterer Arbeitnehmer zu reduzieren. Dieses berufspraktische Know-how besteht vor allem aus einem biografisch erworbenen Erfahrungswissen, das als implizites Wissen nur bedingt verbalisierbar und vermittelbar ist. Deshalb richten einige Betriebe mehrwöchige Tandems und Kleingruppen ein, in denen erfahrene Betriebsangehörige und Berufsanfänger zusammen arbeiten, miteinander sprechen, laut denken, warum sie so und nicht anders handeln, sich wechselseitig befragen ... Kompetenzen bestehen großenteils aus verinnerlichten Erfahrungen, die sich als Fingerspitzengefühl, Gespür, Ahnung, Intuition, „gesunder Menschenverstand", auch als emotionale Sensibilität äußern. Voraussetzung für den Erfolg solcher Projekte ist die Bereitschaft, voneinander lernen zu *wollen* und auf Belehrungsversuche zu verzichten.

Neue Lernkulturen in Zukunftsbranchen

V. HEYSE, J. ERPENBECK, L. MICHEL u. a. haben mithilfe von 500 Telefoninterviews und 30 Intensivinterviews den Kompetenzbedarf und die Kompetenzentwicklung in Zukunftsbranchen untersucht. Es zeichnet sich eine neue betriebliche Lernkultur ab,
- die unternehmensinterne Lernprozesse bevorzugt,
- die selbst organisiertes Lernen fördert,
- die nicht nur explizites, sondern auch implizites Wissen erzeugt,
- die die Kompetenz zur Lösung neuer und offener Probleme entwickelt.

Vernachlässigt wird jedoch noch die systematische Vermittlung des Erfahrungswissens an Berufsanfänger. Es fehlen externe Bildungsanbieter, die die Unternehmensentwicklungen „selbst lernend begleiten können", also Prozessbegleiter (HEYSE 2002, S. 23 f.).

Wissensbörsen

Bereits IVAN ILLICH ging davon aus, dass jeder Erwachsene über Wissen und Kompetenzen verfügt, die für Mitmenschen interessant sind. Die Wissensbörse, die z.B. in Schulen oder Volkshochschulen eingerichtet werden kann, ist eine Agentur, bei der sich Menschen melden, die etwas vermitteln oder Informationen zu einem Thema einholen wollen. Die Bildungseinrichtung registriert solche Anfragen und Angebote und stellt Kontakte zwischen Anbietern und Interessenten her. An dem ersten Treffen sollte ein pädagogischer „Vermittler" beteiligt sein, der gemeinsame Vereinbarungen anregt und Rahmenbedingungen klärt, vielleicht auch Räume und Materialien zur Verfügung stellt.

Entgrenzung der politischen Bildung

Unsere Hannoveraner *Arbeitsstelle neue Lernkulturen* hat eine Untersuchung über die Aktivitäten niedersächsischer Volkshochschulen zur politischen Partizipation im kommunalen Umfeld durchgeführt. Zwar ist das traditionelle seminaristische Angebot zur politischen und ökologischen Bildung rückläufig, aber viele Volkshochschulen sind in Netzwerken und Initiativen der politischen Bürgerbeteiligung engagiert.

„Politische Bildung wird vielfach als eine gesellschaftliche Initiative und gemeinwesenorientierte Dienstleistung betrieben. Das Kurs- und Seminarprogramm steht dabei nicht immer im Mittelpunkt, es ordnet sich vielmehr anderen Aktivitäten zu" (BOTHE/HEINEN-TENRICH 2002, S. 5).

Einige Beispiele für solche kommunalen Netzwerke:
- Die Volkshochschule als Initiator eines offenen Rundfunk- und Fernsehkanals.
- Die VHS Emden organisiert ein Mediationsbüro zur Konfliktvermittlung (z. B. Täter-Opfer-Kontakte).
- Eine Geschichtswerkstatt zum Thema „Frauenleben im Landkreis Cloppenburg von 1900 bis in die Gegenwart".
- Aktionswochen und Kampagnen zur kommunalpolitischen Partizipation von Frauen.
- Die VHS Hannover übernimmt die Geschäftsführung für ein Bürgerkomitee gegen Rassismus und Rechtsextremismus.
- Die VHS Osnabrück bildet das „Ausstellungspersonal" für die Wehrmacht-Ausstellung aus.
- Die VHS Syke beteiligt sich an einem Präventionsrat (Polizei, Lehrer, Eltern, Bewährungshelfer ...) gegen Gewalt.
- Volkshochschulen sind Kontaktstellen für Selbsthilfengruppen.
- Die VHS Hildesheim richtet ein Klimabüro zur Förderung umweltfreundlicher Maßnahmen u. a. in Schulen und Behörden ein.
- Die VHS Lüneburg moderiert und begleitet die Reform der Kommunalverwaltung Lüneburg.

Informelles Lernen im internationalen Vergleich

GÜNTHER DOHMEN hat im Auftrag des Bundesministerium für Bildung und Forschung eine international vergleichende Studie zum informellen und selbst gesteuerten Lernen Erwachsener erstellt. DOHMEN stellt in westlich-amerikanischen Ländern, aber auch in so genannten Entwicklungsländern eine Aufwertung des kompetenzorientierten Lernens in alltäglichen Kontexten fest. Dieses „natürliche" informelle Lernen soll institutionalisiertes, formalisiertes Lernen nicht ersetzen, aber doch ergänzen. In diesem erweiterten Verständnis ist Lernen nicht nur bewusste kognitive, sondern auch eine „mehr unbewusste psychische und gefühlsmäßige

Verarbeitung" von Informationen und Erlebnissen ... (DOHMEN 2001, S. 11). Ziel dieses ganzheitlichen Lernens ist „besser leben lernen". Impulse zum Lernen gehen nicht nur vom Lehrpersonal, sondern von der alltäglichen Umwelt aus. „Aus dieser erweiterten Lernumwelt kommen immer wieder neue Herausforderungen zum Lernen". DOHMEN stellt fest: „Diese breite Bewegung zur Wiederentdeckung und Förderung des informellen Lernens scheint aber bisher an Deutschland eigenartig vorbeigegangen zu sein" (ebd. S. 10).

Einige Beispiele für neue Lehr-Lern-Kulturen im Ausland:
- In den USA sind „*Wochenend-Colleges* besonders populär als Lerner-Treffpunkte und als Gesprächs-, Diskussions- und Beratungsorte" (ebd. S. 51).
- *Community Learning* in Finnland: „Um die Landflucht zu stoppen und die Dörfer zu attraktiven kulturellen Lebenszentren zu entwickeln, haben sich in Finnland rund 3.000 Selbsthilfe-Kommitees gebildet, die eine neue lokale Identität ... entwickelt haben" (ebd. S. 68).
- In Großbritannien und in den USA werden „*external degrees*" zur Zertifizierung informellen Erfahrungslernens eingeführt. „Das britische System der ›National Vocational Qualifications‹ ist heute wohl das am differenziertesten ausgebaute landesweite System der formalen Anerkennung informell erworbener Kompetenzen in Europa" (ebd. S. 106).
- In einigen Ländern ist eine „Bewegung" des „*erkundend-recherchierend-explorierend-forschenden Lernens*" zu beobachten. „Die Konzentration auf mehr Erkunden, Recherchieren, Erschließen, Erforschen im Sozialen und Arbeitsumfeld kann das Lernen interessanter und populärer machen" (ebd. S. 139).
- Neue *Lernservice-Modelle:* In Schweden, aber auch in anderen Ländern werden „Lernstützpunkte" erprobt. „Solche offenen Lernservice-Zentren, Lernagenturen, Beratungsstellen, Lernläden, Wissensbörsen, Lernbroker-Büros, Wissenschaftsparks etc. bieten nicht selbst Lernkurse an. Sie konzentrieren sich auf einen nicht direktiven Anregungs-, Beratungs-, Vermittlungs- und Unterstützungsservice für die lernenden Bürgerinnen und Bürger" (ebd. S. 148).
- In Frankreich sind „*Ateliers de Pédagogie personalisé*" für Jugendliche ohne Schulabschluss eingerichtet worden. „Die wichtigsten Stabilisierungsinstrumente für dieses motivierend-beratend-anleitend unterstützte personalisierte Projektlernen sind der Lernplan und der Lernvertrag, den die Lernenden jeweils nach Evaluierung ihrer Bedürfnisse und Kompetenzen mit dem Servicezentrum und einem persönlichen Mentor vereinbaren" (ebd. S. 155).

Resümee

Solange es Schule gibt, gibt es auch Schulkritik, d. h. eine Reflexion der Schattenseiten der Schulbildung, der ungewollten Nebenwirkungen, der Paradoxie, zur Freiheit erziehen zu wollen. Desgleichen gilt für die institutionalisierte Erwachsenenbildung: Die Kritik an dieser Institutionalisierung ist stets Bestandteil der Professionalisierung, die kritische Selbstreflexion ist quasi „mitlaufender" Prozess einer aufgeklärten Pädagogik.

So ist nicht alles neu, was unter der Überschrift der neuen Lernkulturen erprobt wird, es ist aber auch nicht schon „alles da gewesen". Bemerkenswert ist das Gesamtkonzept der Lernkulturen, nicht jede einzelne ungewöhnliche Veranstaltungsform, Zielgruppe oder Thematik. Die Idee der neuen Lernkulturen, das „Reframing" ist durchaus auch in traditionellen Organisationsformen realisierbar.

Zu dem soziokulturellen Hintergrund dieser Reformdiskussion gehören
- eine „Sättigungsgrenze" der institutionalisierten Bildungsangebote und der Bildungsnachfrage bei einigen Zielgruppen (z. B. jungen Erwachsenen) und Themenbereichen (z. B. politische Bildung),
- Zweifel an der Wirksamkeit seminaristischer Bildungsarbeit, insbesondere zu Schlüsselqualifikationen und überfachlichen Kompetenzen (vgl. STAUDT / KRIEGESMANN 1999, S. 17 ff.),
- die Angebote und Versprechungen des E-Learning,
- die Wiederentdeckung des Erfahrungslernens, der Emotionalität des Lernens, des impliziten Wissens, des „gesunden Menschenverstands" in einem neuen Kompetenzkonzept.

Nicht zu vergessen ist auch die Aufmerksamkeit der Erwachsenenbildung für Theorien, die sich einem „*Selbstorganisationsparadigma*" zuordnen lassen, z.B. die konstruktivistische Erkenntnistheorie, die neurobiologisch fundierte Kognitionstheorie, die Systemtheorie LUHMANN'scher Prägung, die Kommunikationstheorie WATZLAWICKS, auch die Chaostheorie. Diese Theorien legen es nahe, Lehren und Lernen zu entkoppeln, Lehre weniger als Wissensvermittlung und mehr als Gestaltung von Lerngelegenheiten zu begreifen und Lernen als autopoietischen Prozess der Selbststeuerung zu verstehen.

Allerdings wäre es ein Missverständnis dieses Ansatzes, auf systematisiertes Wissen, auf Wissensvermittlung, auf eine Anleitung von Lernprozessen verzichten zu wollen. Auch wenn Lernen neurobiologisch selbst gesteuert stattfindet, passiert Lernen nicht „von selber" und „ohne weiteres". Das heißt auch, es gibt keinen Königsweg der neuen Lehr-Lern-Kultur, sondern das Verhältnis von Fremdsteuerung und Eigenaktivität muss aufgaben- und teilnehmerorientiert stets neu geklärt und gemeinsam „ausgehandelt" werden.

4. Wissensmanagement in lernenden Organisationen

4.1 Lernende Organisationen

In modernen Wissensgesellschaften wird Wissen nicht mehr nur im Wissenschaftssystem produziert und im Bildungssystem vermittelt, sondern nahezu alle Systeme der Gesellschaft erzeugen Wissen und sind an der innovativen Anwendung neuen Wissens beteiligt (vgl. WILLKE 1998). Fast alle Produkte und Dienstleistungen sind „wissensbasiert". Verstärkt ist Wissen – neben Kapital, Arbeit und Boden – zur vierten und oft wichtigsten Produktivkraft geworden. In einer Marktwirtschaft hängt die Wettbewerbsfähigkeit vieler Unternehmen von der Erschließung und Nutzung neuen Wissens ab. Aber auch öffentliche Institutionen – Behörden, Arbeitsämter, Ministerien, Schulen, Volkshochschulen – sehen sich einem wachsenden Innovations- und Modernisierungsdruck – und das heißt auch: Lerndruck – ausgesetzt.

So ist seit einigen Jahren zunehmend von *„lernenden Organisationen"* die Rede. War der Lernbegriff in der Vergangenheit für „psychische Systeme", also für Menschen reserviert, so wird er jetzt auch auf soziale und institutionelle Systeme, auch auf Städte und Regionen angewendet.

> **Die fünf Disziplinen der lernenden Organisation**
>
> PETER SENGE, amerikanischer Organisationsexperte, Systemtheoretiker und Autor des Bestsellers „Die fünfte Disziplin", hat den Begriff der lernenden Organisation populär gemacht. Er beschreibt fünf „Disziplinen" einer systemischen Organisationsentwicklung, nämlich:
> - „Personal Mastery", d. h. die Selbststeuerung und Selbstführung, die kontinuierliche Entwicklung der eigenen Persönlichkeit.
> - „Mentale Modelle", d. h. Konstrukte, Deutungsmuster, Einstellungen, die unsere Wahrnehmungen und unser Handeln beeinflussen und die selbstkritisch reflektiert werden sollten.
> - Gemeinsame Vision, d. h. gemeinsame, verbindliche Ziele und Botschaften einer Organisation, die Unternehmensphilosophie.
> - Team-Lernen, d. h. die Fähigkeit und Bereitschaft zum „gemeinsamen Denken".
> - Systemdenken, d. h. ein integratives, verknüpfendes Denken, die Verbindung von Theorie und Praxis.

> „Fehlt der Systemansatz z. B. bei der Vision, kann man wunderschöne Zukunftsbilder malen, ohne wirklich zu begreifen, welche Kräfte zu bewältigen sind, um in dieser Zukunft anzukommen" (SENGE 1998, S. 22).

In der Sprache der Systemtheorie charakterisiert ORTFRIED SCHÄFFTER eine Organisation wie folgt: „Das Auf-Dauer-Stellen komplexer und ›unwahrscheinlicher‹ Handlungsmuster und Handlungsketten hängt ... nicht mehr von den wechselnden Dispositionen, Motiven und individuellen Interessen der handelnden Subjekte ab, sondern von generalisierbaren Interessenlagen verschiedener Akteure am Erwerb oder Aufrechterhalten einer Organisationsmitgliedschaft" (SCHÄFFTER 2001, S. 243).

Die Lernkapazität einer Organisation besteht nicht nur aus dem Wissen und der Qualifizierungsbereitschaft der einzelnen Mitglieder, sondern auch aus den Organisationsstrukturen (z. B. Teamarbeit), dem „kollektiven Gedächtnis", also den Traditionen, Gewohnheiten, bewährten Verfahrensweisen, den Regeln und Satzungen.

HELMUT WILLKE schreibt: *„Vielen fällt es schwer, sich überhaupt organisationales Wissen vorzustellen, also Wissen, das nicht in den Köpfen von Menschen gespeichert ist, sondern in den Organisationsformen eines sozialen Systems. Organisationales oder institutionelles Wissen steckt in den personunabhängigen, anonymisierten Regelsystemen, welche die Operationsweise eines Sozialsystems definieren. Vor allem sind dies Standardverfahren, Leitlinien, Kodifizierungen, Arbeitsprozess-Beschreibungen, etabliertes Rezeptwissen für bestimmte Situationen, Routinen, Traditionen und die Merkmale der spezifischen Kultur einer Organisation ... Besonders auffällig ist dieses überindividuelle organisationale Wissen bei traditionsreichen Firmen, in die Mitglieder nicht einfach eintreten, sondern in die sie allmählich hineinwachsen, indem sie den Stil des Hauses, die Werthaltungen, Routinen und Standardverfahren der Firma übernehmen"* (WILLKE 1999, S. 17).

Eine lernende Organisation besteht aus mehreren Faktorenbündeln:
a) Lern- und Innovationsanforderungen von außen (z. B. internationale Konkurrenz).
b) Lernfähiges und lernmotiviertes Personal.
c) Lernförderliche Strukturen, Traditionen, Prozesse und „Belohnungen".
d) Verfügbare Wissensbestände.

So lässt sich ein Lernindex für Einrichtungen der Erwachsenenbildung ermitteln, z. B.
- aus der Teilnahme der Beschäftigten an Fortbildungsveranstaltungen,
- aus der Lektüre von Fachzeitschriften und anderen Publikationen,
- aus internen Qualitätszirkeln und ähnlichen Diskussionsgelegenheiten,
- aus dem Erfahrungsaustausch und den Kontakten mit „Externen",
- aus der Umsetzung von Evaluations- und Qualitätssicherungsergebnissen,
- aus der Beteiligung an Modellversuchen ...

Systemisch-konstruktivistische Organisations- und Personalentwicklung

ROLF ARNOLD hat acht Prinzipien einer modernen Mitarbeiterführung in lernenden Unternehmen begründet (die Anfangsbuchstaben ergeben das Wort SANTIAGO):

- Stellvertretende Führung: „Führung unterstützt Selbstführung: Führung und Geführtwerden werden nur durch das Band der Akzeptanz tatsächlich wirkungsvoll zusammengebunden" (ARNOLD 2000, S. 17).
- Autopoiesis: Komplexe Systeme entwickeln sich selbsttätig. „Menschen handeln auf der Grundlage dessen, was sie für wahr und richtig halten. Und auch Unternehmen sind durch Geschichten, Traditionen und überlieferte ›Spielregeln‹ geprägt" (ebd. S. 44).
- Nachhaltigkeit: „Eine nachhaltige Entwicklung ist eine Entwicklung, die die vorhandenen ökonomischen Kreisläufe sowie die gewachsenen kulturellen Traditionen und Verhaltensmuster möglichst wenig stört, sondern vielmehr an diesen anknüpfend versucht, zusätzliche Impulse zu setzen" (ebd. S. 51).
- Transformation von Deutungsmustern: „Um das zu erreichen, was notwendig ist (Transformation von Deutungsmustern, H. S.), müssen die Unternehmen freiwillige und offene Prozesse eines reflexiven Lernens organisieren, bei denen sie nicht exakt wissen (können), was letztlich herauskommt" (ebd. S. 68).
- Interpretation: Unternehmenskulturen sind gemeinsame Interpretationen. „Durch Heldengeschichten und Mythen werden Unternehmen zu Sinngemeinschaften" (ebd. S. 86).
- Arrangement: „Während strategische Führung die Beteiligten bzw. Betroffenen zumeist ausblendet, schafft das strategische Arrangement für sie Möglichkeiten des Selbstlernens und der Selbstführung" (ebd. S. 97).
- Gelassenheit: „Ein zentrales Element der Lebenshaltung ›Gelassenheit‹ ist der Umgang mit Unsicherheit" (ebd. S. 112).
- Organisationslernen: „vom Wissensegoismus zum geteilten Wissen" (ebd. S. 125).

Organisationale Lernprozesse bezwecken nicht primär einen Lernfortschritt der Individuen, sondern strukturelle Veränderungen, leistungs- und qualitätsfördernde Innovationen. Insofern ist in Schulen organisationales Lernen Teil der Organisations- und Personalentwicklung mit dem Ziel der Qualitätsverbesserung des Unterrichts.

Wissensmanagement in lernenden Organisationen

Zur Lernfähigkeit einer Organisation gehört eine *reflexive Haltung,* konkret: eine illusionslose Stärken-Schwächen-Analyse, eine Balance zwischen der Fortschreibung des Bewährten und der Verabschiedung von dem, was nicht mehr zukunftsfähig ist. Lernende Organisationen nutzen das Anregungspotenzial, das sich in den unterschiedlichen Erfahrungen, Deutungen und Perspektiven der Beschäftigten verbirgt.

Für Einrichtungen der Erwachsenenbildung ist organisationales Lernen auch eine Frage der *Glaubwürdigkeit:* Eine Institution, die ihre Adressaten zum permanenten Lernen und zur Flexibilität auffordert und deren ökonomische Existenzgrundlage das ständige Weiterlernen möglichst vieler ist, muss selbst mit gutem Beispiel vorangehen. ORTFRIED SCHÄFFTER stellt fest: „Organisationsentwicklung erhält in dieser historischen Situation eine dramatische Zuspitzung: Gegenwärtig kann keine gesellschaftliche Institution davon ausgehen, dass ihr Bestand von vornherein garantiert ist. Damit geraten auch die Institutionen und Einrichtungen der Weiterbildung in die Turbulenz komplexer Strukturveränderungen" (SCHÄFFTER 2001, S. 246).

Systemtheoretisch betrachtet ist ein – oft mit einem moralisierenden Unterton vorgetragener – Lernappell „unterkomplex". NIKLAS LUHMANN interpretiert Organisationen, also auch Bildungseinrichtungen, als soziale selbstreferenzielle, autopoietische Systeme. Solche „geschlossenen" Systeme aber können sich nicht ohne weiteres für externe Anforderungen der Umwelt öffnen, ohne auf ihre Autonomie zu verzichten. Die Entscheidungen autopoietischer Systeme sind strukturdeterminiert und das heißt oft auch tautologisch: Die Organisation nimmt zur Kenntnis, was sie zur Kenntnis nehmen kann.

Diese Einsicht in die Strukturdeterminiertheit des Systems macht „die Vergeblichkeit systemexterner Erwartungen und Appelle verständlich" (LUHMANN 1992, S. 168). Entscheidungen, die Veränderungen beinhalten, müssen rekursiv anschlussfähig sein und dem System selber – und nicht (nur) der Umwelt – sinnvoll erscheinen. „Im Kontext der autopoietischen Reproduktion wirkt die Umwelt als Irritation, als Störung, als Rauschen, und sie wird für das System erst sinnvoll, wenn sie auf die Entscheidungszusammenhänge des Systems bezogen werden kann" (ebd. S. 173).

Organisationen sind gegenüber neuen Anforderungen und Aufgaben „von außen" nicht blind, sie sind auch nicht reformresistent, aber sie machen sich selber als eigenständiges System überflüssig, wenn sie sich direkt von der Umwelt steuern lassen. Ein autopoietisches System benötigt eine Struktur und kann sich nicht permanent irritieren lassen. Überspitzt formuliert: Zuviel Lernoffenheit gefährdet die Stabilität einer Organisation.

LUHMANN unterscheidet zwei Typen organisationaler Lernprozesse, nämlich *intern und extern veranlasste Veränderungen.* Interne Änderungen – z. B. „Ausnahmen von der Regel" – müssen die Anschlussrationalität berücksichtigen und dürfen nicht zu aufwändig sein. Veränderungen aufgrund externer Beobachtungen dürfen die Differenz zwischen System und Umwelt und damit die Autopoiese nicht in Frage stellen. Diese Beobachtungen können aber auf „blinde Flecke" der Organisation aufmerksam machen, sie können einen Wechsel der Perspektiven anregen.

Ein solches „Reentry" vernachlässigter Perspektiven wird durch neue Organisationsmitglieder erleichtert, zumal die etablierte „Mannschaft" einer Bildungseinrichtung oft relativ veränderungsresistent ist. Lernappelle sind für die Organisation einerseits bestandssichernd, andererseits aber auch bestandsgefährdend – man denke nur an die derzeitige Aufwertung der informellen Weiterbildung gegenüber den institutionalisierten Bildungsangeboten.

4.2 Wissensmanagement

Lernende Organisationen nutzen das Wissen und die Lernpotenziale des „Personals", sie nutzen die modernen Informations- und Kommunikationsmedien, sie sind aufgeschlossen für die Beobachtungen externer Berater („critical friends") und sie erproben innovationsfreundliche Strukturen, Verfahren und Instrumente (z.B. materielle Anreize zum Lernen). Im Mittelpunkt solcher Organisationen steht ein effektives *Wissensmanagement*.

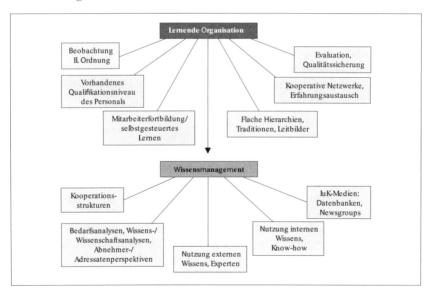

Abb. 20: Wissensmanagement in lernenden Organisationen

Viele Fragen, die unter der Rubrik Wissensmanagement diskutiert werden, sind nicht neu, z. B.:
- Veralterungsrate des Wissens (Obsoleszenztempo),
- Dissemination und Implementierung wissenschaftlicher Forschungsergebnisse,
- Transfer theoretischen Wissens in die Praxis,
- Verhältnis Erfahrungswissen/Wissenschaftswissen, prozedurales/deklaratives Wissen,
- Effizienz und Effektivität von Qualifizierungsmaßnahmen,
- Kosten-Nutzen-Kalkulationen zur Weiterbildung älterer Arbeitnehmer,
- ökonomischer Nutzen von Schlüsselqualifikationen und „soft skills",
- Outsourcing von Qualifizierungsmaßnahmen,
- arbeitsintegrierte Lernprozesse,
- selbst gesteuertes, computerunterstütztes Lernen in und außerhalb der Arbeitszeit,
- Wissen auf Vorrat oder „just in time",
- Interdisziplinarität des Fachwissens,
- Anschlussfähigkeit des Expertenwissens.

Auch die meisten Wissensprobleme in Organisationen sind nicht neu, z. B.:
- „Wissen wird nicht genutzt ...
- Es ist nicht bekannt, welche Kernkompetenzen (Wissen) für die Geschäftsprozesse eigentlich relevant sind ...
- Potenziale von Mitarbeitern werden nicht (rechtzeitig) erkannt ...
- Wichtige Wissensträger verlassen die Organisation ...
- Wissen wird zurückgehalten und nicht geteilt ...
- Es wird immer wieder Doppelarbeit gemacht ...
- Ähnliche Fehler werden immer wieder gemacht" (PAWLOWSKY 1999, S 114).

Außerdem:
- schwer verständliche Fachterminologien,
- Transferprobleme Theorie/Praxis.

Neu scheint die Einsicht von Unternehmen und Bildungseinrichtungen in die Notwendigkeit zu sein, „ihr Wissen über ihre Umwelt und ihr Wissen über die eigenen Abläufe auf eine Art und Weise aufzubereiten und zur Verfügung zu halten, dass es zum Gegenstand organisatorischer Entscheidung werden kann. Oder kürzer: Organisationen mögen auch bisher gewusst haben, was sie tun; aber sie wissen nicht, was sie wissen; und sie wissen nicht, was sie wissen müssen, um tun zu können, was sie tun; und genau das gilt es zu ändern" (BAECKER 1999, S. 100).

Doch gerade hier verbirgt sich ein zentrales Problem, das in jüngster Zeit (wieder) entdeckt worden ist – die Verborgenheit des *impliziten Wissens:* „Während sich explizites Wissen leicht vermitteln und nutzbar machen lässt, ist implizites Wissen personengebunden, schwierig zu formulieren und damit schwer zugänglich. Implizites Wissen umfasst das aktionsgebundene und auf individuellem Engagement bzw. Erfahrung basierende Wissen ... Es resultiert aus der eigenen Handlung, aus Beobachtung oder aus sonstigen Aktionen und Verhaltensweisen und ist an das Individuum gebunden" (STAUDT/KRIEGESMANN 1999, S. 38).

Wir wissen oft nicht genau, was wir wissen, weil wir das meiste Wissen verinnerlicht haben. Deklaratives Wissen ist das bewusste, lexikalische, verbalisierbare Wissen, das meist relativ problemlos gelehrt und mitgeteilt werden kann. Berufliche Kompetenz besteht aber großenteils aus prozeduralem Wissen („gewusst wie"), aus einem Erfahrungswissen (z.B. der Unterricht des Lehrers in einer Klasse), das sich als Gespür, Fingerspitzengefühl, „gesunder Menschenverstand", Routine, Intuition ... äußert, das wir praktizieren, aber kaum erklären können.

Neuere Überlegungen zum Wissensmanagement beziehen sich großenteils auf die Nutzung und Mitteilung dieses impliziten Wissens der „erfahrenen" MitarbeiterInnen, deren Ausscheiden oft zu einem beträchtlichen Know-how-Verlust führt. Die herkömmlichen seminaristischen oder computerunterstützten Qualifizierungsangebote erweisen sich hier als relativ unwirksam. Erfolgversprechender scheinen Kooperationsformen (z.B. Tandems) zu sein, in denen ältere und jüngere Mitarbeiter sich gegenseitig bei Problemlösungen beobachten, befragen, „laut denken", kritische Situationen erzählen ...

Die Verbalisierung von implizitem Wissen ist wichtig, weil das implizite Wissen meist diffus und unklar ist, aber trotzdem die Handlungen der Beschäftigten beeinflusst und nicht selten die Ursache für Missverständnisse ist. HELMUT WILLKE spricht deshalb von einem „heilsamen Zwang der Systematisierung, Einordnung, sprachlichen Fassung und Mitteilbarkeit". „Tatsächlich wird man sich häufig erst dann darüber klar, was man gelernt hat und über welches Wissen man verfügt, wenn man darüber spricht – mit sich selbst oder mit anderen. Dies gilt im besonderen Maße für Organisationen, weil sich in Organisationen schnell und unkontrolliert scheinbare Selbstverständlichkeiten, anonyme Erwartungen, scheinbar geteilte Überzeugungen, zugeschriebene Konsense, scheinbar offizielle Regeln, Mythen etc. bilden, die als implizite Annahmen herumschwirren." (WILLKE 2004, S. 40).

Die Vermittlung des impliziten Wissens ist allerdings kein Allheilmittel. Erfahrungswissen speist sich aus der Vergangenheit, ist ein Wissen „von gestern". Solche Erfahrungen sind nicht unbedingt innovationsförderlich, vor allem dann nicht, wenn sich die Aufgaben, die Rahmenbedingungen, die Adressatengruppen verändert haben – wie dies im Schulsystem und in der Erwachsenenbildung der Normalfall ist. Wissensmanagement muss deshalb beides leisten: die Sicherung des Bewährten und eine Aufgeschlossenheit für Neues.

Die Wissensmanagementliteratur plädiert für eine Entpersonalisierung des Wissens. Wissen muss zweckorientiert verfügbar sein – dabei kann eine Datenbank zweckmäßiger sein als ein Experte, der vielleicht gerade im Urlaub ist, wenn er benötigt wird. Andererseits kann auf intelligente MitarbeiterInnen nicht verzichtet werden, die nämlich entscheiden müssen, welche Wissensbestände geeignet sind, wann und wie dieses Wissen in der Praxis verwendet werden soll, wie die Gültigkeit und Verallgemeinerbarkeit des Wissens einzuschätzen ist, wie mit konkurrierenden Forschungsergebnissen umzugehen ist.

So gesehen kann auch das Konzept Wissensmanagement nicht auf *didaktische Instrumente* verzichten. Zur Didaktisierung gehört in lernenden Organisationen z. B. eine „didaktische Reduktion und Rekonstruktion" der Wissensbestände, also eine gezielte Auswahl und eine verwendungs- und auch teilnehmerorientierte „Aufbereitung", eine Verknüpfung der Sachlogik mit einer Verwendungslogik.

Gelegentlich wird der Eindruck erweckt, als seien die Innovationsherausforderungen durch ein Mehr an Wissen zu lösen. Doch quantitativ wird die Problemlösungskapazität kaum verbessert.

> Nehmen wir als Beispiel die wünschenswerten Schulreformen aufgrund der PISA-Studien. Welches Wissen benötigen LehrerInnen, SchulleiterInnen, Eltern, BildungspolitikerInnen? Müssen sie Details der Studien, die empirischen Untersuchungsmethoden, die Stichproben, die Qualitätsmaßstäbe der Forscherteams kennen? Welches lernpsychologische und erziehungswissenschaftliche Wissen sollten die PädagogInnen unbedingt verarbeiten? Ist es hilfreich, sich mit dem Bildungsbegriff zu beschäftigen? Ist eine Arbeitsteilung in einem Lehrerkollegium möglich und nützlich?

Wissenschaftliches Wissen ist nicht per se problemlösungsrelevant. Die konstruktivistisch inspirierte Soziologin KARIN KNORR-CETINA hat auf die Konstruktivität wissenschaftlicher Forschungen und Disziplinen aufmerksam gemacht. Auch moderne Disziplinen wie Hochenergiephysik und Molekularbiologie bilden nicht Realität objektiv ab, sondern produzieren Wissen im Kontext sich verändernder „epistemischer Kulturen". Diesen wissenschaftlichen „Texturen" – so KNORR-CETINA – liegen Wertvorstellungen, Gewohnheiten, Interessen, kulturelle Muster zugrunde. Auch die wissenschaftlichen Objektwelten sind in den herrschenden Zeitgeist und in Herrschaftsverhältnisse eingebunden. Wer wissenschaftliches Wissen benötigt, z. B. für ökologische Projekte, muss beurteilen können, welche Wissenschaftskulturen für seine Zwecke geeignet sind. Wissensmanagement erfordert also die Fähigkeit, hinter die Kulissen der Wissensproduktion zu blicken.

Zu klären ist nicht nur, welches Wissen, sondern auch, welcher Wissenstypus erforderlich ist. EDMUND KÖSEL hat einen Katalog an pädagogisch relevanten Wissensarten zusammengestellt (der sich sicherlich noch erweitern lässt):

• Alltagswissen	• Faktenwissen	• Offenbarungswissen
• analoges Wissen	• fühlendes Wissen	• Ordnungswissen
• Analysewissen	• Handlungswissen	• planendes Wissen
• begreifendes Wissen	• hypothetisches Wissen	• Plausibilitätswissen
• Begriffswissen	• ikonisches Wissen	• positives Wissen
• Behauptungswissen	• Interessenwissen	• Prozesswissen
• Beobachtungswissen	• Interpretationswissen	• Surfwissen
• Bewertungswissen	• kreatives Wissen	• theoretisches Wissen
• destruktives Wissen	• kritisches Wissen	• Überlebenswissen
• digitales Wissen	• metaphorisches Wissen	• überschauendes Wissen
• empirisches Wissen	• Metawissen	• Unterstellungswissen
• Entscheidungswissen	• Modellwissen	• zielsetzendes Wissen

Abb. 21: Wissensarten (nach KÖSEL 2001, S. 90)

Ein positivistisches Verständnis von Wissensmanagement ist auch deshalb unangemessen, weil jede neue Erkenntnis eine Fülle an neuem Nichtwissen zur Folge hat. Für KARIN KNORR-CETINA ist der kompetente Umgang mit dem expandierenden Nichtwissen (auch in den modernen Wissenschaften) geradezu ein Charakteristikum unserer Wissensgesellschaft. Wissensmanagement ist Komplexitätsreduktion durch die Auswahl von Wissen. So kann das System Schule nicht handlungsrelevant alles Wissen über politische und ökonomische Globalisierungsprozesse verarbeiten.

Auch H. WILLKE macht darauf aufmerksam, dass zum Wissensmanagement nicht zuletzt die Klärung des Nichtwissens gehört. Das klingt trivial, ist aber oft schwieriger als die Feststellung des – personalen und organisationalen – Wissens, denn wir sehen meist nicht, was wir nicht sehen.

„Wissensmanagement ist in gleicher Intensität das Management von Wissen wie auch das Management von Nichtwissen. Wissensmanagement verlangt manageriale Kompetenzen im Umgang mit Wissen ebenso wie Kompetenzen im Umgang mit Nichtwissen und Ungewissheiten." (WILLKE 2004, S. 27)

Systemisch-konstruktivistisch betrachtet ist die Lernkapazität von Organisationen nicht nur abhängig von einer „Popularisierung wissenschaftlichen Wissens", sondern auch von der Reflexion und der Verschränkung der Wirklichkeitskonstruktionen der Organisationsmitglieder.

Für das Bildungssystem empfiehlt EDMUND KÖSEL: „In der Wissenskonstruktion brauchen wir heute einen soliden didaktischen Relativismus, der davon ausgeht, dass Lehrende und Lernende einander ihre Bezugssysteme und die dahinter liegende Architektur – Referenzbereiche, Relationen, Dimensionen, Logiken – offen zu legen lernen" (KÖSEL 2001, S. 80). Eine Organisation ist umso lernfähiger, je mehr Zugänge zur Wirklichkeit zugelassen und verarbeitet werden und je weniger eine Gruppe ihre Sicht als allein gültige durchzusetzen versucht.

Das Wissen, das in Bildungseinrichtungen vermittelt wird, muss für benachbarte Teilsysteme „anschlussfähig" sein. So gesehen heißt „lernende Organisation": sich um permanente *Anschlussfähigkeiten* ihrer Produkte und Dienstleistungen bemühen. Ohne diese Koppelung mit den Nachfragesystemen entstehen – so KÖSEL – laufend „Enttäuschungslagen": Die „abnehmenden Systeme" – z. B. Universität, Arbeitswelt – sind enttäuscht über die unzureichenden Qualifikationen der Absolventen; das pädagogische Personal ist enttäuscht über die mangelnde Anerkennung ihrer Bemühungen.

Nicht mehr anschlussfähig – so KÖSEL – sind viele Lehrpläne. Der „institutionalisierte Lehrplan gilt, weil er gilt, und nicht, weil er theoretisch begründet und für gesellschaftliche Teilsysteme evaluiert und viabel wäre" (ebd. S. 77).

KÖSEL empfiehlt die Einführung eines „Rituals der Negation", d. h. der ständigen Selbstbefragung nach den blinden Flecken, dem Vergessenen, dem Ausgeschlossenen, den möglichen Alternativen ...

Systemisches Fragen

Das Spektrum der Beobachtungen und Interpretationen kann durch systemisches Fragen (vgl. HECKMAIR 2000, S. 30) erweitert werden. Dabei wird vermutet, wie ein fiktiver Beobachter die Situation oder das Problem beurteilen würde, z. B.:

- In der Dienstbesprechung einer Volkshochschule: Wie würde ein Unternehmensberater/ein TZI-Trainer („Themenzentrierte Interaktion") unsere Diskussion wahrnehmen?
- Bei der Aufstellung eines Haushaltsplans: Was würde der Landesrechnungshof/der Stadtkämmerer dazu sagen?
- Bei der Planung eines Bildungsurlaubsseminars: Würde der Arbeitgeber X seinem Beschäftigten Y raten, an diesem Seminar teilzunehmen?
- Bei der Entscheidung eines Wochenendseminars über Selbstsicherheitstraining: Wer von uns würde selber freiwillig an diesem Seminar teilnehmen?
- Bei der Diskussion des Arbeitsplans: Versteht Frau Meier/Herr Müller diesen Ankündigungstext?
- Wie lässt sich die Wissensmanagementdiskussion konstruktivistisch kommentieren?

Der Begriff Wissensmanagement erweckt den Eindruck, als könnten vorhandene Wissensbestände effektiv und effizient organisiert werden. Dabei wird „der subjektive Faktor" oft vernachlässigt, d. h. praxisrelevant wird dieses Wissen nur durch die Köpfe der Mitarbeiter hindurch. Diese rezipieren das wissenschaftliche Wissen nicht lediglich reaktiv, sondern sie verschmelzen es mit ihrem Erfahrungswissen, auch mit ihrem Gespür für das, „was geht und was nicht geht". Aus dieser Vernetzung von neuem deklarativen Wissen und subjektivem Wissen („to know how, to know what, to know why") entsteht ein anwendungsfähiges Wissen neuer Qualität. Alle Konzepte, die diese kreative Syntheseleistung der Individuen vernachlässigen, greifen vermutlich zu kurz. Von „Wissensmanagement" sollte nur in Anführungszeichen gesprochen werden, denn „managen" lässt sich Wissen eigentlich nicht.

Fassen wir zusammen. Lernende Organisationen sollten
- ihre Stärken optimieren und ihre Schwächen kompensieren,
- die eigenen Potenziale und Ressourcen nutzen,
- Selbstreferenzen (= eigene Zielsetzungen) und Fremdreferenzen (= Anforderungen von außen) koordinieren,
- internes Organisationswissen bewusst machen und externes Expertenwissen assimilieren,
- Wirklichkeitskonstrukte aller Organisationsmitglieder zur Kenntnis nehmen und in Beziehung setzen,
- sich der eigenen Identität und Kompetenzen vergewissern,
- mit Zielkonflikten, Widersprüchen, Paradoxien, Dilemmata konstruktiv umgehen,
- auf Perfektionismus und endgültige Lösungen verzichten,
- dualisierendes Denken in binären Codes (entweder/oder) vermeiden,
- beurteilen können, welches Wissen wann und für wen verfügbar sein sollte.

Teil III: Selbstreflexion

1. **Systemisch-konstruktivistisches Denken als pädagogische Kompetenz**   155
   1.1 Die Konstruktion des Selbst   155
   1.2 Das Verhältnis zwischen Kursleitern und Teilnehmern   159
   1.3 Kompetenz Vernetzung   165

2. **Bilanz und Perspektiven**   169

1. Systemisch-konstruktivistisches Denken als pädagogische Kompetenz

1.1 Die Konstruktion des Selbst

> Ein Philosophenhuhn betrachtete einen Stein und sagte: „Wer sagt mir, dass das ein Stein ist?" Dann betrachtete es einen Baum und sagte: „Wer sagt mir, dass das ein Baum ist?" „Ich sage es dir", antwortete ein x beliebiges Huhn. Das Philosophenhuhn betrachtete es und fragte: „Wer bist du, dass du dir anmaßt, eine Antwort auf meine Fragen zu geben?" Das x-beliebige Huhn schaute es bekümmert an und antwortete: „Ich bin ein Huhn." Und das andere: „Wer sagt mir, dass du ein Huhn bist?" Nach kurzer Zeit war das Philosophenhuhn sehr einsam (LUIGI MALERBA „Die nachdenklichen Hühner", Berlin 1995, S. 34).

Die Frage nach dem Ich und dem Selbst beschäftigt die Philosophie, die Psychologie und die Pädagogik seit Jahrhunderten. Ging die *Aufklärungsphilosophie* von der vernünftigen Selbstverantwortung des Menschen aus, so bezweifelte SIGMUND FREUD, dass der Mensch „Herr im eigenen Haus" sei. Der *behavioristischen Verhaltenstheorie* zufolge ist der Mensch nahezu uneingeschränkt konditionierbar, während die *schwarze Pädagogik* den Heranwachsenden zur Mündigkeit „erziehen" will. Was das Ich des Menschen ausmacht und wo dieses Ich neurophysiologisch zu lokalisieren ist, ist auch innerhalb der Konstruktivismusfraktion nicht geklärt. Während „radikale Konstruktivisten" die Souveränität des denkenden Subjekts betonen, weist der Neurobiologe und „gemäßigte" Konstruktivist GERHARD ROTH auf die handlungssteuernde Kraft des limbischen Systems, insbesondere der Emotionalität, hin. Das folgenden Schema soll die unterschiedlichen Theorien andeuten:

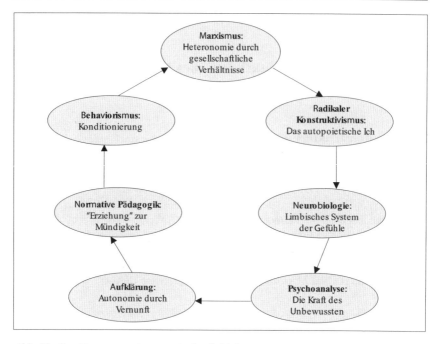

Abb. 22: Positionen zur Autonomie des Subjekts

Ist es erforderlich, sich eindeutig für eine dieser Positionen zu entscheiden? Nicht unbedingt. Es handelt sich um unterschiedliche „Beobachtungen", um Perspektiven, die sich ergänzen, die stets aufs Neue ausbalanciert werden müssen, die in verschiedenen Situationen unterschiedlich „viabel" sind. Auch der Konstruktivismus bestreitet nicht die Wirksamkeit behavioristischer Verstärkungs- und Reiz-Reaktionsmechanismen, relativiert jedoch den Einfluss solcher Konditionierungen.

Konstruktivistisch betrachtet erzeugen wir nicht nur unsere Umwelt, sondern auch unsere Identität, und zwar auf der Grundlage biografischer Erfahrungen und subjektiver „Wissensnetze" (vgl. MAROTZKI 1999, S. 63). Das Selbstkonzept ist lebensgeschichtlich verankert, aber auch kontextabhängig. Unser Selbstverständnis ist das Ergebnis von Selbstwahrnehmungen und Fremdwahrnehmungen, von Differenzerfahrungen und Beobachtungen I. und II. Ordnung, von Emotionen und Kognitionen, von Wissen und Kompetenzen, von Reflexionen und Aktionen. Unser Selbst wird im Lauf des Lebens permanent konstruiert, rekonstruiert und – gelegentlich – dekonstruiert.

Die Konstruktion des Selbst

Das Ich ist nicht psychologisch „vorhanden". Das Ich erfindet sich selbst, es ist – wie GERHARD ROTH es nennt – ein „virtueller Akteur".

> GERHARD ROTH schreibt: „Die Mehrzahl der Überlegungen geht in die Richtung, dass es sich beim Ich um das Zentrum einer *virtuellen Welt* handelt, die wir als unsere *Erlebniswelt* erfahren, als *Wirklichkeit,* wie ich sie genannt habe. Diese erlebte Welt wird von unserem Gehirn in mühevoller Arbeit über viele Jahre hindurch konstruiert und besteht aus den Wahrnehmungen, Gedanken, Vorstellungen, Erinnerungen, Gefühlen, Wünschen und Plänen, die unser Gehirn hat. Innerhalb dieser Welt bildet sich langsam ein Ich aus, das sich zunehmend als vermeintliches Eigentum der Wirklichkeit erfährt" (ROTH 2002, S. 338). Dieses Ich erfüllt verschiedene lebenswichtige Funktionen:
> - Das „Zuschreibungs-Ich" ermöglicht aufgrund unseres autobiografischen Gedächtnisses die Konstruktion unserer Identität.
> - Das „Handlungs-Ich" definiert Intentionen, Absichten und Handlungsfähigkeiten.
> - Das „Interpretations- und Legitimations-Ich" fügt diese Handlungen zu einer „plausiblen Einheit" zusammen.
>
> „Die Wirklichkeit und ihr Ich sind Konstruktionen, welche das Gehirn in die Lage versetzen, komplexe Informationen zu verarbeiten, neue, unbekannte Situationen zu meistern und langfristige Handlungsplanung zu betreiben. Erst die Entwicklung eines selbstbewussten Ich macht den Menschen zu einem hoch flexiblen Akteur" (ebd. S. 340).
>
> GERHARD ROTH distanziert sich mit diesem Verständnis des Ich von einem *radikalen* Konstruktivismus, „der so tut, als gebe es ein Ich, das sich selbst referentiell eine Welt zusammenbaut." Dagegen betont ROTH: „Das Ich ist nicht das Subjekt der Wirklichkeit, sondern ein Konstrukt in ihr, wenn auch ein wichtiges" (ebd. S.11).

Die Konstruktion des Selbst erfolgt nicht nur „im Kopf", sondern auch im Verhalten, im *Habitus.* Zum Habitus gehört „Haltung" im doppelten Sinn: Haltung als das Ensemble der Einstellungen und Überzeugungen und Haltung als die körperliche Selbstdarstellung (z. B. der „aufrechte Gang"). Das Selbstkonzept hat auch eine *ästhetische Dimension,* zu der das Aussehen, das Outfit, das „Erscheinungsbild" gehören. Das Selbstkonzept ist nicht zu trennen von der Selbstdarstellung, der Inszenierung des Selbst.

Systemisch-konstruktivistisches Denken als pädagogische Kompetenz

In der *Inszenierungsgesellschaft* werden die Formen, in denen man sich präsentiert, oft wichtiger als die Inhalte, für die man sich engagiert. Der Schein und das Sein lassen sich kaum noch unterscheiden, ebenso wenig wie die virtuellen Realitäten und die „wirklichen" Realitäten. Politische und pädagogische Themen werden nicht primär kognitiv transportiert, sondern ganzheitlich inszeniert. Ob ein Pädagoge von einem Thema begeistert ist und ob er zu begeistern vermag, hängt nicht nur von seinem Wissen, sondern auch von seiner Person und von seinem Stil ab.

Für pädagogisches Handeln wesentlich ist auch das Verhältnis von Kognitionen und Emotionen. Die Pädagogik basiert großenteils auf einem rationalistischen, kognitivistischen Menschenbild: Der Homo sapiens ist ein „animal rationale", seine Handlungen sind intentional und vernunftgeleitet. Pädagogik „appelliert" an diese Vernunft: durch die Vermittlung „gesicherten" Wissens und durch rationale Argumentationen. Die Vernunftanteile menschlichen Handelns sind jedoch offenbar geringer als die optimistische Aufklärungspädagogik es erhofft. Ohne diese Frage hier in ihrer philosophischen, psychologischen und neurologischen Komplexität zu entfalten, schließen wir uns der Position GERHARD ROTHs an:

„Vernunft und Verstand sind eingebettet in die affektive und emotionale Natur des Menschen. Die weitgehend unbewusst arbeitenden Zentren des limbischen Systems bilden sich nicht nur viel früher aus als die bewusst arbeitenden corticalen Zentren, sondern sie geben auch den Rahmen vor, innerhalb dessen diese arbeiten. Das limbische System bewertet alles, was wir tun, nach gut oder lustvoll und damit erstrebenswert bzw. nach schlecht, schmerzhaft oder nachteilig und damit zu vermeiden und speichert die Ergebnisse dieser Bewertung im emotionalen Erfahrungsgedächtnis ab. Bewusstsein und Einsicht können nur mit ›Zustimmung‹ des limbischen Systems in Handeln umgesetzt werden" (ROTH 2001, S. 451 f.).

1.2 Das Verhältnis zwischen Kursleitern und Teilnehmern

*"Und wir gingen auseinander, ohne einander verstanden zu haben.
Wie denn auf dieser Welt keiner leicht den anderen versteht."
(J. W. GOETHE: Die Leiden des jungen Werther)*

Konstruktivistisch betrachtet ist das Verhältnis zwischen Kursleitern und Teilnehmern „entkoppelt". Beide sind autopoietische, selbstreferenzielle „Systeme", deren Relevanzkriterien durch autobiografische Erfahrungen, kritische Lebensereignisse und soziokulturelle Lebensverhältnisse geprägt sind. Was für A bedeutsam und interessant ist, ist oft für B irrelevant und uninteressant. Bedeutungen können nicht ohne weiteres von A nach B transportiert werden. Das pädagogische Verhältnis – so NIKLAS LUHMANN – ist durch *doppelte Kontingenz*, d. h. durch Mehrdeutigkeiten und damit auch unvermeidbare Missverständnisse gekennzeichnet. Lineare kausale Interventionen – wenn A so handelt, reagiert B so – funktionieren nicht. Autopoietische Systeme sind nicht von außen determinierbar, sie handeln strukturdeterminiert. Eine Garantie für erfolgreiche pädagogische Impulse gibt es nicht. Auch Gruppenarbeit, Projektorientierung, Metakommunikation wirken situations- und kontextbezogen. Sogar Lehrende, die über jahrelange pädagogische Erfahrungen verfügen, werden immer wieder überrascht – vorausgesetzt, sie nehmen noch Überraschungen wahr.

NIKLAS LUHMANN und KARL E. SCHORR beschreiben diese doppelte Kontingenz so: „Ein interaktives Sozialsystem dieser Art, in dem Zeithorizonte, Erwartungen und Erinnerungen der Beteiligten übereinander greifen, ist nicht rational dekomponierbar. Das heißt: Es lässt sich nicht in Teile oder Teilschritte zerlegen." Und: „Die Unterrichtssituation ist wie jede soziale Situation eine Situation mit doppelter Kontingenz, die als solche auf beiden Seiten bewusst wird: Beide wissen, dass beide wissen, dass man auch anders handeln kann" (LUHMANN / SCHORR 1988, S. 121).

Aus neurologischer Sicht bestätigt GERHARD ROTH diese „Verborgenheit" und Undurchschaubarkeit: Sender und Empfänger können Informationen austauschen („Es ist 12:30 Uhr"), aber keine Bedeutungen. Bedeutungen sind erfahrungs- und kontextabhängig.

„In dem Maße, in dem bei jedem Menschen das Sprachgedächtnis verschieden ist, d. h. für bestimmte Worte und Sätze unterschiedliche Kontexte enthält, haben diese Worte und Sätze unterschiedliche Bedeutung" (ROTH 2002, S. 363).

"So viele Gehirne, so viele Bedeutungswelten!" (ebd. S. 364). *"Eine gemeinsame Sprache täuscht uns allerdings dabei; sie überdeckt meist die tief greifenden Unterschiede in der privaten Lebenserfahrung" (ebd. S. 366)*. *"Missverstehen ist das Normale, Verstehen die Ausnahme" (ebd. S. 367)*. *"Der lebenskundige Mensch wird als Ehepartner, Pädagoge, Vorgesetzter oder Politiker deshalb von dem Grundsatz ausgehen, dass das, was er sagt, in anderen Menschen aller Wahrscheinlichkeit nach eine andere Wirkung als die von ihm beabsichtigte erzeugt" (ebd. S. 367)*.

Diese Thesen einer operationalen Geschlossenheit sind plausibel. Und dennoch verhalten wir uns in der pädagogischen Praxis meist anders: *Wir tun so, als ob* wir die anderen verstehen würden und als ob sich unsere Bedeutungen mitteilen ließen. Ein solches „Als-ob-Handeln" (VAIHINGER 1924) ist auch notwendig, um die Freude an der Bildungsarbeit nicht zu verlieren. Ein Pädagoge ohne ein Mindestmaß an Illusionen ist kaum erfolgreich. Auch Illusionen sind wirkungsvoll. Denn autopoietische Systeme sind nicht nur *entkoppelt*, sie sind auch *strukturell gekoppelt*. Zwischen Lehrenden und Lernenden bestehen ähnliche Erfahrungen, Wertvorstellungen, Interessen. Auch wenn wir uns nur mit Einschränkungen verstehen, so haben wir doch oft eine Ahnung, was gemeint sein könnte, wir stellen Hypothesen auf, die wir z. B. durch Rückfragen falsifizieren oder verifizieren.

So gilt neben der These des permanenten Missverstehens die These PAUL WATZLAWICKs von der *Unmöglichkeit der Nichtkommunikation*. In einem Seminar sind immer alle Anwesenden (manchmal sogar die Abwesenden) an der Kommunikation beteiligt. Kursleiter wirken nicht nur und vielleicht nicht einmal vorrangig durch das, was sie sagen. Sie wirken „charismatisch" durch die Intonation, die Terminologie, die scheinbar unscheinbaren Körpersignale, die Empfindungen, die Emotionen, die Haltung ... Umgangssprachlich heißt es treffend: „Jemand steht hinter einer Sache," er macht sich eine Position „zu eigen", er „verkörpert" seinen Standpunkt ... Wissen wird nicht nur „gewusst", sondern auch gelebt. Wissen wird nicht vermittelt, sondern inszeniert. Man sieht es einem Kursleiter an, ob er von einem Thema begeistert ist – genauso, wie man den Teilnehmern Interesse und Desinteresse ansieht. Zwar sind die Gedanken frei und unsichtbar, und dennoch sind Unlust, Langeweile und Unachtsamkeit für den Beobachter meist wahrnehmbar.

In einer Seminargruppe wird miteinander und voneinander gelernt, wenn eine Schwingung, eine Resonanz zustande kommt, wenn „auf einer Wellenlänge" gedacht und gelacht wird, wenn eine anregende Atmosphäre entsteht, in der das Bemühen um Verständigung im Vordergrund steht. Für eine solche Atmosphäre lassen sich günstige Rahmenbedingungen herstellen.

An dem Gelingen eines Seminars sind alle beteiligt, wenn auch mit verteilten Rollen. Die Lehrenden sind für eine sorgfältig vorbereitete und teilnehmerorientierte Lehre verantwortlich. Die Lernenden sind für ihren Lernprozess verantwortlich. Eine Überregulierung des Seminars ist genauso kontraproduktiv wie ein Laisserfaire.

Das pädagogische System kann als dynamisches Spannungsfeld von Bestätigung und Verunsicherung, von Selbstreferenz und Fremdreferenz (z. B. durch den „Anspruch der Sache") beschrieben werden. Wissensangebote müssen biografisch anschlussfähig sein, aber sie müssen auch Neuigkeiten und Perturbationen beinhalten. Nur wenn in Seminaren ein gewisses Maß an „Selbststabilisierung" gefördert wird, können auch Irritationen und Verunsicherungen zugelassen werden. Nur wenn die Selbstreferenz der Teilnehmer respektiert wird, können Fremdreferenzen akzeptiert werden. Vermittelt werden diese Spannungen durch die Emergenz der autopoietischen Systeme. Emergenz meint das Wachsen und Reifen von Einsichten und Überzeugungen.

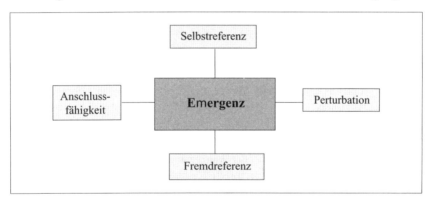

Abb. 23: Dynamik des Bildungsprozesses

Seminare sind komplexe soziale Systeme, die sich mehr durch Eigendynamik als durch Fremdsteuerung entwickeln.

> SIEGFRIED SCHMIDT greift H. v. FOESTERs Unterscheidung zwischen trivialen und nicht trivialen Maschinen auf:
>
> „Triviale Maschinen sind von außen nach Belieben steuerbar, nicht triviale dagegen erzeugen ihre inneren Ordnungszustände allein auf Grund eigener Aktivitäten, das heißt, sie sind selbst organisiert. Alle Einflüsse, die von außen (also von der Umwelt) auf nicht triviale Maschinen einwirken, werden von diesen nach ihren systemeigenen Bedingungen in systemspezifische Zustände transformiert. Solche Maschinen bezeichnet man als optional geschlossen. Daraus folgt, dass kognitive Systeme ihre Umwelt nicht abbilden, sondern konstruieren ... Daraus folgt im Hinblick auf Lehren und Lernen, dass Lehren nur dann erfolgreich sein kann, wenn es kognitive Systeme zum Selbstdenken motiviert ... Körper, Gedanken, Gefühle und Bewerten bilden die Ganzheit, die beim Lehren wie beim Lernen zur Wirkung kommen" (SCHMIDT 2001, S. 20 ff.).

Lehrer und Schüler, Kursleiter und Teilnehmer konstruieren sich gegenseitig und handeln entsprechend. Aus der Schulforschung wissen wir, dass LehrerInnen sich – z.B. aufgrund tatsächlicher oder fiktiver Informationen über das Elternhaus – ein Bild von SchülerInnen machen, dass sie diese dementsprechend fordern und fördern und dass die SchülerInnen – im Sinne einer Self-fulfilling-Prophecy – die erwarteten Leistungen erbringen.

Ein „schwieriger Teilnehmer" ist in der Wahrnehmung des Kursleiters und vielleicht auch einiger anderer Teilnehmer „schwierig" – und wird dementsprechend „behandelt".

Das Bildungssystem als System unterscheidet sich von anderen Systemen – z.B. Familie, Gesundheitswesen – durch eine spezifische Leitdifferenz, nämlich die Lernleistung. ROLF HUSCHKE-RHEIN stellt die These auf: Im Bildungssystem spielen „die psychischen Prozesse, die Gefühle und die Emotionen von Lehrern und Schülern keine *primäre* Rolle, sie werden nur dann zum Thema, wenn sie als *Störgrößen* in Erscheinung treten, wenn beispielsweise Kinder so aggressiv werden, dass niemand mehr lernen kann. Ob jemand Hunger hat oder schlechte Laune, nicht gut geschlafen hat, Liebeskummer oder Bauchschmerzen hat – also alles Dinge, die uns normalerweise als Menschen wichtig sind –, diese sind vom Lernsystem her nur als Störfaktoren interessant" (HUSCHKE-RHEIN 1998, S. 61).

Dem ist einerseits zuzustimmen: Kein Lehrer oder Kursleiter kann alle Befindlichkeiten und Stimmungen in einer Klasse ständig zur Sprache bringen und behandeln. Andererseits wissen wir aus der neueren neurowissenschaftlichen Forschung (vgl. CIOMPI 1997, DAMASIO 2000, ROTH 2001), dass sich kognitive und affektive neuronale Prozesse vermischen, dass die unbewussten Anteile des Lernens größer sind als vielfach angenommen wurde. Deshalb stellen Lehrende ständig Hypothesen auf, welche Lernthemen und Lernsettings Neugier wecken, als interessant und relevant wahrgenommen werden, mit Lustgefühlen verbunden sind. Es können also Lernkontexte angeboten werden, in denen sich produktive Lerngefühle entwickeln.

Lehren und Lernen beruht auf Gegenseitigkeit. Die TeilnehmerInnen sind freundlich zu den Lehrenden, sie spielen ein Spiel mit, sie lassen die Lehrenden nicht „im Stich", sie gehen auf Fragen ein und versuchen herauszufinden, was die Lehrenden gerne hören möchten. Auch die (meisten) TeilnehmerInnen bemühen sich um Anschlussfähigkeiten in der Kommunikation mit den Lehrenden. Beide Seiten vertrauen darauf, dass die Spielregeln eingehalten werden. Ein Seminar wird nicht nur von Erwartungen, sondern auch von Erwartungserwartungen geprägt. Seminare sind auf wohlwollende Unterstellungen angewiesen.

Lehr-Lern-Situationen sind multidimensional, multifaktoriell und auch multiintentional. Jede Situation ist einmalig, aber auch mehrdeutig, nicht perfekt plan- und steuerbar. Solche Situationen entwickeln eine Eigendynamik, die oft durch „Schmetterlingseffekte", d.h. geringfügige Anlässe, perturbiert wird (vgl. ARNOLD u.a. 1998, SCHÜSSLER 2000).

„So stimmen unterschiedliche Professionstheorien darin überein, dass ein entscheidendes Strukturmerkmal des Lehrerberufs das Handeln in nicht oder nur schwach standardisierbaren Problemsituationen ist. Lehrerhandeln wird deshalb beschrieben als ein Handeln in ergebnisoffenen Situationen, das nur begrenzt planbar ist ... Typisch für eine solche suchende, experimentelle und forschende Haltung in offenen Situationen scheint darüber hinaus, dass Ziele und Probleme oft erst im Laufe von Veränderungen erfahren, formuliert und probeweise bearbeitet werden" (BASTIAN/COMBE 2002, S. 7).

Ein solches „heuristisches" Verständnis von Bildungsarbeit unterscheidet sich von einer curriculumtheoretischen Didaktik mit ihrer detaillierten Steuerung der Lernprozesse durch Operationalisierung der Lernziele, Programmierung der Lernschritte und ständige Lernzielkontrollen. Eine Folge dieses Konzepts war nicht selten eine „Übersteuerung".

Systemisch-konstruktivistisches Denken als pädagogische Kompetenz

Planbar und steuerbar sind die Kontexte, nicht aber die Lernprozesse selber.
Die PISA-Studie scheint diese These zu bestätigen: Generell erzielten diejenigen Schüler bessere Ergebnisse, die gelernt hatten, Inhalte selbstständig zu erarbeiten und zu reflektieren (BASTIAN/COMBE 2002, S. 7).

Der Stellenwert der Wissensvermittlung ändert sich: Die Aneignung fachlichen Wissens ist kein Selbstzweck, sondern Wissen wird „bei Bedarf" zur Verfügung gestellt, um Probleme zu lösen und Wirklichkeitskonstruktionen zu differenzieren.

> PAUL WATZLAWICK hat die provokative These aufgestellt, dass fachlich hoch qualifizierte Lehrer keine optimalen Pädagogen sind, wenn sie selber in ihrem Fachstudium nie Probleme hatten und deshalb die Lernschwierigkeiten ihrer Schüler kaum nachvollziehen können.

Lehrende sind nicht unmittelbar verantwortlich für die Lernprozesse, für Lernwiderstände, für Desinteresse, für den „Dropout" in einem Seminar. Von Lehrenden sind Kompetenz und Engagement zu erwarten, aber nicht Allzuständigkeit. Insofern trägt der systemisch-konstruktivistische Blick zur *Entlastung* der Lehrenden bei.

Der Erziehungswissenschaftler JOCHEN KAHLERT hat vorgeschlagen, Lehrende sollten sich nicht als Lokomotivführer, sondern als Reisebegleiter verstehen. Aufgabe des Reisebegleiters ist aber zunächst nicht die Steuerung, sondern die Beobachtung der Prozesse.

1.3 Kompetenz Vernetzung

In zunehmendem Maße sind PädagogInnen nicht nur lehrend, beratend, verwaltend, sondern auch als Gestalter von Netzwerken des Lernens tätig. So haben sich Programmplanung und Angebotsstrukturen von Einrichtungen der Erwachsenenbildung in den vergangenen Jahren nachhaltig verändert.

„Das so genannte kursale, an eine breite Öffentlichkeit gerichtete, in Unterrichtsstunden organisierte und messbare Veranstaltungsangebot ist ergänzt und ausgebaut worden. Politische Bildung wird vielfach als eine gesellschaftliche Initiative und gemeinwesenorientierte Dienstleistung betrieben" (BOTHE/HEINEN-TENRICH 2002, S. 5).

MitarbeiterInnen der Erwachsenenbildung „begleiten und betreuen eigenverantwortliches und selbstorganisiertes Arbeiten in Gruppen ..., sind WeiterbildungspartnerIn, BeraterIn und Unterstützungseinrichtungen (Support) für örtliche Gruppen, Initiativen, Vereine und Projekte ..., initiieren, kooperieren und übernehmen das Management bei Projekten ..., stoßen Kampagnen und Initiativen an ..., bilden eine Plattform, sind BündnispartnerIn und organisieren Vernetzungen ..." (ebd. S. 21). Auch als KursleiterInnen regen sie die TeilnehmerInnen an, nicht nur Kurse zu besuchen, sondern ihr Wissen in außerschulischen Gruppen und Initiativen zu erweitern und anzuwenden.

Ein solches pädagogisches und andragogisches Netzwerkmanagement erfordert spezifische Kompetenzen und ein (semiprofessionelles) Know-how. Dabei vermischt sich implizites und explizites Wissen, also Lebenserfahrung und organisatorisches Geschick mit Fachwissen über lokale Institutionen und Strukturen.

Es soll hier nicht auf die Vor- und Nachteile, die Möglichkeiten und Gefahren des – zum Teil neumodischen – Netzwerkmanagements, sondern lediglich auf einige Qualifikationsanforderungen hingewiesen werden. Dabei handelt es sich großenteils um extrafunktionale Fähigkeiten, nicht unbedingt um ein spezialisiertes wissenschaftliches Wissen.

Systemisch-konstruktivistisches Denken als pädagogische Kompetenz

Zum Aufbau wirksamer und dauerhafter Lernnetzwerke gehört es, *die richtigen Leute zur rechten Zeit an die richtigen Tische* zu bringen. Die Initiatoren solcher Netzwerke müssen Kooperationspartner motivieren, latente Ressourcen und Kompetenzen erkennen und aktivieren, heterogene Gruppen moderieren, Konfliktthemen rechtzeitig erkennen, Diskussionen strukturieren und (Zwischen-)Ergebnisse sichern.

Es geht auch darum, sich auf gemeinsame Ziele zu verständigen, Regeln der Beteiligung und Arbeitsteilung festzulegen, Prozesse, Strukturen und Interessenkonflikte transparent zu machen, eine angenehme Arbeitsatmosphäre herzustellen.

Solche Netzwerke sind erfolgreich, wenn alle Beteiligten von dem Projekt profitieren (es also keine „winner and looser" gibt), wenn alle Personen inhaltlich engagiert sind, wenn die sozialemotionalen Reibungsverluste nicht zu groß und der Zeitaufwand erträglich ist, wenn es keine – oder nur wenige – „Trittbrettfahrer" gibt.

Zum Netzwerkmanagement gehört ein effektives Marketing und eine wirksame Öffentlichkeitsarbeit, auch eine selbstkritische Evaluation – gegebenenfalls eine Beendigung der Projektarbeit und eine Auflösung des Netzwerks.

In einem umfassenden Sinn kann Vernetzung *(„connectivity")* als *kognitive Schlüsselkompetenz* bezeichnet werden:

Leben ist nicht denkbar ohne Vernetzung. Für WILHELM VON HUMBOLDT ist „Bildung" identisch mit der „Verknüpfung unseres Ichs mit der Welt zu der allgemeinsten und freiesten Wechselwirkung" (V. HUMBOLDT 1793/1964, S. 6)

Nur wer sein Ich mit der Welt ständig neu verknüpft, bleibt lebendig. *„Wechselwirkung"* ist wie Ein- und Ausatmen: Welt in sich aufnehmen und Welt aktiv gestalten.

Eine solche Verknüpfung erfolgt durch verantwortungsvolles Handeln, erfordert aber zunehmend komplexere Lernprozesse. Vernetzendes Lernen entsteht nicht ohne weiteres aus Erfahrung, sondern Erfahrung ist Ergebnis einer Vernetzung von Praxis, Theorie und Reflexion. Erfahrungen werden aktiv konstruiert, aber auch ständig rekonstruiert und dekonstruiert. Biografische Erfahrungen sind nicht kristallisiert, sondern fluide, flüssig. Angesichts neuer gesellschaftlicher Rahmenbedingungen müssen Erfahrungen ständig neu gewichtet und bewertet, modifiziert und relativiert werden.

Kompetenz Vernetzung

Vernetztes Lernen erfordert ein Bemühen um *Zusammenhänge*. Zusammenhänge sind nicht offensichtlich, sie sind nicht vorhanden, sondern sie müssen hergestellt, konstruiert werden.

Kognitive Netze sind der Versuch, solche Zusammenhänge zu erzeugen. Im Unterschied zu einem Metallgitter sind kognitive Netze beweglich, flexibel. Wenn neue Knoten geknüpft, festgezurrt oder gelockert werden, verändert sich die gesamte Struktur des Netzes. Netze – z. b. eine Hängematte – sind nur zweckmäßig, wenn sie haltbar, aber auch elastisch sind. Rigide Ideologien sind wenig lebensdienlich, ebenso wenig wie unübersichtliche Informationsmassen.

Vernetztes Lernen ist ein lebenslanger Prozess. Vernetzen heißt „in der Welt sein", heißt seine Biografie in Bewegung halten, heißt sich seiner geschichtlichen und kulturellen Wurzeln bewusst sein und für Zukunft offen bleiben. Vernetzen heißt mit anderen zusammen leben („learning to live together"), aber auch sich abgrenzen, sich distanzieren. Ein Sponti-Spruch lautete: „Wer für alles offen ist, ist nicht ganz dicht."

Konstruktivistische Schlüsselbegriffe des vernetzten Lernens sind Anschlussfähigkeit, Perturbation, Perspektivenverschränkung und strukturelle Koppelung.

Anschlussfähigkeit: Erwachsene verfügen über kognitive Strukturen, emotionale Muster, „innere Bilder", Spuren und Wissensnetze. Erwachsene betreten einen Seminarraum mit ihrem unverwechselbaren biografischen Gepäck. Sie verfügen über einen „Detektor", der neues Wissen auf seine Anschlussfähigkeit überprüft. Wahrgenommen wird aber nicht nur Bekanntes, sondern auch interessantes kontrastierendes Neues.

Diese Aufgeschlossenheit für Ungewohntes und Fremdes, für Überraschendes und Irritierendes wird als *Perturbation* bezeichnet. Perturbation ist eine „Störung" des Systems, die als produktiv und konstruktiv erlebt wird. Ein Seminar ohne Perturbationen wird schnell vergessen. Auch LehrerInnen regen vor allem durch – didaktische und methodische – „Überraschungen" zum Lernen an. Perturbationsbereitschaft ist eine Voraussetzung für lebenslanges Lernen. Wer sich als Erwachsener nicht mehr perturbieren lässt, dessen Lernfähigkeit sinkt auf den Nullpunkt.

Vernetztes Lernen ist ein kommunikativer sozialer Prozess. Ein Schlüsselbegriff des sozialen Lernens ist *Perspektivenverschränkung*. Auch wenn Individuen als autopoietische Systeme „operational geschlossen" sind, so können sie sich doch bemühen, die Perspektiven anderer zur Kenntnis zu nehmen. Horizonterweiterndes Lernen erfordert eine Verschränkung unterschiedlicher Blicke und die Fähigkeit, verschiedene Standpunkte einzunehmen. Fehlende Perspektivenverschränkung begünstigt Intoleranz und Dogmatismus.

Perspektivenverschränkung verweist auf die Systemik der *strukturellen Koppelung*. Wir leben in vernetzten Systemen, die strukturell miteinander gekoppelt sind. Subjekt/Objekt, Erkenntnisgegenstand/Erkenntnisakteur, Individuum/soziales Milieu, Biografie/Gesellschaft, Vergangenheit/Zukunft – alles ist vernetzt und bedingt sich wechselseitig.

Strukturelle Koppelung basiert auf der *„Einheit der Differenz".* Diese Einheit der Differenz ist komplizierter und komplexer, auch abstrakter und kontingenter denn je – man denke nur an die globalen ökonomischen und politischen Verflechtungen. Vernetztes Lernen ist deshalb immer auch begrifflich-theoretisches Lernen.

2. Bilanz und Perspektiven

> *„Für den nötigen ›Ruck‹, der in unserer Gesellschaft eine neue breite Lernbewegung auslösen soll, brauchen wir offenbar eine die Menschen ganzheitlicher ansprechende, die Pädagogen wie die Lernenden innerlich fesselnde Gesamtperspektive."*
> *(DOHMEN 2002, S. 47)*

- Die Lage unseres Bildungssystems ist unübersichtlich. Die Bestandsaufnahmen und Evaluationen, die Analysen der Stärken und Schwächen, die Beurteilung der schulischen Leistungen und des Bildungsniveaus der AbsolventInnen, die Reformvorschläge und pädagogischen Zukunftsvisionen sind extrem unterschiedlich, oft sogar gegensätzlich. Für alle Bewertungen lassen sich Beispiele und Gegenbeispiele finden. Übereinstimmung besteht allenfalls darin, dass vieles anders werden muss und dass jeweils „die anderen" – Lehrer, Politiker, Schüler, Medien, Lehrerbildner ... – Schuld an der Misere sind. Auch die folgenden Einschätzungen sind – selbstverständlich – beobachtungsabhängig und relativ.
- Je komplexer die sozialen und institutionellen „Systeme" sind, desto unzureichender sind monokausale Erklärungen. Für solche komplexen Systeme sind Vernetzungen, Wechselwirkungen, unkalkulierbare und unerwünschte Effekte und Nebenwirkungen typisch. Trotz dieser Unwägbarkeiten sind *„Pädagogikfolgenabschätzungen"* unerlässlich.
- Traditionelle bürokratisch-administrative Steuerungsinstrumente der Bildungspolitik sind häufig ineffektiv oder sogar kontraproduktiv. Viele Probleme des Bildungssystems resultieren aus *„Übersteuerungen"* – z. B. durch innovationshemmende Erlasse und Verordnungen. Reformen werden dadurch oft erschwert, Selbstverantwortlichkeit wird geschwächt.
- *Selbststeuerung, Selbstorganisation, Emergenz, Eigendynamik* sind Schlüsselbegriffe eines Paradigmas, das sich in vielen gesellschaftlichen Systemen und auch im Bildungssystem bewährt.
- Im Bildungswesen verliert eine *normativ aufgeladene Pädagogik* an Bedeutung. Auch eine auf ein Erzieher-Zögling-Verhältnis begründete Emanzipationspädagogik kann kaum noch mit Akzeptanz rechnen, obwohl Emanzipation im Sinne von Selbstaufklärung weiterhin eine regulative Idee ist.

- *Lebenslanges, lebensbegleitendes Lernen* setzt sich als Normalfall zunehmend durch, wobei lebenslanges Lernen umfassender ist als die permanente Beteiligung an institutionalisierter Weiterbildung.
- Weiterbildung wird *„entgrenzt"*, sickert in fast alle Lebensbereiche und Systeme ein (z. B. Gesundheitswesen, Tourismus, Familie). Lebenslanges Lernen wird zunehmend arbeitsintegriert und lebensweltintegriert (z. B. Lernen anlässlich von Talkshows, Quizsendungen, Krimis etc.).
- Stand bisher bildungspolitisch ein institutioneller Ausbau des quartären Weiterbildungssektors im Vordergrund, so geht es nun um den Aufbau flexibler funktionaler *Netzwerke,* die neue Lehr-Lern-Kulturen ermöglichen. Ein Konkurrenzdenken in der Weiterbildung ist disfunktional geworden.
- Auch Bildungseinrichtungen sind selbstreferenzielle strukturdeterminierte Systeme und als solche relativ *lern- und veränderungsresistent.* So verändern sich solche Systeme nur dann nachhaltig, wenn alle Betroffenen beteiligt sind und Innovationen auch im Eigeninteresse für wünschenswert halten.
- Erkennbar ist eine *Pädagogisierung der Ökonomie (*vgl. die Literatur zur Wissensgesellschaft) und zugleich eine *Ökonomisierung der Pädagogik* (vgl. die Literatur zum Bildungsmanagement). Intelligentes Bildungsmanagement vernetzt ökonomische und pädagogische Logiken.
- In der bildungspolitischen und in der pädagogisch-andragogischen Diskussion ist eine (neue) *Lernorientierung* „in". Die „Subjekte" sollen selber entscheiden, was, wann und wie sie lernen. Einerseits entlasten sich damit Staat und Pädagogik von ihrer Verantwortung und delegieren Entscheidungen über das zu Lernende. Andererseits gibt es keine vernünftige Alternative zur Anerkennung der Selbststeuerung des Lernens.
- Der *Lernbegriff* wird auf nicht personale Systeme – lernende Organisation, lernende Region, lernende Gesellschaft – ausgedehnt, lässt sich aber nicht völlig entpersonalisieren.
- Eine *„lernende Bildungseinrichtung"* ist nicht nur dadurch charakterisiert, dass sie „offen" für neue Entwicklungen ist und dass die MitarbeiterInnen lernmotiviert sind, sondern dass auch *Strukturen* geschaffen werden, die Innovationen auf Dauer fördern (z. B. durch institutionalisierte Selbstbeobachtung).
- In der neueren Lerntheorie wird einerseits eine Effektivitätssteigerung durch computerisierte Programme prognostiziert, andererseits werden *informelle Formen* des Lernens wiederentdeckt und aufgewertet (Erfahrungslernen, implizites Wissen, Intuition, gesunder Menschenverstand).
- Neben dem kognitiven Lernen werden *Emotionalität* und auch *körperliche Empfindungen* durch neurowissenschaftliche Forschungen untersucht. Der emotionalen Kompetenz wird zunehmend eine Schlüsselfunktion für Lebensführung und berufliche Karriere beigemessen.

- Die *High-tech-high-touch-Hypothese* (J. NAISBITT 1984) besagt, dass mit der Computerisierung der Arbeit und des Lernens das Bedürfnis nach sozialemotionalen Face-to-Face-Kontakten wächst, sodass Seminare nicht überflüssig werden, aber ihre Funktion sich verändert.
- An Bedeutung gewinnen *metakognitive Kompetenzen*, d.h. die reflexive Selbstbeobachtung zur Verbesserung der Lernfähigkeiten sowie zur Optimierung des selbst gesteuerten Lernens.
- Neues Wissen, das a) biografisch nicht anschlussfähig ist und/oder b) nicht als relevant und zweckmäßig wahrgenommen wird, bleibt *äußerliches, träges Wissen*. Entsprechende Veranstaltungen produzieren „kognitives Rauschen".
- Persönlichkeitsbildend sind Lernprozesse dann, wenn nicht nur Wissensnetze erweitert und differenziert werden, sondern wenn auch ein *Reframing* der Beobachtungs- und Unterscheidungsperspektiven stattfindet (z.B. eine neue Sicht des Fremden, des Selbst, der Umwelt).
- Innerhalb der *Lernwissenschaften* findet eine interdisziplinäre Vernetzung von Naturwissenschaften (z.B. Neurobiologie), Sozialwissenschaften (z.B. Systemtheorie) und Geisteswissenschaften (z.B. Hermeneutik) statt.
- Das *systemisch-konstruktivistische Denken* erweist sich auch im Bildungsbereich zunehmend als ergiebig, nachdem die Spitzen des „radikalen" Konstruktivismus abgeschliffen worden sind.
- Neurowissenschaftlich, aber auch kognitionspsychologisch ist Lernen ein *autopoietischer, selbst gesteuerter und emergenter* Prozess, der von außen – z.B. durch Lehre – nur indirekt reguliert werden kann.
- Lernen hat eine lebensdienliche Funktion und erfolgt in lebensweltlichen Kontexten. Zugleich muss die *Strukturdeterminiertheit* des Lernens didaktisch ernst genommen werden. Daraus folgt, dass Lernen nicht nur erlebnisintensiv und projektförmig zu gestalten ist, sondern dass Lernen auch als Verfeinerung mentaler Strukturen – also kognitive Strukturen inklusive Beobachtungen zweiter Ordnung, sensorische Strukturen inklusive einen „Blick" für sozialemotionale Phänomene, motivationale Strukturen z.B. für Fremdes – zu fördern ist.
- Interner Maßstab des Lernens ist *Viabilität*: Lernaktivitäten müssen sich als sinnvoll, lebensdienlich und nützlich erweisen.
- Lernen ist eng mit Leben und Lebensqualität verflochten. In Anlehnung an eine Kommunikationsthese von PAUL WATZLAWICK kann behauptet werden: *Man kann nicht nicht lernen.* Gleichzeitig gilt: Zielgerichtetes Lernen will gelernt sein. Und: Lernen muss gewollt werden.
- Ungewöhnliche Lernorte, anregende Lernarrangements, Humor, kognitive Überraschungen können dazu beitragen, dass Lernen nicht nur als notwendig, sondern auch als *lustbetont* und als *bereichernd* erlebt wird.

- Es empfiehlt sich, Teilnehmende und Lehrende als *getrennte „Systeme"* zu betrachten: Das, was gelernt wird, hängt von der Struktur des Lernsystems ab und ist nicht identisch mit dem, was gelehrt wird. Bestenfalls ist eine wechselseitige Perturbation möglich.
- Auf systematische Wissensvermittlung kann auch in Zukunft nicht verzichtet werden. Allerdings wächst – insbesondere in der Erwachsenenbildung – die Bedeutung der *Konstruktionsmethoden* im Vergleich zu den herkömmlichen *Instruktionsmethoden*.
- *Lehre* in der Erwachsenenbildung ist deshalb weniger direkte Wissensvermittlung oder Belehrung, sondern vor allem Lernberatung, Gestaltung von Lernsettings und Ermöglichung von Differenzerfahrungen.
- Die Metapher, die sowohl die Komplexität der Umwelten und der Lernanforderungen als auch die neuronalen und psychischen Prozesse beschreibt, ist *„Vernetzung"*. Lernen ist Vernetzung von neuronalen Assoziationsfeldern sowie Verknüpfung von multidisziplinären Wissensbeständen und Qualifikationsanforderungen.
- *Vernetztes Lernen* heißt: 1. analytisches Denken und synthetisches Denken zu verbinden und 2. nicht nur in Kausalketten, sondern auch in *Kausalnetzen* denken zu können.
- Dieses neue Paradigma ist kompatibel mit einem *Bildungsbegriff.* Bildung ist das Bemühen um Zusammenhänge, das Bewusstsein der Konstruktivität der mentalen Welten und die Reflexion eigenen Denkens, Fühlens und Handelns.
- In einer individualisierten und pluralisierten Gesellschaft kann Bildung nicht mehr durch einen verbindlichen Kanon an Kulturgütern festgelegt werden. Bildung lässt sich nicht vermitteln, aber es können günstige Bildungsanlässe und Rahmenbedingungen arrangiert werden.

Literaturverzeichnis

Anders, Günther: Die Antiquiertheit des Menschen. München 1956.
Arnold, Rolf: Die emotionale Konstruktion der Wirklichkeit. Hohengehren 2005
Arnold, Rolf: Natur als Vorbild. Frankfurt 1993.
Arnold, Rolf u. a.: Wandel der Lernkulturen. Darmstadt 1998.
Arnold, Rolf u. a.: Forschungsmemorandum. Hg.: Sektion Erwachsenenbildung der DGfE. Frankfurt 2000.
Arnold, Rolf: Das Santiago-Prinzip. Köln 2000.
Arnold, Rolf: Evolutionstheorien. In: R. Arnold u. a.: Wörterbuch Erwachsenenpädagogik. Bad Heilbrunn 2001, S. 108 ff.
Arnold, Rolf: Von Lehr-/Lernkulturen – auf dem Weg zu einer Erwachsenendidaktik nachhaltigen Lernens? In: U. Heuer (Hg.): Neue Lehr- und Lernkulturen in der Weiterbildung. Bielefeld 2001, S. 101 ff.
Arnold, Rolf/Siebert, Horst: Die Verschränkung der Blicke. Hohengehren 2006
Arnold, Rolf/Siebert, Horst: Konstruktivistische Erwachsenenbildung. Baltmannsweiler 1995.
Arnold, Rolf/Gieseke, Wiltrud/Nuissl, Ekkehard (Hg.): Erwachsenenpädagogik. Hohengehren 1999.
Arnold, Rolf/Nolda, Sigrid/Nuissl, Ekkehard (Hg.): Wörterbuch Erwachsenenpädagogik. Bad Heilbrunn 2001.
Arnold, Rolf/Pätzold, Henning: Schulpädagogik kompakt. Berlin 2001.
Auszra, Susanne: Interaktionsstrukturen zwischen den Geschlechtern. In: Gieseke (Hg.): Handbuch zur Frauenbildung. Opladen 2001, S. 321 ff.
Ayroud-Peter, Katharina: Spurensuche – über die Wahrnehmung von Gewalt. In: Betrifft 2/2002, S. 8 ff.

Literaturverzeichnis

Baecker, Dirk: Die „andere Seite" des Wissensmanagements. In: K. Götz: Wissensmanagement. München 1999, S. 99 ff.

Baethge, Martin, Baethge-Kinsky, Volker: Arbeit – die zweite Chance. In: QUEM (Hg.): Kompetenzentwicklung 2002. Münster 2002, S. 69 ff.

Bardmann, Theodor: Dummheit – ein Zugang zum konstruktivistischen Denken? In: Rusch/Schmidt (Hg.): Piaget und der Radikale Konstruktivismus. Frankfurt 1994, S. 233 ff.

Bastian, Johannes/Combe, Arno: Unterrichtsentwicklung. In: Pädagogik 3/2002, S. 6 ff.

Bayer, Klaus: Evolution – Kultur – Sprache. Bochum 1994.

Beck, Ulrich: Die feindlose Demokratie. Stuttgart 1995.

Beer, Wolfgang: Dem Kampf der Kulturen die Tugend der Differenzierung entgegensetzen. In: kursiv 3/2002, S. 20 ff.

Belenky, Mary: Das andere Denken. Frankfurt 1989.

Blohm, Manfred (Hg.): Berührungen und Verflechtungen – biografische Spuren in ästhetischen Prozessen. Köln 2002.

Bloom, Benjamin: Taxonomy of Educational Objectives. New York 1956.

Bolscho, Dietmar/de Haan, Gerhard (Hg.): Konstruktivismus und Umweltbildung. Opladen 2000.

Bönsch, Manfred: Kritisch-aufklärerische Didaktik. In: Pädagogische Rundschau 49/1995, S. 673 ff.

Bönsch, Manfred (Hg.): Selbstgesteuertes Lernen in der Schule. Neuwied 2002.

Bothe, Kerstin/Heinen-Tenrich, Jürgen: Politische Bildung der Volkshochschulen. Hg.: Arbeitsstelle neue Lernkulturen. Hannover 2002.

Briggs, John/Peat, David: Die Entdeckung des Chaos. München 1999.

Brödel, Rainer: Lebenslanges Lernen – lebensbegleitende Bildung. Neuwied 1998.

Brödel, Rainer (Hrsg.): Weiterbildung als Netzwerk des Lernens. Bielefeld 2004

Bron, Agnieszka/Schemmann, Michael (Hg.): Social Sciences Theories in Adult Education Research. Münster 2002.

Bundesministerium für Bildung und Forschung (Hg.): DELPHI-Befragung 1996/98. Endbericht. Bonn/Basel 1998.

Bundesministerium für Bildung und Forschung (Hg): Berichtssystem Weiterbildung. Bonn 2001.

Buschmeyer, Hermann: FAQ: Selbstgesteuertes, mediengestütztes Lernen. Hg.: Landesinstitut für Schule und Weiterbildung. Soest 2002.

Literaturverzeichnis

Capra, Fritjof: Das neue Denken. Bern 1990.
Capra, Fritjof: Lebensnetz. München 1999.
Capra, Fritjof: Synthese. München 2000.
Capra, Fritjof: Verborgene Zusammenhänge. Bern 2002.
Ciompi, Luc: Die emotionalen Grundlagen des Denkens. Göttingen 1997.
Cornu, Bernhard: E-education. In: E. Pantzar (Hg.): Perspectives on the Age of the Information Society. Tampere 2002, S. 77 ff.

Dausien, Bettina/Alheit, Peter: Biographieorientierung und Didaktik. In: REPORT 3/2005, S. 27 ff.
Damasio, Antonio: Descartes' Irrtum. München 2000.
Dehnbostel, Peter u. a. (Hg.): Vernetzte Kompetenzentwicklung. Berlin 2002.
Derichs-Kunstmann, Karin: Frauenbildung in der gewerkschaftlichen Bildungsarbeit. In: Gieseke (Hg.): Handbuch zur Frauenbildung. Opladen 2001, S. 579 ff.
Dohmen, Günther: Das informelle Lernen. Hg.: bmb+f. Bonn 2001.
Dohmen, Günther: Neue Wende zu einem „natürlicheren" Lernen? In: M. Cordes u. a. (Hg.): Hochschule als Raum lebensumspannender Bildung. Regensburg 2002, S. 47 ff.
Dörner, Dietrich: Die Logik des Misslingens. Reinbek 1993.
Döring, Klaus/Ritter-Mamczek, Bettina: Lern- und Arbeitstechniken in der Weiterbildung. Weinheim 2001.
Drechsel, Barbara: Subjektive Lernvorstellungen von angehenden Lehrerinnen und Lehrern. In: IPN-Blätter 4/2001, S. 6.

Eggert, Dietrich: Von den Stärken ausgehen… Dortmund 2000.
Ehses, Christiane/Heinen-Tenrich, Jürgen/Zech, Rainer: Das lerner-orientierte Qualitätsmodell für Weiterbildungsorganisationen. Hannover 2001.
Erpenbeck, John/Heyse, Volker: Die Kompetenzbiographie. Münster 1999.

Faulstich, Peter: Zeitgeist und Theoriekonstruktion. In: Arnold u. a. (Hg.): Erwachsenenpädagogik. Hohengehren 1999, S. 58 ff.
Faulstich, Peter: Lernen in Wissensnetzen. In: P. Dehnbostel u. a. (Hg.): Vernetzte Kompetenzentwicklung. Berlin 2002, S. 185 ff.
Faulstich, Peter / Vespermann, Per / Zeuner, Christine: Bestandsaufnahme regionaler und überregionaler Kooperationsverbünde / Netzwerke. Universität Hamburg 2001.
Finke, Wolfgang: Lebenslanges Lernen im Informationszeitalter. In: U. Strate, U. Sosna (Hg.): Lernen ein Leben lang. AUE Regensburg 2002, S. 66 ff.
Fischer, Heinz: Mental maps – eine Hinführung zur Wahrnehmungsgeographie. In: Koblenzer Geographisches Kolloquium. 23. Jg. Sonderheft. Koblenz 2001, S. 5 ff.
Foerster, Heinz von: KybernEthik. Berlin 1993.
Fohrbeck / Wiesand: Wir Eingeborenen. Opladen 1981.
Forsblom, Nina, Sillius, Kirsi: Value Added on Web-based Learning Environment. In: E. Pantzar. a.a.O. 2002, S. 103 ff.
Forum Bildung: Lernen – ein Leben lang. Materialien Band 9. Bonn 2001.
Freire, Paulo: Pädagogik der Unterdrückten. Reinbek 1973.
Frohloff, Stefan (Hg.): Gesicht zeigen! Handbuch für Zivilcourage. Frankfurt 2001.

Gaeda, Daniel, Schemann, Michael: Aufgaben und Funktion von Gedenkstättenarbeit. In: kursiv 1/2002, S. 41 ff.
Garz, Detlef: Die Welt als Text. Frankfurt 1994.
Gergen, Kenneth: Erzählung, moralische Identität und historisches Bewusstsein. In: J. Straub (Hg.): Erzählung, Identität und historisches Bewusstsein. Frankfurt 1998, S. 170 ff.
Gerl, Herbert: Praktischer Konstruktivismus. In: R. Arnold u. a. (Hg.): Erwachsenenpädagogik. Hohengehren 1999, S. 69 ff.
Gieseke, Wiltrud (Hg.): Handbuch zur Frauenbildung. Opladen 2001.
Glasersfeld, Ernst von: Radikaler Konstruktivismus. Frankfurt 1997.
Goleman, Daniel: Emotionale Intelligenz. München 1997.
Götz, Klaus (Hg.): Theoretische Zumutungen. Heidelberg 1998.
Götz, Klaus (Hg.): Wissensmanagement. München 1999.
Greif, Siegfried / Kurtz, Hans-Jürgen (Hg.): Handbuch Selbstorganisiertes Lernen. Göttingen 1996.
Griese, Hartmut: Sozialwissenschaftliche Vorläufer und Kritik des Konstruktivismus. In: Arnold u. a. (Hg.): Erwachsenenpädagogik. Hohengehren 1999, S. 103 ff.
Guggenberger, Bernd: Das Menschenrecht auf Irrtum. München 1987.

Haken, Hermann/Haken-Krell, Maria: Gehirn und Verhalten. Stuttgart 1997.
Harris, Marvin: Menschen. Stuttgart 1994.
Harris, Marvin: Fauler Zauber. München 1997.
Haye, Britta/Kleve, Heiko: Reframing in der systemischen Supervision. In: Neumann-Wirsing/Kersting (Hg.): Supervision in der Postmoderne. Aachen 1998, S. 79 ff.
Heckmair, Bernd: Konstruktiv lernen. Weinheim 2000.
Hentig, Hartmut von: Bildung. München 1996.
Heuer, Ulrike/Botzat, Tatjana/Meisel, Klaus (Hg.): Neue Lehr- und Lernkulturen in der Weiterbildung. Bielefeld 2001.
Heyse, Volker u. a.: Lernkulturen der Zukunft. In: QUEM-Bulletin. Berlin 2/2002, S. 23 ff.
Hof, Christiane: Erzählen in der Erwachsenenbildung. Neuwied 1995.
Hogrebe, Wolfgang: Ahnung und Erkenntnis. Frankfurt 1996.
Holzkamp, Klaus: Lernen. Frankfurt 1993.
Humboldt, Wilhelm von: Bildung des Menschen in Schule und Universität. Heidelberg 1793/1964.
Hunt, David: Reading and Flexing. In: A. Claude u. a.: Sensibilisierung für Lehrverhalten. Bonn 1985.
Huschke-Rhein, Rolf: Neue Schulen mit kleineren pädagogischen Lasten. In: R. Voß (Hg.): SchulVisionen. Heidelberg 1998, S. 58 ff.

Illich, Ivan: Entschulung der Gesellschaft. Reinbek 1973.

Jagenlauf, Michael: Erlebnispädagogik. In: R. Arnold u. a., a.a.O. 2001, S. 83 f.

Kade, Jochen: Vermittelbar/nicht-vermittelbar. In: Lenzen/Luhmann (Hg.): Bildung und Weiterbildung im Erziehungssystem. Frankfurt 1997, S. 30 ff.
Kahlert, Jochen: Alltagstheorien in der Umweltpädagogik. Weinheim 1990.
Kaiser, Arnim: Die OECD-Studien und ihre Folgen für die Weiter-bildung. In: Grundlagen der Weiterbildung 2/2002, S 57 ff.
Kaiser, Arnim/Kaiser, Ruth: Metakognition. Neuwied 1999.
Kaiser, Astrid: Verschiedene Kinder sehen die Welt verschieden. In: *R. Voß (Hg.):* Unterricht aus konstruktivistischer Sicht. Neuwied 2002, S. 152 ff.
Kakuska, Reiner (Hg.): Andere Wirklichkeiten. München 1984.
Katz, Christine: Ohne Geschlechtergerechtigkeit keine Nachhaltigkeit. In: Robin Wood Magazin 2/2002, S. 16.
Klingholz, Reiner: Kleine Menschen – große Theorien. In: GEO-Wissen 1/1999, S. 50 ff.
Knoll, Joachim H.: Pluralität und Subsidiarität im System der Erwachsenenbildung. In: Arnold u. a. (Hg.): Erwachsenenpädagogik. Hohengehren 1999, S. 124.

Knorr-Cetina, Karin: Die Wissensgesellschaft. In: A. Pongs, a.a.O. 2000, S. 149 ff.
Kösel, Edmund: ABC der Subjektiven Didaktik. Bahlingen 2001.
Kösel, Edmund: Die Konstruktion von Wissen in der Schule. In: S. Schmidt (Hg.): Lernen im Zeitalter des Internets. Bozen 2001, S. 67 ff.
Kron, Friedrich: Wissenschaftstheorie für Pädagogen. München 1999.

Lenzen, Dieter: Orientierung Erziehungswissenschaft. Reinbek 1999.
Lenzen, Dieter/Luhmann, Niklas (Hg.): Bildung und Weiterbildung im Erziehungssystem. Frankfurt 1997.
Luhmann, Niklas: Die Autopoiesis des Bewusstseins. In: Soziale Welt 4/1985, S. 402 ff.
Luhmann, Niklas: Organisation. In: W. Küpper, G. Ortmann (Hg.): Mikropolitik. Opladen 1992, S. 165 ff.
Luhmann, Niklas/Schorr, Karl Eberhard: Reflexionsprobleme im Erziehungssystem. Frankfurt 1998.

Mader, Wilhelm: Von der zerbrochenen Einheit des Lehrens und Lernens. In: Nuissl u. a. (Hg.): Pluralisierung des Lehrens und Lernens. Bad Heilbrunn 1997, S. 61 ff.
Malerba, Luigi: Die nachdenklichen Hühner. Berlin o.J.
Mandl, Heinz/Kopp, Brigitta: Lehren in der Weiterbildung aus pädagogisch-psychologischer Sicht. In. E. Nuissl a.a.O., 2006, S. 117.
Marotzki, Winfried: Bildungstheorie und Allgemeine Biografieforschung. In: H. H. Krüger, W. Marotzki (Hg.): Handbuch erziehungswissenschaftliche Biografieforschung. Opladen 1999, S. 57 ff.
Maturana, Humberto: Biologie der Sozialität. In: S. Schmidt (Hg.): Der Diskurs des Radikalen Konstruktivismus. Frankfurt 1987, S. 287 ff.
Maturana, Humberto/Varela, Francisco: Der Baum der Erkenntnis. München 1987.
Mayer, Wolfgang u. a.: Schwarz-Weiß-Rot in Afrika. Puchheim 1985.
McLuhan, Marshall: Das Medium ist Massage. Frankfurt 1969.
Meder, Norbert: Nicht informelles Lernen, sondern informelle Bildung ist das gesellschaftliche Problem. In: Spektrum Freizeit 1/2002, S. 8 ff.
Merrill, David: First Principles of Instruction. merrill@cc.usu.edu. Utah 2001
Meuler, Erhard: Lob des Scheiterns. Hohengehren 2001.
Meyer, Thomas: Die Inszenierung des Scheins. In: Bundeszentrale für politische Bildung (Hg.): Verantwortung in einer unübersichtlichen Welt. Bonn 1995, S. 425 ff.
Mezirow, Jack: Transformative Erwachsenenbildung. Hohengehren 1997.
Michelsen, Gerd (Hg.): Umweltberatung. Bonn 1997.
Michelsen, Gerd/Godemann, Jasmin (Hg.): Handbuch Nachhaltigkeitskommunikation. München 2005.

Literaturverzeichnis

Naisbitt, John: Megatrends. New York 1984.
Neumann-Wirsig, Heidi/Kersting, Heinz (Hg.): Supervision in der Postmoderne. Aachen 1998.
Nolda, Sigrid: Interaktion und Wissen. Frankfurt 1996.
Nolda, Sigrid: Pädagogik und Medien. Stuttgart 2002.
Nuissl, Ekkehard (Hrsg.): Vom Lernen zum Lehren. Bielefeld 2006
Nuissl, Ekkehard/Schiersmann, Christiane/Siebert, Horst (Hg.): Pluralisierung des Lehrens und Lernens. Bad Heilbrunn 1997.

OECD: The Well-Being of Nations: the role of human and social capital. 2001.
Olbrich, Josef: Reflexionsprobleme im Weiterbildungssystem: Sinn und Weiterbildung. In: R. Arnold u. a. (Hg.): Erwachsenenpädagogik. Hohengehren 1999, S. 159 ff.

Pacquet, Marcel: Rene Magritte. Köln 1993.
Paefgen, Elisabeth: Einführung in die Literaturdidaktik. Stuttgart 1999.
Pantzar, Eero (Hg.): Perspectives on the Age of Information Society. Tampere 2002.
Pawlowsky, Peter: Wozu Wissensmanagement. In: K. Götz: Wissens-management. München 1999, S. 113 ff.
Peters, Otto: Die wachsende Bedeutung des Fernstudiums. In: Grundlagen der Weiterbildung Praxishilfen 5.350. Neuwied 2002.
Peukert, Helmut: Reflexionen über die Zukunft von Bildung. In: ZfPäd. 4/2000, S. 507 ff.
Pongs, Arnim: In welcher Gesellschaft leben wir eigentlich? 2 Bde. München 1999/2000.
Postman, Neil: Keine Götter mehr. München 1997.
Puhl, Bibiane (Hg.): Ganzheitliche Kompetenzentwicklung. München 2001.

Reich, Kersten: Konstruktivistische Didaktik. Neuwied 2002.
Reich-Ranicki, Marcel: Mein Leben. München 2001.
Reinmann-Rothmeier, Gabi/Mandl, Heinz: Lehren im Erwachsenenalter. In: F. Weinert/H. Mandl (Hg.): Psychologie der Erwachsenenbildung. Göttingen 1997, S. 355 ff.
Richard, Birgit: Cyberrights for Kids. In: M. Blohm (Hg.): Berührungen und Verflechtungen – biografische Spuren in ästhetischen Prozessen. Köln 2002, S. 155 ff.
Rifkin, Jeremy: Access. Frankfurt 2000.
Roth, Gerhard: Aus Sicht des Gehirns. Frankfurt 2003 (a)
Roth, Gerhard: Das Gehirn und seine Wirklichkeit. Frankfurt 1997.
Roth, Gerhard: Fühlen, Denken, Handeln. Frankfurt 2001.
Roth, Gerhard: Warum sind Lehren und Lernen so schwierig? In: REPORT 3/2003 (b), S. 20 ff.
Roth, Gerhard: „90 Prozent sind unbewusst". In: Psychologie heute 2/2002, S. 44 ff.
Rubner, Jeanne: Was Frauen und Männer so im Kopf haben. München 1996.
Rusch, Gebhard/Schmidt, Siegfried (Hg.): Piaget und der Radikale Konstruktivismus. Frankfurt 1994.

Sander, Wolfgang: Politik entdecken – Freiheit leben. Schwalbach 2001.
Sauer, Johannes: Das Forschungs- und Entwicklungsprogramm „Lernkultur Kompetenzentwicklung". In: P. Dehnbostel: Vernetzte Kompetenzentwicklung. Berlin 2002, S. 45 ff.
Schacter, Daniel: Wir sind Erinnerung. Reinbek 1999.
Schäffter, Ortfried: Auf dem Weg zum Lernen in Netzwerken. In: R. Brödel a.a.O. 2004, S. 29 ff.
Schäffter, Ortfried: Das Eigene und das Fremde. Humboldt-Universität Berlin 1997.
Schäffter, Ortfried: Weiterbildung in der Transformationsgesellschaft. Berlin 1998.
Schäffter, Ortfried: Organisationsentwicklung. In: Arnold u. a.: Wörterbuch Erwachsenenpädagogik. Bad Heilbrunn 2001, S. 205.
Scheich, Henning: Lernen und Gedächtnis. Ein hirnbiologischer Blick auf Bildungsfragen. In: E. Nuissl a.a.O. 2006, S 75 ff.
Scheunpflug, Annette: Evolutionäre Didaktik. In: Zs. f. Erziehungswissenschaft. 5. Beiheft 1999, S. 169 ff.
Schlutz, Erhard (Hg.): Lernkulturen. Frankfurt 1999.
Schlutz, Erhard: Wirklichkeit widerfährt. In: Arnold u. a. (Hg.): Erwachsenenpädagogik. Hohengehren 1999, S. 40 ff.
Schmid, Wilhelm: Philosophie der Lebenskunst. Frankfurt 1999.

Schmidt, Siegfried: Der Diskurs des Radikalen Konstruktivismus. Frankfurt 1987.
Schmidt, Siegfried (Hg.): Das Gedächtnis. Frankfurt 1992.
Schmidt, Siegfried: Die Zähmung des Blicks. Frankfurt 1998.
Schmidt, Siegfried (Hg.): Lernen im Zeitalter des Internets. Bozen 2001.
Schmidt, Siegfried: Lernen, Wissen, Kompetenz, Kultur. Heidelberg 2005
Schmidt, Siegfried/Zurstiege, Guido: Orientierung Kommunikations-wissenschaft. Reinbek 2000.
Schnabel, Ulrich/Senkter, Andreas: Wie kommt die Welt in den Kopf? Reinbek 1999.
Schulze, Gerhard: Die Erlebnisgesellschaft. Frankfurt 1992.
Schüssler, Ingeborg: Deutungslernen. Hohengehren 2000.
Schwanitz, Dietrich: Bildung. Frankfurt 1999.
Selter, Christoph: Mathematiklernen innerhalb und außerhalb der Schule. In: R. Voß (Hg.): SchulVisionen. Heidelberg 1998, S. 263 ff.
Senge, Peter: Die fünfte Disziplin. Stuttgart 1996.
Siebert, Horst: Pädagogischer Konstruktivismus. Weinheim 2005.
Siebert, Horst: Selbstgesteuertes Lernen und Lernberatung. Augsburg 2006.
Siebert, Horst: Bildungsoffensive. Frankfurt 2002.
Simon, Fritz: Einführung in Systemtheorie und Konstruktivismus. Heidelberg 2006
Soitu, Laurentiu: Philosophy of Communication. Iasi (Rumänien) 2001.
Spitzer, Manfred: Geist im Netz. Heidelberg 2000.
Staudt, Erich/Kriegesmann, Bernd: Weiterbildung – ein Mythos zerbricht. In: QUEM: Kompetenzenentwicklung ‚99. Münster 1999, S. 21 ff.
Stern, Elsbeth: Was Hänschen nicht lernt, lernt Hans hinterher. Der Erwerb geistiger Kompetenzen bei Kindern und Erwachsenen aus kognitionspsychologischer Perspektive. In: E. Nuissl a.a.O. 2006, S. 93 ff.
Strauß, Botho: Beginnlosigkeit. München 1997.

Terhart, Ewald: Konstruktivismus und Unterricht. In: ZfPäd. 5/1999, S. 629 ff.
Tietgens, Hans: Die Erwachsenenbildung. München 1981.
Tietgens, Hans: Vereinbares und Widersprüchliches zwischen Curricula und Konstruktivismus. In: Arnold u. a., .a.a.O. 1999, S. 29 ff.
Tippelt, Rudolf (Hg.): Handbuch Erwachsenenbildung/Weiterbildung. 2. Aufl. Opladen 1999.
Treml, Alfred: Die pädagogische Konstruktion der „Dritten Welt". 2. Aufl. Frankfurt 1996.

Vaihinger, Hans: Die Philosophie des Als-Ob. Leipzig 1924.
Vanderheiden, Elisabeth/Fritz, Dorothee/Sartingen, Thomas: Lernfreundliche Bildungsräume. Hg.: KEB. Mainz 2002.
Varela, Francisco: Kognitionswissenschaft – Kognitionstechnik. Frankfurt 1990.
Varela, Francisco, Thompson, Evan: Der Mittlere Weg der Erkenntnis. Bern 1992.
Vester, Frederic: Neuland des Denkens. München 1984.
Vester, Frederic: Leitmotiv vernetztes Denken. München 1992.
Voß, Reinhard (Hg.): Die Schule neu erfinden. Neuwied 1996.
Voß, Reinhard (Hg.): SchulVisionen. Heidelberg 1998.
Voß, Reinhard (Hg.): Unterricht aus konstruktivistischer Sicht. Neuwied 2002.
Vroon, Piet u. a.: Psychologie der Düfte. Zürich 1996.

Wack, Otto Georg u. a.: Unterstützung und Förderung von Erwachsenen im Lernprozess. Hg.: Landesinstitut für Schule und Weiterbildung. Soest 2002.
Watzlawick, Paul (Hg.): Die erfundene Wirklichkeit. München 1985.
Watzlawick, Paul: Wie wirklich ist die Wirklichkeit? München 1987.
Watzlawick, Paul: Anleitung zum Unglücklichsein. München 2000.
Weinberg, Johannes: Lernkultur – Begriff, Geschichte, Perspektiven. In: QUEM (Hg.): Kompetenzentwicklung '99. Münster 1999, S. 81 ff.
Weinert, Franz/Mandl, Heinz (Hg.): Psychologie der Erwachsenenbildung. Göttingen 1997.
Weinert, Franz/Schrader, Friedrich-Wilhelm: Lernen lernen als psychologisches Problem. In: F. Weinert/H. Mandl (Hg.): Psychologie der Erwachsenenbildung. Göttingen 1997, S. 296 ff.
Welsch, Wolfgang: Vernunft. Frankfurt 1996.
Welsch, Wolfgang: Die Normalität des Chaos. In: K. Götz (Hg.): Theoretische Zumutungen. Heidelberg 1998, S. 15 ff.
Werning, Rolf u. a.: Sonderpädagogik. München 2002.
Willke, Helmut: Systemisches Wissensmanagement. Stuttgart 1998.
Willke, Helmut: Nagelprobe des Wissensmanagements. In: K. Götz (Hg.): Wissensmanagement. München 1999, S. 15 ff.
Willke, Helmut: Einführung in das systemische Wissensmanagement. Heidelberg 2004
Wilson, Edward: Die Einheit des Wissens. München 2000.
Wyrwa, Holger: Supervision in der Postmoderne. In: Neumann-Wirsig/Kersting (Hg.): Supervision in der Postmoderne. Aachen 1998, S. 13 ff.

Ziehe, Thomas/Stubenrauch, Herbert: Plädoyer für ungewöhnliches Lernen. Reinbek 1982.

Stichwortverzeichnis

A
Anschlussfähigkeit 17, 19, 28, 37, 71, 146, 167

B
Beobachtung 20, 27, 28, 38, 61, 84, 90, 147, 164
Bildung 52, 56, 58, 60, 75, 77, 90, 91, 98, 101, 108, 114, 118, 119, 132, 138, 140, 165, 166, 172, 174, 175, 176, 177, 178, 179
Bildungsmanagement 102, 170
Biografie 17, 103, 110, 111, 119, 167, 168

C
Chaostheorie 12, 48, 140

D
Deutungsmuster 18, 44, 58, 90, 106, 110, 141

E
Emotionalität 44, 65, 140, 155, 170
Ermöglichungsdidaktik 25, 94
Evolution 14, 31, 44, 90

F
Fachdidaktik 20, 56
Fernstudium 77, 131
Folgewissen 37

G
Geschlechterdifferenz 64
Globalisierung 37, 66

H
heimlicher Lehrplan 24
Humor 41, 171

I
implizites Wissen 104, 125, 137, 147, 170
Individualisierung 47, 130
Inszenierung 113, 119, 157

K
Kommunikationsmedien 15, 46, 76, 78, 145
komplementäres Denken 39
Kreativität 31, 55, 107
kritische Lebensereignisse 45, 105, 159

L
Lernberatung 57, 86, 90, 131, 133, 172
Lernkultur 44, 56, 129, 130, 137
Lernumgebung 26, 126

M
Metakognition 127, 128, 133
Milieu 71, 72, 91, 109, 168

N
Nachhaltigkeit 31, 98, 143
narrative Pädagogik 54, 103, 106
Neurowissenschaften 7, 29
Nichtwissen 150

O
Organisationsentwicklung 12, 31, 124, 131, 141, 144

P
Perspektivenverschränkung 37, 47, 48, 54, 97, 123, 167, 168
Pluralität 16, 18, 26, 47, 113
Postmoderne 45, 47, 60, 107

S
Sinn 12, 16, 17, 36, 41, 52, 58, 62, 68, 73, 77, 85, 115, 119, 134, 157, 166
situierte Kognition 62, 96, 97, 123
Sozialkonstruktivismus 63
Synergetik 34

T
transversale Vernunft 47, 71

U
Umweltkrise 15

V
Viabilität 14, 19, 171

W
Wahrnehmungspsychologie 114
Wissensgesellschaft 12, 37, 86, 150, 170
Wissensmanagement 79, 131, 141, 145, 146, 147, 148, 149, 150, 151

Z
Zeitdiagnose 109
Zirkularität 13, 29

Der Autor

Horst Siebert

ist seit 1970 Professor für Erwachsenenbildung und außerschulische Jugendbildung an der Universität Hannover sowie seit 2002 Gastprofessor an den Universitäten in Sofia und Jasi (Rumänien).

Grundlagen der Weiterbildung

Neu bei ZIEL: Die Reihe Grundlagen der Weiterbildung! (vormals bei Luchterhand)
Hier finden Sie einen kleinen Auszug aus dem umfangreichen Reihenprogramm:

Ulrich Dauscher

Moderationsmethode und Zukunftswerkstatt

3. überarbeitete, erweiterte Auflage
254 Seiten, Format 14 x 21 cm
81 Abb./Graf./Tab.
24,90 €/44,00 sFr (Softcover)
ISBN-10: 3-937210-52-0
ISBN-13: 978-3-937210-52-0

Jost Reischmann

Weiterbildungs-Evaluation

Lernerfolge messbar machen
2. Auflage
308 Seiten, Format 14 x 21 cm
104 Abb./Graf./Tab.
24,90 €/44,00 sFr (Softcover)
ISBN-10: 3-937210-50-4
ISBN-13: 978-3-937210-50-6

Horst Siebert

Didakt. Handeln in der Erwachsenenbildung

Didaktik aus konstruktivistischer Sicht
5. überarbeitete Auflage
336 Seiten, Format 14 x 21 cm
99 Abb./Graf./Tab.
19,90 €/36,00 sFr (Softcover)
ISBN-10: 3-937210-76-8
ISBN-13: 978-3-937210-76-6

Tilly Miller

Sozialarbeitsorientierte Erwachsenenbildung

Theoretische Begründung und Praxis
192 Seiten, Format 14 x 21 cm
25 Abb./Graf./Tab.
20,00 €/36,00 sFr (Softcover)
ISBN-10: 3-937210-34-2
ISBN-13: 978-3-937210-34-6
(Alte ISBN: 3-472052-30-9)

Heiner Barz

Innovation in der Weiterbildung

Was Programmverantwortliche heute wissen müssen
216 Seiten, Format 14 x 21 cm
55 Abb./Graf./Tab.
19,90 €/36,00 sFr (Softcover)
ISBN-10: 3-937210-81-4
ISBN-13: 978-3-937210-81-0

Rolf Arnold, Claudia Gómez Tutor

Grundlinien einer Ermöglichungsdidaktik

Bildung ermöglichen – Vielfalt gestalten
216 Seiten, Format 14 x 21 cm
zahlreiche Abb./Graf./Tab.
19,90 €/36,00 sFr (Softcover)
ISBN-10: 3-937210-60-1
ISBN-13: 978-3-937210-60-5

Wolfgang Wittwer, Steffen Kirchhof (Hrsg.)

Informelles Lernen und Weiterbildung

Neue Wege zur Kompetenzentwicklung
248 Seiten, Format 14 x 21 cm
54 Abb./Graf./Tab.
22,50 €/39,00 sFr (Softcover)
ISBN-10: 3-937210-37-7
ISBN-13: 978-3-937210-37-7
(Alte ISBN: 3-472052-57-0)

Wuppertaler Kreis e.V., CERTQUA

Qualitätsmanagement und Zertifizierung in Bildungsorganisationen

auf der Basis des internationalen Standards DIN EN ISO 9001:2000
2. überarbeitete Auflage
112 Seiten, Format 14 x 21 cm, 26 Abb.
17,90 €/32,50 sFr (Softcover)
ISBN-10: 3-937210-77-6
ISBN-13: 978-3-937210-77-3

Rolf Arnold, Wiltrud Gieseke (Hrsg.)

Die Weiterbildungsgesellschaft, Band I

Bildungstheoretische Grundlagen und Analysen
222 Seiten, Format 14 x 21 cm
zahlreiche Grafiken und Tabellen
19,90 €/36,00 sFr (Softcover)
ISBN-10: 3-937210-24-5
ISBN-13: 978-3-937210-24-7

Rolf Arnold, Wiltrud Gieseke (Hrsg.)

Die Weiterbildungsgesellschaft, Band II

Bildungspolitische Konsequenzen
261 Seiten, Format 14 x 21 cm
zahlreiche Grafiken
18,00 €/32,50 sFr (Softcover)
ISBN-10: 3-937210-25-3
ISBN-13: 978-3-937210-25-4

Herausgeber:
RA Jörg E. Feuchthofen
Prof. Dr. Michael Jagenlauf MA
Prof. Dr. Arnim Kaiser

Die Bücher der Reihe „Grundlagen der Weiterbildung" geben Raum für Theorien, die das berufliche Handeln anregen und vertiefen und bieten praktische Grundlagen und Tools. Konkurrierende Theorien, Praxen, Modelle und Ansätze werden gedanklich und empirisch weitergeführt.

Grundlagen der Weiterbildung

Ulrich Dauscher
Moderationsmethode und Zukunftswerkstatt
3. überarbeitete, erweiterte Auflage
254 Seiten, Format 14 x 21 cm
81 Abb. / Graf. / Tab.
24,90 € / 44,00 sFr (Softcover)
ISBN-10: 3-937 210-52-0
ISBN-13: 978-3-937 210-52-0

Probleme lösen, Zukunftsvorstellungen entwickeln, Entscheidungen treffen, miteinander lernen – Moderation ist gefragt, wenn Gruppen ein gemeinsames Ergebnis erarbeiten wollen. Die beiden klassischen, weit verbreiteten Ansätze der Moderationsmethode und der Zukunftswerkstatt stellt Ulrich Dauscher übersichtlich und detailliert zugleich dar, so dass das Buch ebenso für den Einstieg, wie fürs Nachschlagen geeignet ist. Die Neuauflage wurde überarbeitet und durch einen Beitrag von Carole Maleh ergänzt, in dem sie einen umfassenden Überblick zu Ansätzen der Großgruppenmoderation bietet.

Aus dem Inhalt:
Entwicklung von Moderationsmethode und Zukunftswerkstatt – Visualisierung – Moderator – Frage- und Antworttechniken – Phasen der Moderation – Gemeinsamkeiten und Unterschiede der Methoden – Übersicht neuer Großgruppenverfahren

Horst Siebert
Selbstgesteuertes Lernen und Lernberatung
Konstruktivistische Perspektiven
2. überarbeitete Auflage
181 Seiten, Format 14 x 21 cm
49 Abbildungen und Grafiken
16,90 € / 30,90 sFr (Softcover)
ISBN-10: 3-937 210-55-5
ISBN-13: 978-3-937 210-55-1

„Selbstgesteuertes Lernen" ist ein Konzept, das derzeit in Bildungspolitik, Bildungswissenschaft und Bildungspraxis diskutiert wird. Grundlegend ist die konstruktivistische Annahme, dass Lernende ihre Lernprozesse aktiv gestalten und dass die Lernberatung an Bedeutung gewinnt. Hintergrund für diese neuen Sichtweisen des Lehrens und Lernens sind soziokulturelle Veränderungen der Lern- und Wissenskulturen sowie der Lernmentalitäten, in einer Zeit, die als postmodern interpretiert werden kann. Das Buch wendet sich an Studierende und Praktiker der beruflichen und allgemeinen Weiterbildung. Es enthält didaktisch-methodische Impulse und Anstöße zur Reflexion der Bildungsarbeit. Neu sind in dieser 2. Auflage u. a. die Kapitel über subjektive Lerntheorien, konstruktivistische Grundlagen der Lernberatung, milieuspezifische Lerneinstellungen.

Aus dem Inhalt:
Selbstgesteuertes Lernen: zur Geschichte einer reformpädagogischen Idee – Theoretische Aspekte – Empirische Befunde zum selbstgesteuerten Lernen – Lernberatung – Lernkulturen

Horst Siebert
Didakt. Handeln in der Erwachsenenbildung
Didaktik aus konstruktivistischer Sicht
5. überarbeitete Auflage
336 Seiten, Format 14 x 21 cm
99 Abb. / Graf. / Tab.
19,90 € / 36,00 sFr (Softcover)
ISBN-10: 3-937 210-76-6
ISBN-13: 978-3-937 210-76-6

Didaktik ist der Kern der Bildungsarbeit in Theorie und Praxis. Didaktik ist jedoch nicht nur Lehre, sondern Ansprache von Zielgruppen sowie Gestaltung von Bildungsprogrammen und Lernkulturen. Zur Didaktik gehören deshalb auch die Ermittlung des Bildungsbedarfs und der Bildungsbedürfnisse, die Qualitätssicherung und eine ökologische Bilanzierung. Das hier dargestellte didaktische Konzept orientiert sich an der Erkenntnistheorie des Konstruktivismus. Diese neurobiologisch fundierte Theorie betont, dass Lernen ein selbstgesteuerter, biographisch beeinflusster Prozess ist. Lernen wird also nicht lediglich als eine Reaktion auf Lehre verstanden. Überspitzt formuliert: Erwachsene sind lernfähig, aber unbelehrbar; sie lernen nur das, was für sie relevant und „viabel" ist; sie hören nur zu, wenn sie zuhören wollen. Konstruktivistisch gesehen ist Didaktik vor allem die Planung von Lernmöglichkeiten, die die Selbstverantwortung der Lernenden respektiert. Hierzu liefert das Buch zentrales Didaktik-Wissen und gibt wertvolle Orientierungshilfen zum didaktischen Handeln.

Aus dem Inhalt:
Bedingungen der Didaktik – Angebot und Nachfrage – Didaktische Theorien – Didaktische Prinzipien – Modelle der Didaktik – Didaktische Handlungsfelder – Glossar

Ruth Kaiser, Arnim Kaiser
Denken trainieren Lernen optimieren
Metakognition als Schlüsselkompetenz
2. überarbeitete Auflage des Titels „Metakognition"
216 Seiten, Format 14 x 21 cm
55 Abb. / Graf. / Tab.
16,90 € / 30,90 sFr
ISBN-10: 3-937 210-78-4
ISBN-13: 978-3-937 210-78-0 (Softcover)

Theoretische Grundlagen und relevante Sachinformationen:
Der ‚Computer' in unserem Kopf – Denken als Prozess der Informationsverarbeitung – Was läuft beim Denken im Gehirn ab? – Ergebnisse der Hirnforschung – Druck spüren, Übersicht gewinnen – Denken und Emotion – Gibt es noch mehr als Denken? – Das Konzept ‚Metakognition' und die wichtigsten Trainingsverfahren
Anregungen, Beispiele und praktische Übungen zur Aneignung metakognitiver Kompetenzen:
Was läuft beim Denken ‚in' mir ab? – Technik des Lauten Denkens – Schwierige Aufgaben gezielt anpacken – Selbstbefragungstechnik – Entwicklungsstory meines Denkens und Lernens – Lerntagebuch – Mein (meta-)kognitiver Musterkoffer – Portfolio – Texte besser verstehen, Denkschwierigkeiten bewältigen – Lesekompetenz und Problemlösen
Denk- und Lernoptimierung in der Weiterbildung:
Elf wichtige Tipps für Kursleitende – Fragebogen für den praktischen Einsatz und als Hilfe bei methodischen Entscheidungen – Die Fragebogenergebnisse: Grundlage und Leitfaden für Lernberatung

Herausgeber:
RA Jörg E. Feuchthofen
Prof. Dr. Michael Jagenlauf MA
Prof. Dr. Arnim Kaiser

Die Bücher der Reihe „Grundlagen der Weiterbildung" geben Raum für Theorien, die das berufliche Handeln anregen und vertiefen und bieten praktische Grundlagen und Tools. Konkurrierende Theorien, Praxen, Modelle und Ansätze werden gedanklich und empirisch weitergeführt.